इस पुस्तक का नाम 1980 की कॉमेडी फिल्म "द गॉड्स मस्ट बी क्रेजी" से प्रेरित हो कर रखा गया है। उस फिल्म मे कोका कोला की एक खाली बोतल को हवाई जहाज़ से फेंका जाता है जो अफ्रीका के आदिवासियों के एक गांव में गिरती है। गांव वालो को लगता है कि बोतल के अंदर देवताओं की ओर से एक भेंट है, और उस के लिए उनमें लड़ाई छिड़ जाती है। इससे तंग आकर आदिवासी नेता उस बोतल को देवताओं को लौटाने के लिए दुनिया के आखिरी छोर तक की तीर्थ यात्रा करता है। मेरे पास भी कोक की बोतल का एक रूपक है जिससे मैं एक नए साम्राज्य की शुरुआत देख पा रहा हूँ। इससे पहले कि बहुत देर हो जाएं, यह पुस्तक पूंजीवाद और उद्यम (एंटरप्राइज) के वर्तमान साम्राज्य को बहाल करने के लिए एक इच्छापत्र है।

रूजवेल्ट्स की व्यवस्था को वापस लाने के लिए एक प्रार्थना

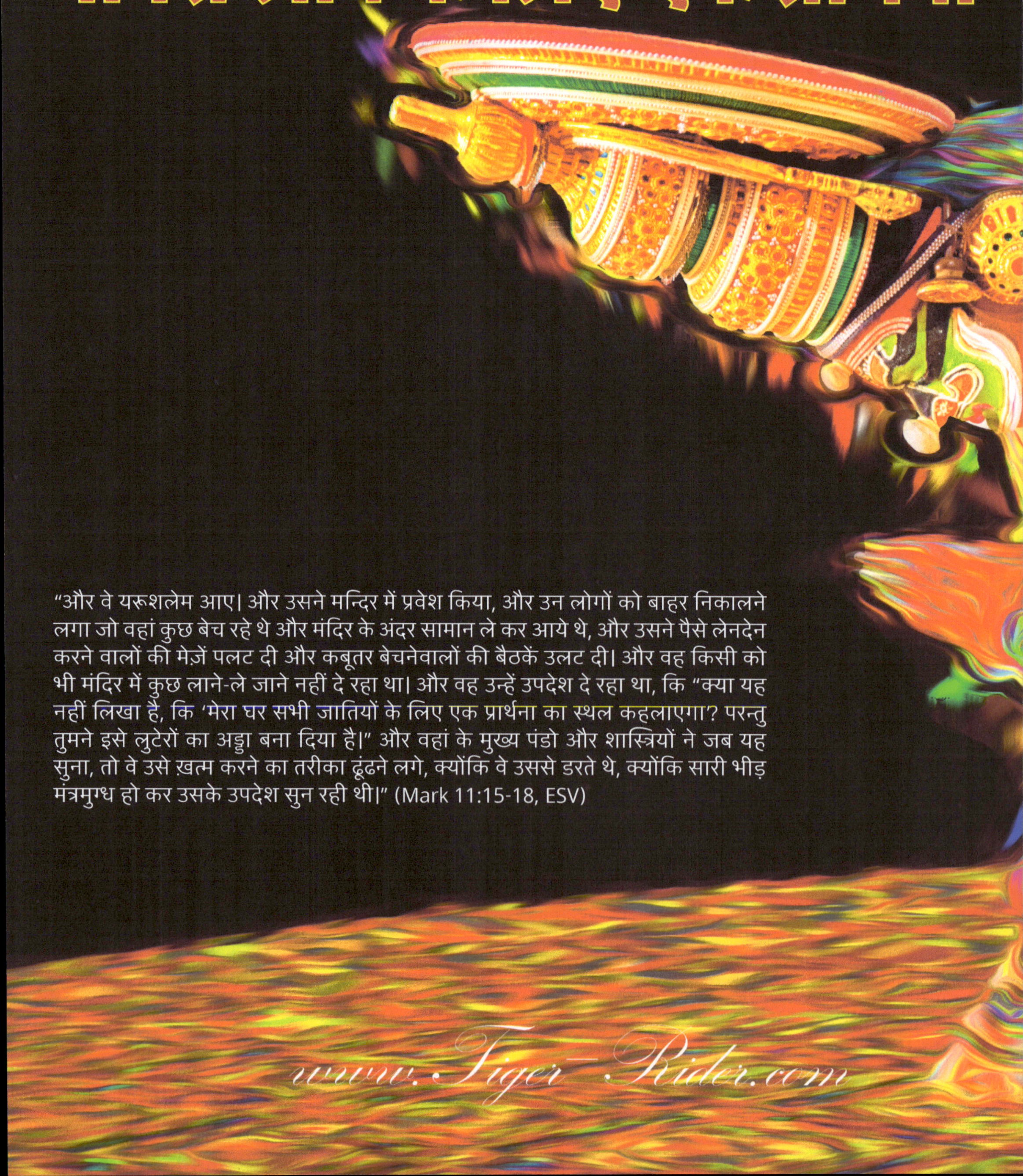

"और वे यरूशलेम आए। और उसने मन्दिर में प्रवेश किया, और उन लोगों को बाहर निकालने लगा जो वहां कुछ बेच रहे थे और मंदिर के अंदर सामान ले कर आये थे, और उसने पैसे लेनदेन करने वालों की मेज़ें पलट दी और कबूतर बेचनेवालों की बैठकें उलट दी। और वह किसी को भी मंदिर में कुछ लाने-ले जाने नहीं दे रहा था। और वह उन्हें उपदेश दे रहा था, कि "क्या यह नहीं लिखा है, कि 'मेरा घर सभी जातियों के लिए एक प्रार्थना का स्थल कहलाएगा? परन्तु तुमने इसे लुटेरों का अड्डा बना दिया है।" और वहां के मुख्य पंडो और शास्त्रियों ने जब यह सुना, तो वे उसे ख़त्म करने का तरीका ढूंढने लगे, क्योंकि वे उससे डरते थे, क्योंकि सारी भीड़ मंत्रमुग्ध हो कर उसके उपदेश सुन रही थी।" (Mark 11:15-18, ESV)

www.Tiger-Rider.com

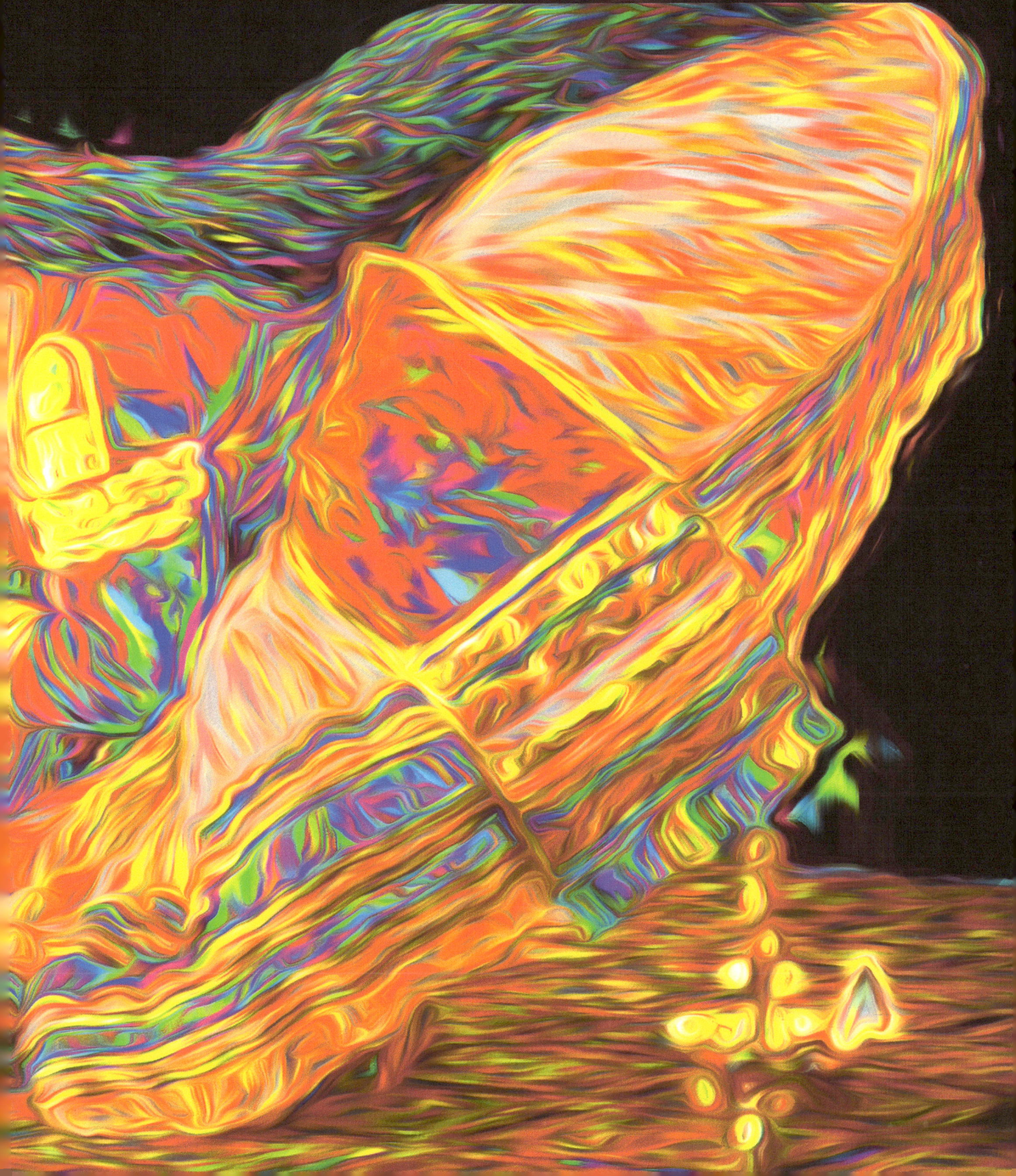

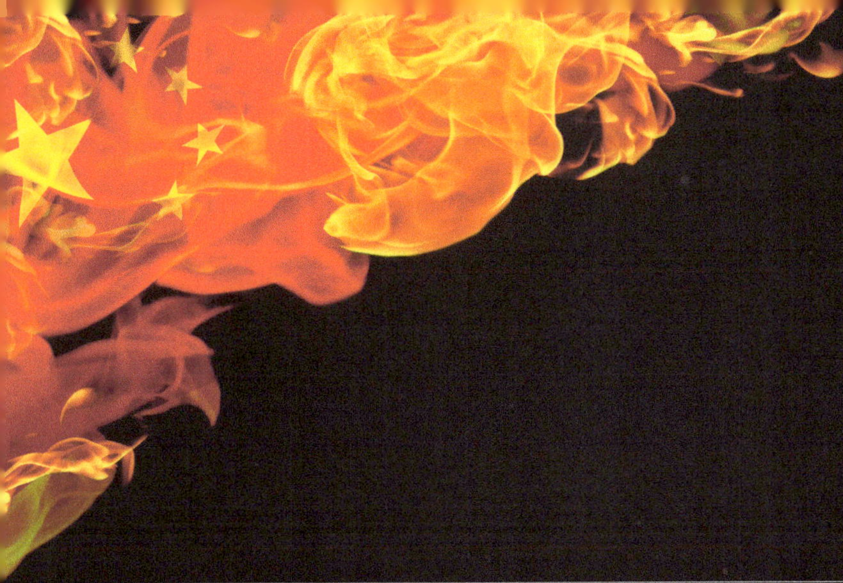

"जब तक घर में सुरक्षा नहीं होती है, दुनिया में स्थायी शांति नहीं हो सकती।"

— फ्रैंकलिन डेलानो रूजवेल्ट

जिस समय मैं यह लिख रहा था उस समय दंगे भड़क रहे थे; शिकागो के बीचो बीच स्थित मेरे घर के ठीक सामने गृहयुद्ध छिड़ा हुआ है। मैं यहां शिकागो सिटी काउंसिल के एक रिकॉर्डेड कॉल का हवाला दे रहा हूँ - "यह एक 'वर्चुअल वॉर ज़ोन' है जहाँ 'एके-47 से लैस एक गिरोह के सदस्य अश्वेत लोगों को गोली मारने की धमकी दे रहे थे। वे पुलिस पर गोली चला रहे हैं।"

इस बीच, मेयर के कार्यालय में, नगर परिषद के सदस्य उस रणनीति पर चर्चा कर रहे थे जिसका उद्देश्य इस समस्या को हल करना था। ये बहस कुछ इस तरह की गाली गलोच और चीखने चिल्लाने में बदल गई जो चि-राक[1] बनाना रिपब्लिक[2] की याद दिलाती है। मैं सोच रहा हूँ कि अगर मेरे सौ साल से खड़े घर को भी बोर्डिंग अप[3] (सुरक्षा कवच) करना पड़ रहा है तो भविष्य में क्या होने वाला है! यहां तक की दुनिया की सबसे प्रतिष्ठित और सुरक्षित इमारत (ब्रिटानिका का आख़िरी मुख्यालय), जहां एक निजी सेना तैनात है, भी खतरे में लग रही है।

मैंने अपने आप से एक शपथ ली है कि मैं न सिर्फ अपने प्रिय संयुक्त राज्य अमेरिका के लिए बल्कि सारी मानवता के लिए प्रचार और रक्षा करूँगा। यह मेरी नैतिक जिम्मेदारी है कि मैं चेतावनी दे कर सुरक्षा प्रदान करने वाले एक इंफ्रास्ट्रक्चर के बारे में सभी को शिक्षित करूँ जिससे हम साथ मिल कर आने वाले खतरों से बच सकें।

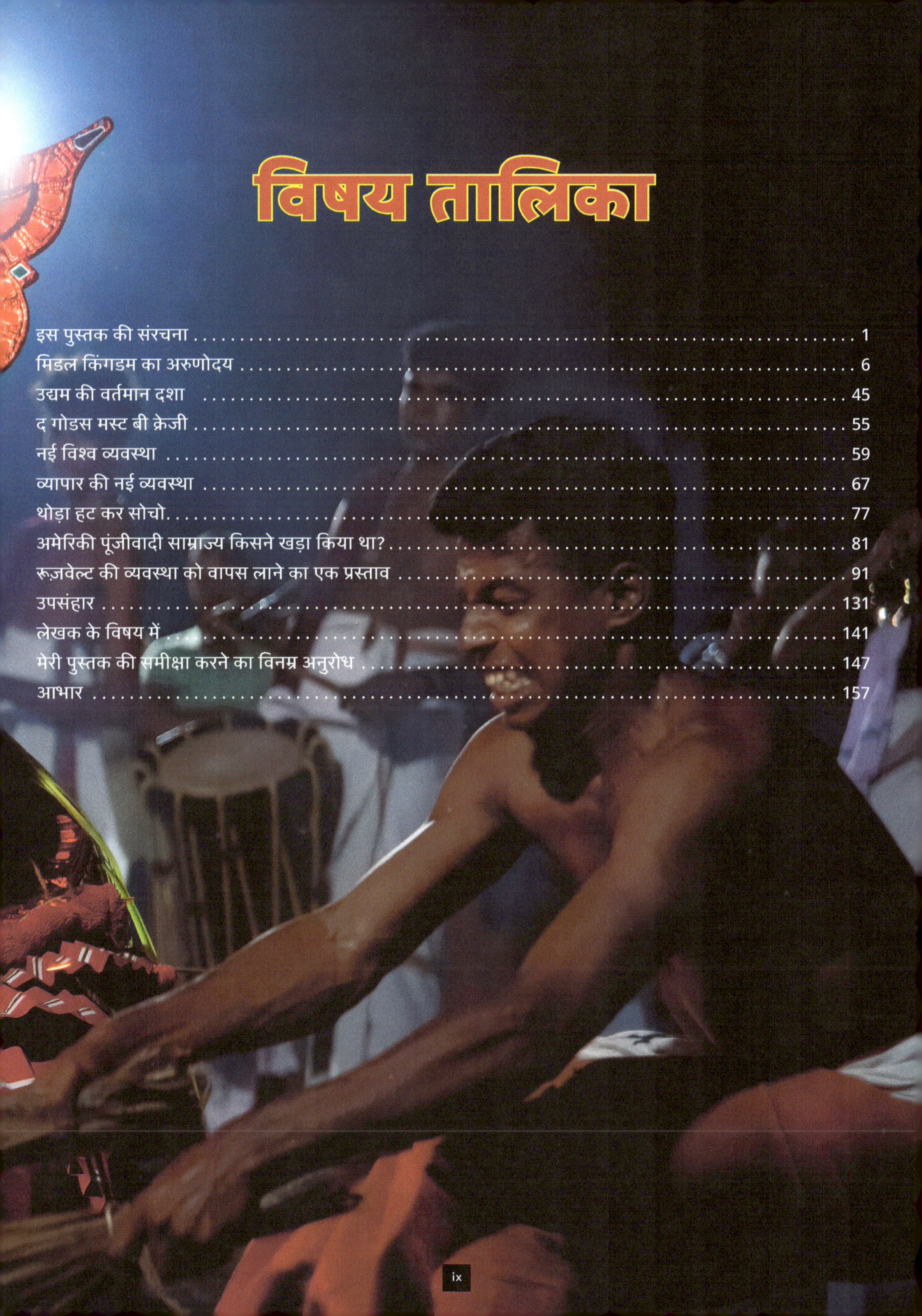

विषय तालिका

इस पुस्तक की संरचना

‘मिडल किंगडम’ आ गया है

‘मिडल किंगडम’ का अरुणोदय

हमारा साम्राज्य खतरे में है और इसके साथ-साथ इसके उद्यमों की छत्र-छाया में पनप रहे लोगो का अस्तित्व भी खतरे में है। यदि हम अपने पत्ते ठीक से नहीं चलते हैं, तो उभरता हुआ आक्रामक साम्राज्य (मिडल किंगडम[4]) जल्द ही अमेरिका और सौ से अधिक दूसरे देशों से वसूली करने के लिए अपने गुर्गे भेज देगा जिसने 2008 की आर्थिक सुनामी के बाद से अपनी फाइनेंशियल कॉलोनी खडी कर ली है।

द गॉड्स मस्ट बी क्रेज़ी

इस पुस्तक के शुरुआती भाग में मैं पूर्व में साम्यवाद के गढ़ से लेकर पश्चिम में पूंजीवाद के तहखानों तक वास्तविकता के टेढ़े-मेढ़े क्षेत्रों से होता हुआ अपनी बाघ-सवारी के बारे में बताता हूं। यह हर्नांडो डी सोटो की पुस्तक, ‘द मिस्ट्री ऑफ कैपिटल: व्हाई कैपिटलिज्म ट्रीम्फ्स इन द वेस्ट एंड फेल्स एवरीवेयर एल्स’ के संदर्भ में चित्रित किया गया है।

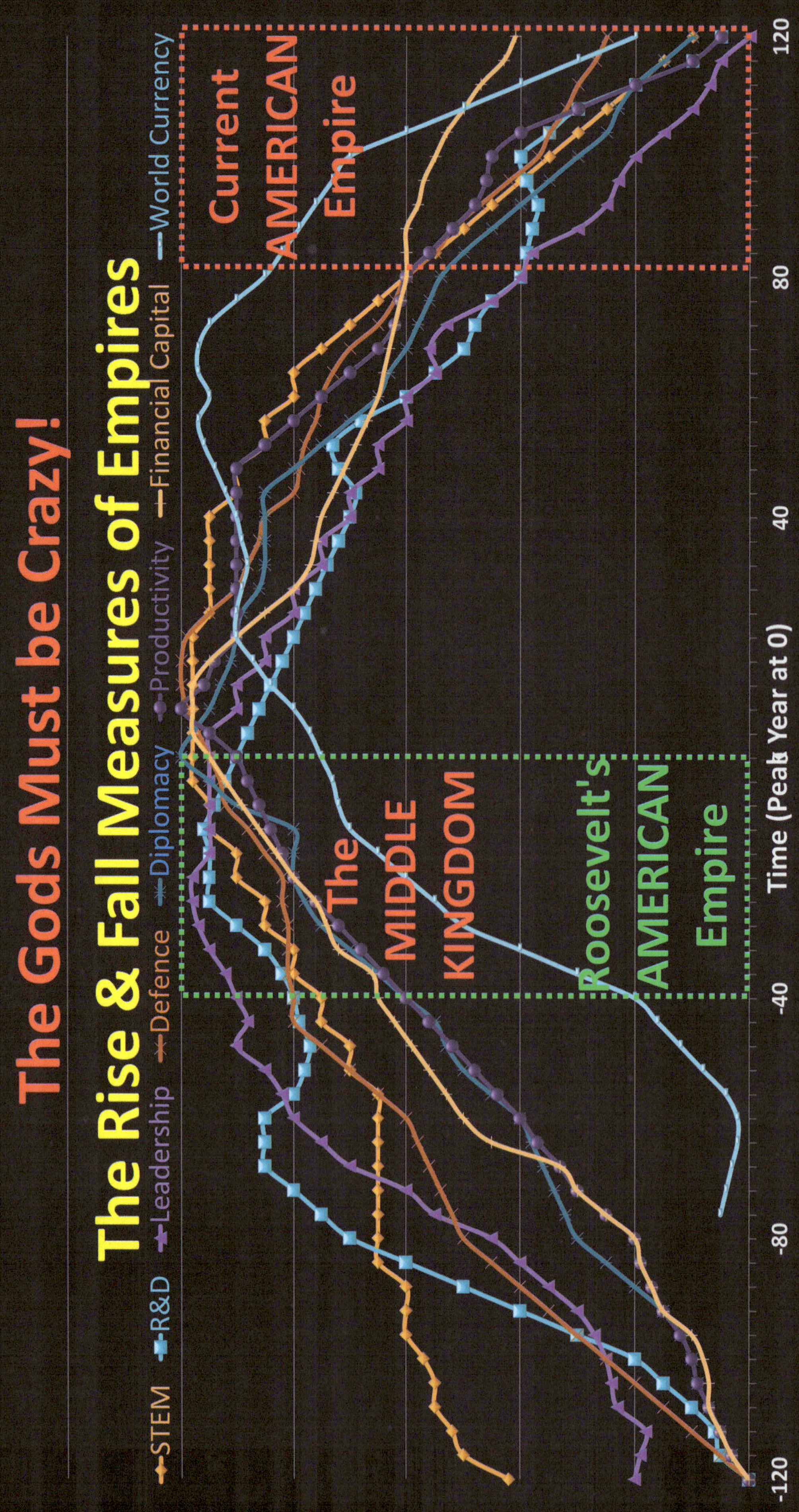
The Gods Must be Crazy!
The Rise & Fall Measures of Empires
STEM
R&D
Leadership
Defence
Diplomacy
Productivity
Financial Capital
World Currency
The MIDDLE KINGDOM
Roosevelt's AMERICAN Empire
Current AMERICAN Empire
-120
-80
-40
40
80
120
Time (Peak Year at 0)

रूजवेल्ट्स की नीतियों को वापस लाने का प्रस्ताव

इस पुस्तक के दूसरे खंड में, मैंने एम्पायर टू एंटरप्राइज के नज़रिये से द न्यू नॉर्मल का सहारा ले कर यह समझाया है कि हम आने वाली चौथी रीच[5] से कैसे बच सकते हैं। किसी भी उद्यम का अस्तित्व उसको छत्रछाया देने वाले गॉडफादर साम्राज्य के उभरने और गिरने के साथ जुड़ा हुआ है - जैसा कि हमने पिछली पांच शताब्दियों में डच[6] और ब्रिटिश ईस्ट इंडिया कंपनियों[7] जैसे सबसे बड़े उद्यमियों के साथ होते हुए देखा है।

मै पूंजीवाद की नींव की कब्र खोदकर और रूजवेल्ट्स के न्यू डील[8] को वापस लाने के लिए अपनी योजना का प्रस्ताव रखता हूँ ताकि हम चौथी रीच से बच सकें। मेरा ऐसा मानना है कि कई उद्यम सिर्फ फाइनेंसियल इंजीनियरिंग करने वाले मेंढकों का समूह हैं, जो कर्ज में डूबकर गुनगुने सांप के तेल में तैर रहे है[9]

The Gods Must Be Crazy!
Gaggle of Financial-Engineering Frogs in Debt
Nonfinancial Corporate Business; Debt Securities; Liability, Level (**Trillion $**)
Source: Board of Governors of the Federal Reserve System(FRED, Q1 2021)

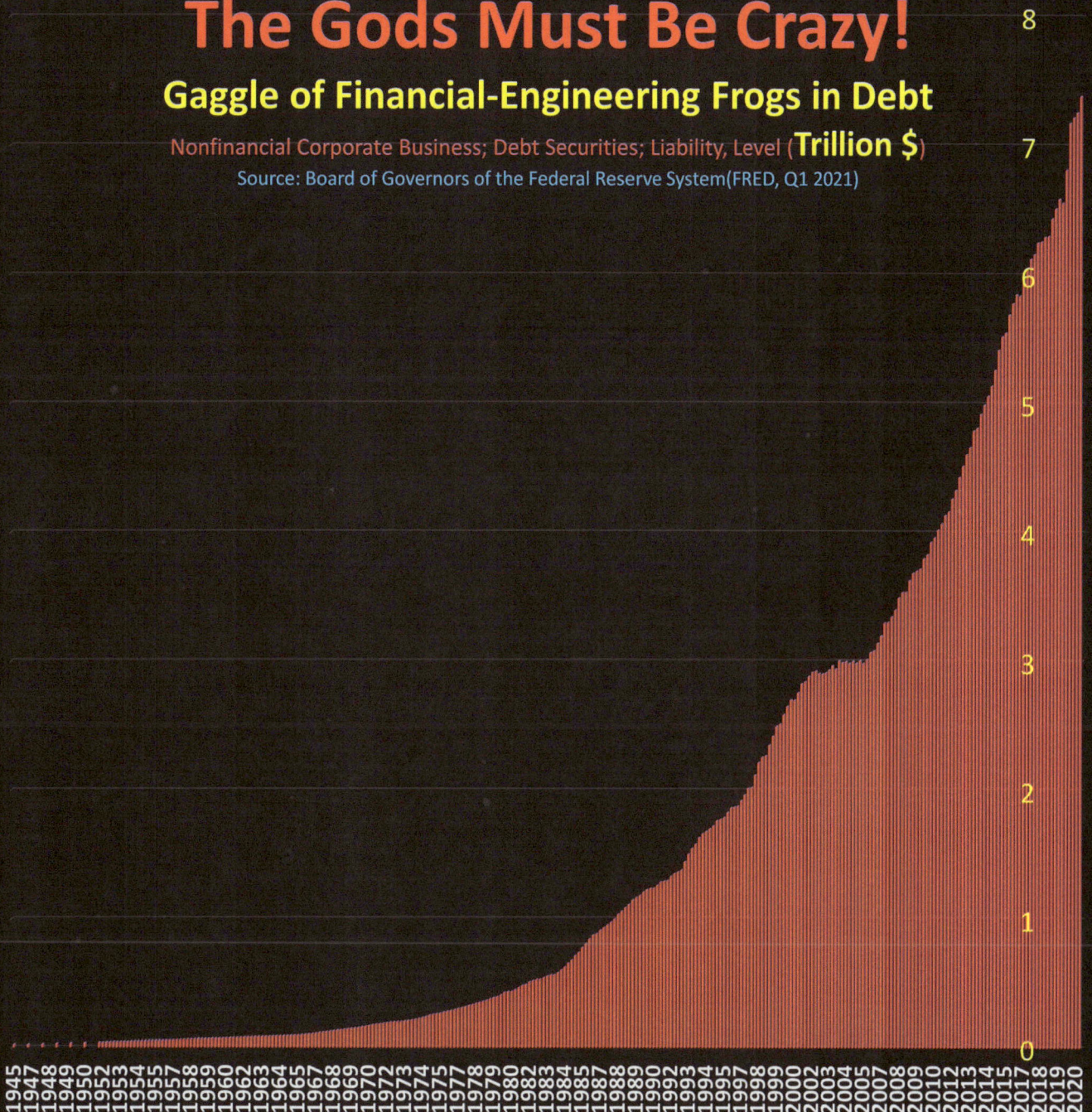

जब ज्वार थम जाएगा तब चीन जैसे बौद्धिक संपदा (IP) चुराने वाले गिद्धों के हाथों इनमें से कई उद्यमों की अपने दुर्भाग्य से भेंट होगी, जैसा की नीचे चार्ट में दिखाया गया है:

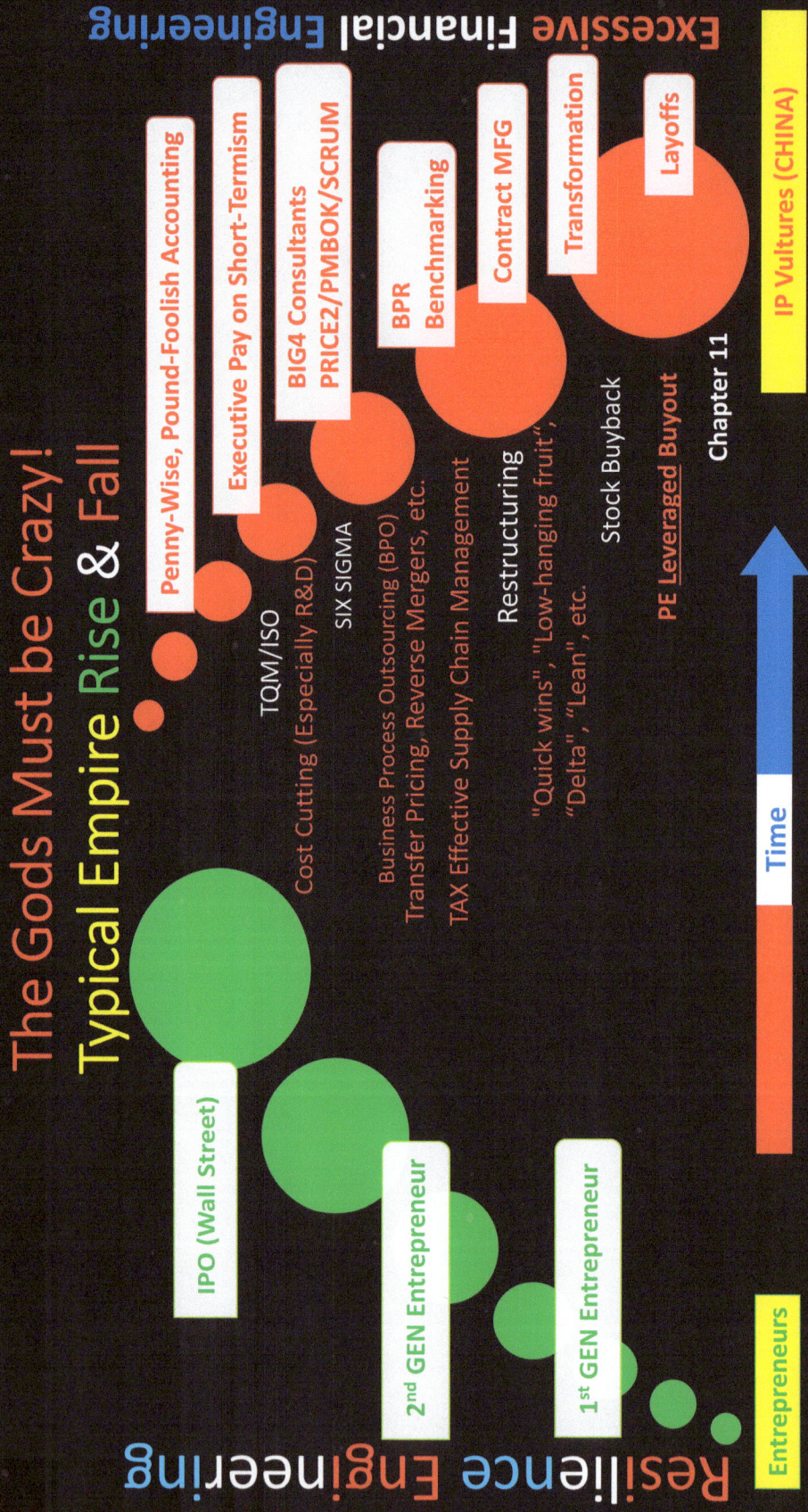

The Gods Must be Crazy!
Typical Empire Rise & Fall

Excessive Financial Engineering

Resilience Engineering

- Penny-Wise, Pound-Foolish Accounting
- Executive Pay on Short-Termism
- BIG4 Consultants PRICE2/PMBOK/SCRUM
- BPR Benchmarking
- Contract MFG
- Transformation
- Layoffs
- IP Vultures (CHINA)

- TQM/ISO
- Cost Cutting (Especially R&D)
- SIX SIGMA
- Business Process Outsourcing (BPO) Transfer Pricing, Reverse Mergers, etc.
- TAX Effective Supply Chain Management
- Restructuring
- "Quick wins", "Low-hanging fruit", "Delta", "Lean", etc.
- Stock Buyback
- PE Leveraged Buyout
- Chapter 11

- IPO (Wall Street)
- 2ⁿᵈ GEN Entrepreneur
- 1ˢᵗ GEN Entrepreneur

Time

Entrepreneurs

Ay Yi Yai Yi! We are in the middle of The New World Order!

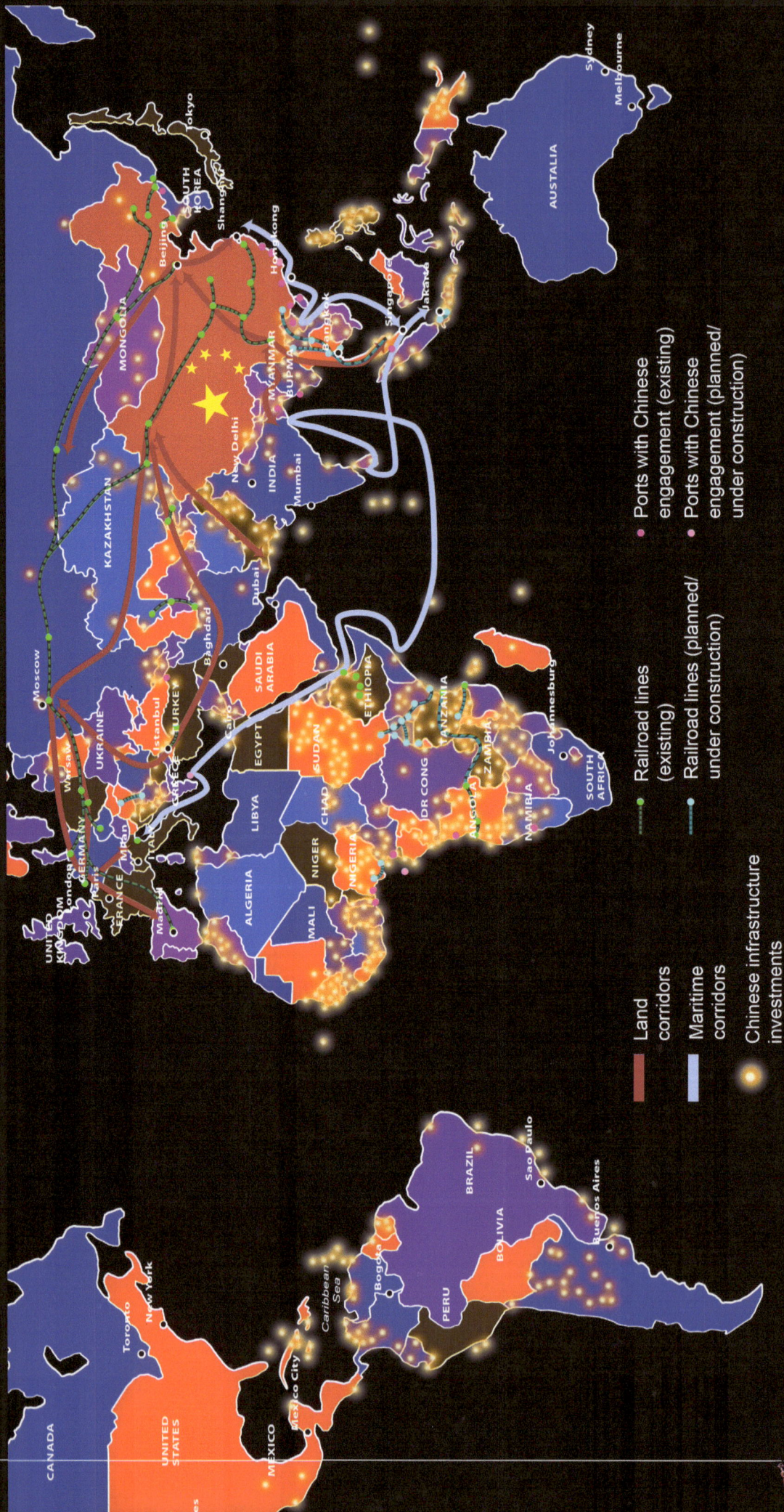

मिडल किंगडम का अरुणोदय

DR CONG
Land corridors
Maritime corridors
Chinese infrastructure investments
Railroad lines (existing)
Railroad lines (planned/ under construction)
Ports with Chinese engagement (existing)
Ports with Chinese engagement (planned/ under construction)

> किसी राज्य के लिए युद्ध की कला का बहुत महत्व होता है।
> यह जीवन और मृत्यु का मामला है, या तो यह सुरक्षा का रास्ता बनता है या बर्बादी का।
> इसलिए यह जांच का विषय है जिसकी उपेक्षा नहीं की जा सकती।"
>
> सन त्जु की द आर्ट ऑफ़ वॉर (476-221 ईसा पूर्व)

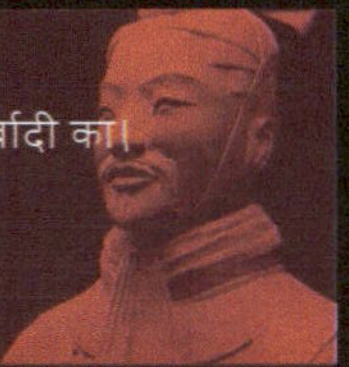

Gods Must Be Crazy!

Conservative Estimate of Chinese Debt + Equity

Source: CHINA'S OVERSEAS LENDING, Sebastian Horn, Carmen Reinhart and Christoph Trebesch(KIEL WORKING PAPER NO. 2132)

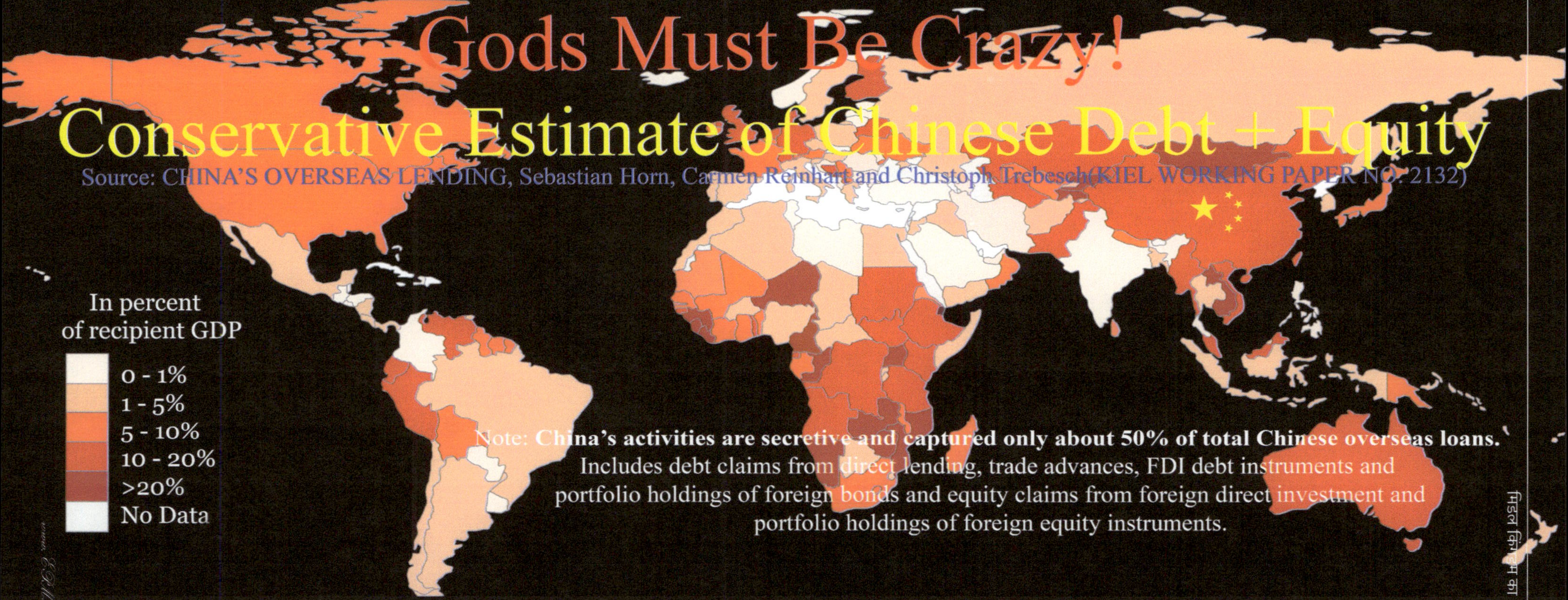

Note: **China's activities are secretive and captured only about 50% of total Chinese overseas loans.** Includes debt claims from direct lending, trade advances, FDI debt instruments and portfolio holdings of foreign bonds and equity claims from foreign direct investment and portfolio holdings of foreign equity instruments.

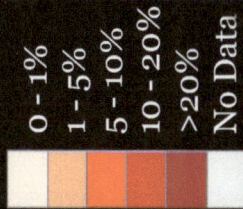

चीन, जो मध्य साम्राज्य (मिडल किंगडम) है, बेसब्री से इंतजार कर रहा है कि कब हम हमारे घिसे-पिटे तुरुप के पत्ते फेंकने में थोड़ी गलती करें और वो कीमत वसूलने के लिए अमेरिका और सौ से ज्यादा दूसरे देशों[10] में अपने गुर्गे भेज दे। चीनी सरकारी तंत्र के सहयोग से चीनी एंटरप्राइज एक तरह से दुनिया को गुलाम बनाने में जुटे हुए है। उन्होंने अपनी कूटनीति के तहत इन देशों को कम से कम 10 ट्रिलियन डॉलर का कर्ज दे कर (डेब्ट ट्रैप डिप्लोमेसी[11]) में फंसा लिया है और अब वो इन्हे आर्थिक तौर पर जकड़ रहे है। बेल्ट एंड सिल्क रोड इनिशिएटिव[12] की नई जमात और अन्य हाई-टेक इंफ्रास्ट्रक्चर मेगाप्रोजेक्ट्स चीन की 22वीं सदी के ट्रोजन हॉर्स के प्रमुख उदाहरण हैं। खून चूसने वाले और कभी न चुकाए जा सकने वाले कर्ज़ देने की कूटनीति के पीछे चीन की वह मंशा छिपी हुई है जिस के तहत वो इन सरकारों को अपने इशारों पर नचाना चाहता है। उन्हें दुनिया में चीन के रणनीतिक हितों और सैन्य फैलाव का समर्थन करने के लिए धमकाया जाता है।

"विश्व व्यापार में चीन की मजबूत स्थिति की तुलना में, वैश्विक फाइनेंस में इसकी भूमिका को ठीक से नहीं समझा गया है ....
1949-2017 के बीच चीन का कैपिटल एक्सपोर्ट्स 150 से अधिक देशों को 5,000 लोन और अनुदान का एक नया डेटाबेस बना रहा है,
हमने पाया है कि विकासशील देशों को चीन द्वारा दिए गए 50% कर्जो की सूचना IMF या विश्व बैंक को नहीं दी जाती है। इन "छिपे हुए ऋण" की वजह से नीति पर निगरानी, रिस्क प्राइसिंग, और कर्ज सहन करने के विश्लेषण में गड़बड़ी हो जाती हैं। चूंकि चीन का विदेशी ऋण लगभग पूरी तरह से आधिकारिक (राज्य-नियंत्रित) है, सीमा-पार करने वाले निजी पैसे के स्टैंडर्ड "पुश" और "पुल" ड्राइवर वैसे ही लागू नहीं होते हैं।"

— कीएल इंस्टीट्यूट फॉर द वर्ल्ड इकोनॉमी (2020) —

KIEL की रिपोर्ट के अनुमानों के अनुसार, 2017 तक, चीन का अपनी सीमाओं के पार कुल वितीय वसूली विश्व जीडीपी का 8% से ज़्यादा हो चुका है। चीन के पास इन देशों के बॉन्ड्स और ट्रेजरी पर जो कब्जा है, वही अमेरिका की कम से कम 7% GDP, 10% जर्मन GDP और यूके की 7% GDP के बराबर कीमत का है। असल में चीन की यूरोजोन में भी अच्छी खासी पकड़ है जो उसकी 7% GDP के बराबर है। (यह बॉन्ड्स की वैल्यू में 850 बिलियन अमेरिकी डॉलर के बराबर है)।

चीन दुनिया में कम से कम 5 ट्रिलियन डॉलर के अपने दिए हुए कर्ज़ का लाभ उठा सकता है, और 2017 तक चीन की वित्तीय "दरियादिली" का आशीर्वाद प्राप्त करने वाले देशों की हिस्सेदारी लगभग 80% तक पहुंच गई है। ऐसी नाटकीय वृध्दि इतिहास में आज तक सिर्फ युद्ध काल के दौरान देखी गई है। पहले और दूसरे विश्व युद्ध में अमेरिका ने इसी तरह के कर्ज़ बांटे थे।

दुर्भाग्य से, 2017 के ये कमतर आंकड़े भी खासकर COVID-19 पैंडेमिक की मार से हुई दुनिया की आर्थिक स्थिति को देखते हुए अब पुराने हो गए है। चीन के तेजी से बढ़ते ऋण और निवेश पर COVID-19 का असर अभी देखा जाना बाकी है।

एक ज़माना था जब अमेरिका द्वारा स्थापित वर्ल्ड बैंक और IMF जैसी संस्थाओं का कर्ज़ देने के मामले में दुनिया में बड़ा नाम था। उनके उधार देने की पद्धति में सब कुछ खुले रूप से सामने होता था और इसमें अच्छे स्तर की पारदर्शिता, नैतिकता और पेशेवर रवैया होता था। ये गुण भ्रष्ट सरकारों और कम संसाधन वाले देशों की निजी सेनाओं से लेनदेन के दौरान बहुत काम आते है।

पेरिस क्लब और दूसरी प्रतिष्ठित संस्थाओं, जैसे की IMF और वर्ल्ड बैंक, में मौजूद ऑर्गेनाइजेशन फॉर इकोनॉमिक कॉप-रेशन एंड डेवलपमेंट (OECD) के सदस्य अक्सर लंबी अवधि के लिए रियायतों पर कर्ज देते थे। पेरिस क्लब के कई लोन OECD द्वारा परिभाषित आधिकारिक विकास सहायता के रूप में दिए गए हैं और इसमें कम से कम 25% अनुदान शामिल है। इन कर्जों की अवधि अक्सर 30 वर्ष तक की होती थी और इसमें लगभग कोई भी प्रीमियम रिस्क नहीं होता है।

यह लगभग सभी जानते है कि जो देश आर्थिक संसाधनों की कमी से जूझ रहे है, चीन उनकी भ्रष्ट सरकारी संस्थाओं और सेनाओं के साथ टेबल के नीचे लेनदेन करता है। इसके अलावा, चीन के सरकारी बैंक ये पैसा सीधे उन सरकारों को देने के बजाए उस प्रोजेक्ट को संचालित कर रहे चीनी कॉन्ट्रैक्टर को देते हैं। इससे सब कुछ घूम कर चीन के ही पास आ जाता है। चीनी लेबर और मटेरियल का उपयोग करने वाली चीन की कॉन्ट्रैक्टर कंपनिया चीन को अधिक और मेजबान देश को कम लाभ पहुंचाती है।

ये कपट भरे क्लोज़्ड सर्कल तरीके ऋण डिप्लोमेसी का ऐसा विष चक्र है जिन के सहारे उन देशो की संपत्ति पर तुरंत कब्ज़ा किया जा सकता है। यह चीन के लिए एक ट्रोजन हॉर्स है, जो सारे फायदे खुद उठाता है, आर्थिक गुलाम बना कर आनंद लेता है लेकिन इसके बिल के भुगतान का बोझ मेजबान देश के करदाताओं पर डाल देता है जिनको इसे पीढ़ियों तक चुकाना है। सबसे ज्यादा कर्ज़ में डूबे हुए 50 देशों का औसतन 40% से ज्यादा विदेशी ऋण सिर्फ चीन से है।

चीन का आधिकारिक तौर पर दिया हुआ सारा ऋण चीनी कम्युनिस्ट पार्टी, अर्थात वहां की सरकार द्वारा नियंत्रित है। उधार सम्बंधित दो-तिहाई गतिविधियां चीनी बैंकों के विदेशी सहयोगियों के ज़रिये की जाती है। ये ऋण अधिकतर कुछ गिरवी रखवा कर दिए जाते है और इन्हे एकदम गुप्त रखा जाता है इसलिए इन्हे ट्रैक करना नामुमकिन है।

अधिकांश उधार ऐसे देशों को दिया जाता है जो आर्थिक रूप से तो गरीब है लेकिन उनके पास कुदरती संशाधन बहुत है जिन पर भ्रष्ट और निकम्मे नेता कुण्डली मार कर बैठे है, मूल राशि और ब्याज उन संसाधनों के जरिए सुरक्षित किए जाते है। ये दो सरकारों के बीच लोन की तरह नहीं होते बल्कि इनका अनुबंध गुप्त व्यावसायिक लोन जैसा होता है जिसमे आर्बि-ट्रेशन क्लॉज़ भी होते है। इसके परिणामस्वरूप वापस चुकाने वाली राशि का हिसाब जनता के दायरे से बाहर होता है।

उदाहरण के तौर पर, 1970 के दशक में एक गिरोह के ज़रिये ऋण वृद्धि के परिणामस्वरूप 1980 के दशक की शुरुआत में एक वित्तीय संकट की शुरुआत हुई थी। उस समय, पश्चिमी बैंकों ने अफ्रीका, एशिया और लैटिन अमेरिका के गरीब लेकिन संसाधन संपन्न देशों में बड़ी मात्रा में विदेशी पूंजी डाल दी थी। कई देश दिवालिए होने लगे और इस से उत्पन्न हुई आर्थिक मंदी को हल करने में एक दशक से अधिक का समय लग गया। लगभग वही सारे देश, जिनका नेतृत्व भ्रष्ट है और जहां पारदर्शिता या कोई सावधानी नहीं बरती जाती, अब चीनी भेड़ियों द्वारा शिकार बनाए जा रहे है।

अत्यधिक कर्ज़दार (HIPC) होने की स्थिति के करीब पहुंचे कुछ गरीब देश COVID-19 युग के शुरू होने से पहले ही डि-फॉल्टर बन चुके थे। जिन देशों पर COVID-19 की सबसे अधिक मार पड़ी है वे लैटिन अमेरिका और गरीब अफ्रीकी क्षेत्रों के देश है। ये चीन को अपना उधार लौटाने में निश्चित रूप से संघर्ष करेंगे या फिर कर्ज चुकाने की स्थिति में बिल्कुल नहीं रहेंगे। आर्थिक मंदी के परिणामस्वरूप त्वरित कमोडिटी ब्रेकडाउन होने लगता है, संसाधनों का उत्पादन भी प्रभावित होता है। बिना पैसे और संसाधनों के, जिन देशों पर चीन का आर्थिक नियंत्रण होता है, उनका आर्थिक भविष्य अंधकारमय बन जाता है।

यह देखना दिलचस्प होगा कि COVID-19 के बाद उपनिवेशीकरण की चीन की नई रणनीति क्या होगी। इन देशों के भ्रष्ट नेताओं को टेबल के नीचे से दिए गए ऋणों की वसूली वह कैसे करेगा जो उन संसाधनों के एवज में दिए गए थे जिनकी कीमत अब गिर चुकी है।

Gods Must Be Crazy!

Conservative Estimate of Chinese Direct Loans (2017)

Source: CHINA'S OVERSEAS LENDING, Sebastian Horn, Carmen Reinhart and Christoph Trebesch(KIEL WORKING PAPER NO. 2132)

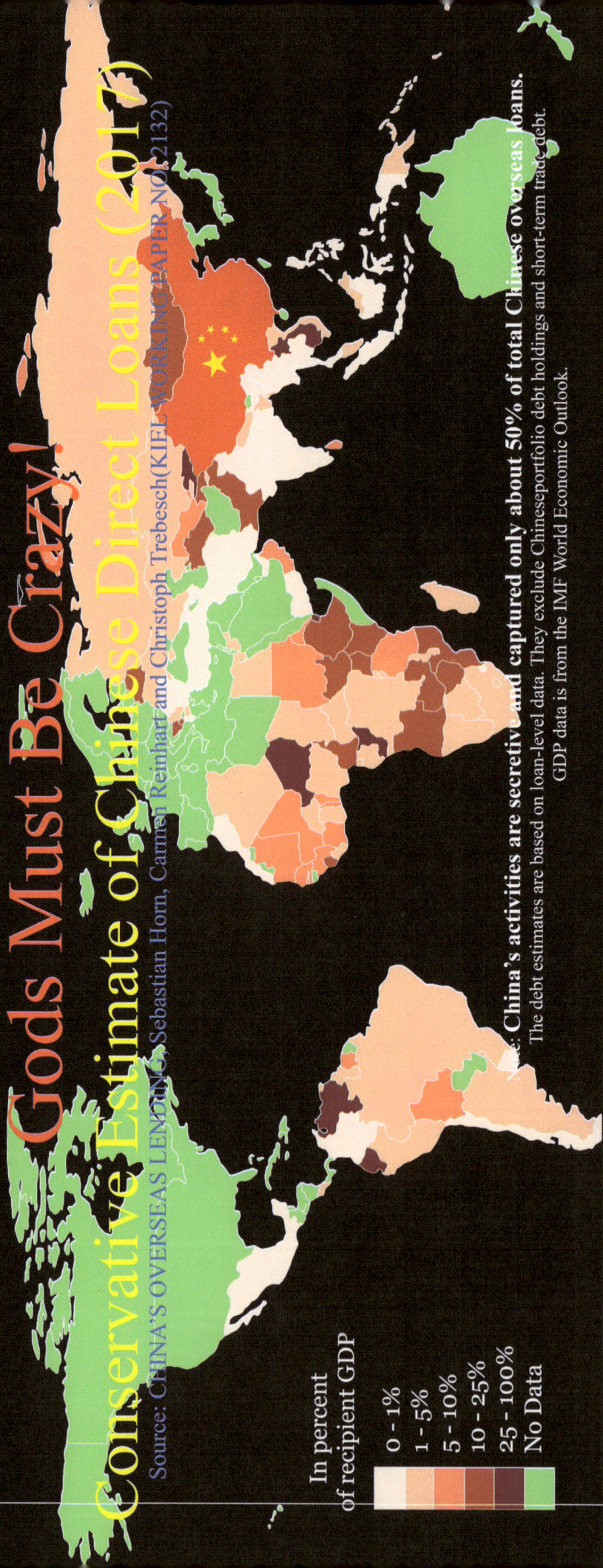

Note: China's activities are secretive and captured only about 50% of total Chinese overseas loans. The debt estimates are based on loan-level data. They exclude Chineseportfolio debt holdings and short-term trade debt. GDP data is from the IMF World Economic Outlook.

In percent
of recipient GDP

- 0 - 1%
- 1 - 5%
- 5 - 10%
- 10 - 25%
- 25 - 100%
- No Data

www.Tiger-Rider.com

The Gods Must Be Crazy!
Characteristics of Chinese Loan

Source: CHINA'S OVERSEAS LENDING, Sebastian Horn, Carmen Reinhart and Christoph Trebesch(KIEL WORKING PAPER NO. 2132)

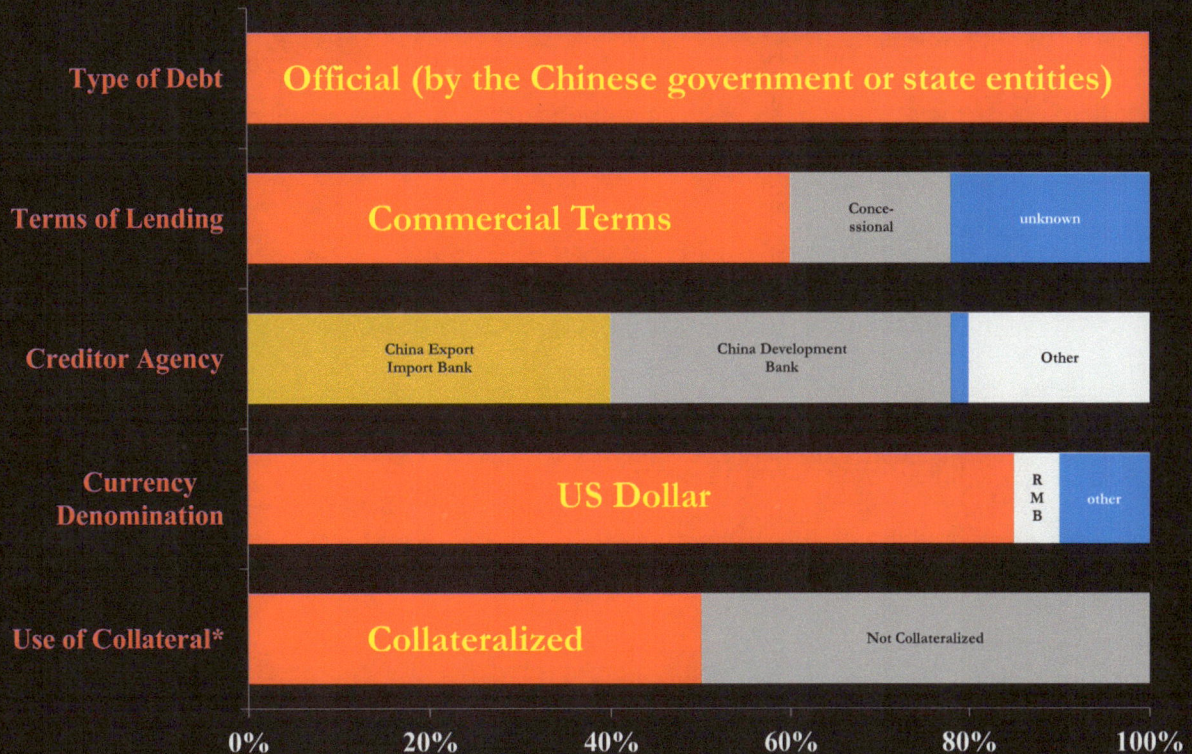

Type of Debt	Official (by the Chinese government or state entities)		
Terms of Lending	Commercial Terms	Concessional	unknown
Creditor Agency	China Export Import Bank	China Development Bank	Other
Currency Denomination	US Dollar	RMB	other
Use of Collateral*	Collateralized	Not Collateralized	

0%   20%   40%   60%   80%   100%

★ ★

"इससे कोई फ़र्क नहीं पड़ता कि बिल्ली काली है या सफ़ेद,
जब तक वह चूहों को पकड़ सकती है।"

— डेंग शियाओपिंग, चीन के सर्वोपरि नेता (1978 -1989)

बीसवीं सदी के मध्य में हुए द्वितीय विश्व युद्ध के बाद, संयुक्त राज्य अमेरिका ने यूरोपीय देशों को उन्हें फिर से अपने पांव पर खड़ा करने के लिए आर्थिक और तकनीकी सहायता के जरिए 100 अरब डॉलर से अधिक की रकम उचित तरीके से वितरित कर दी थी (तब यूएस की जीडीपी 258 अरब डॉलर थी)। मार्शल प्लान[13] से ही पूरा विश्व फला-फूला है और 75 सालों तक शांति बनी रही। समय आ गया है कि हम चीन द्वारा आर्थिक रूप से गुलाम बनाए गए देशों को बचाने के लिए नई मार्शल योजनाएँ स्थापित करने के लिए गठबंधन का नेतृत्व करें।

डिजिटल औपनिवेशीकरण

पिछले पचहत्तर वर्षों से, अमेरिका की टेक्नोलॉजी एंटरप्राइज ने दुनिया का बहुत कुछ डिजिटल इन्फ्रास्ट्रक्चर अपने नियंत्रण में रखा है। लेकिन चीन अपने "बेल्ट एंड रोड इनिशिएटिव" (BRI) को अपने "डिजिटल सिल्क रोड" (DSR)[14] तक बढ़ा रहा है। चीन ने कई देशों के साथ खास तौर से DSR एग्रीमेंट किए हैं, और अपने इंफ्रास्ट्रक्चर प्रोजेक्ट्स द्वारा सेंध लगा रहा है। इस प्रकार बीजिंग दुनिया भर में अपना दबदबा बिना किसी स्पर्धा के बनाने में सफल रहा है। यह चीनी टेक्नोलॉजी कंपनियों के लिए एक ऐसा डिजिटल चोर दरवाज़ा है जिस में से घुस कर वो पश्चिमी उद्यमों को धराशाही कर रही है। इसमें चीन की टेलीकॉम इक्विपमेंट बनाने वाली कंपनियां, स्टोरेज इंफ्रास्ट्रक्चर और डेटा सेंटर कंपनियां सबसे आगे हैं। DSR स्मार्ट सिटी सेंसर और डेटा प्लेटफॉर्म की निर्यात संभावना के लिए आर्थिक और डिजिटल सहायता भी प्रदान करेगा, जो संभावित तौर से राष्ट्रीय सुरक्षा खतरे पैदा करता है।

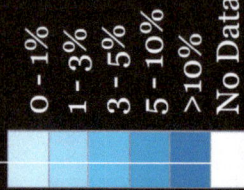

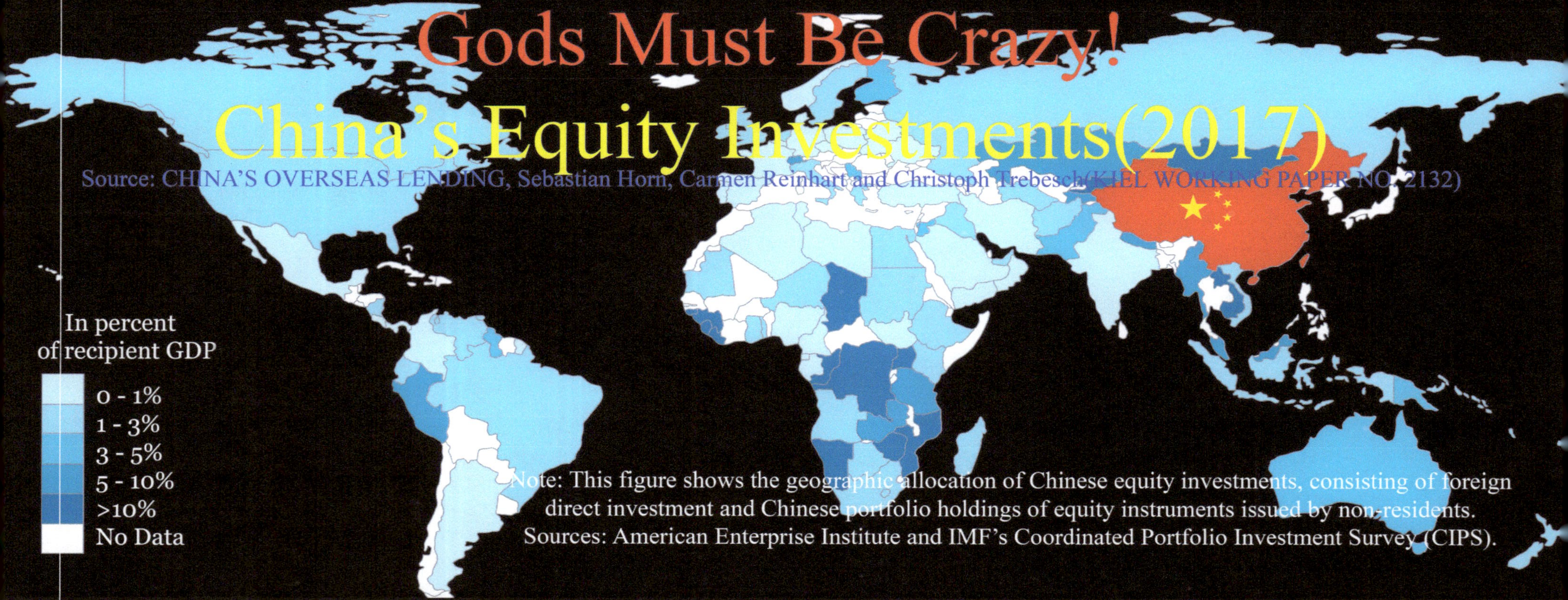

Gods Must Be Crazy!
China's Equity Investments(2017)
Source: CHINA'S OVERSEAS LENDING, Sebastian Horn, Carmen Reinhart and Christoph Trebesch(KIEL WORKING PAPER NO. 2132)
In percent of recipient GDP
0 - 1%
1 - 3%
3 - 5%
5 - 10%
>10%
No Data
Note: This figure shows the geographic allocation of Chinese equity investments, consisting of foreign direct investment and Chinese portfolio holdings of equity instruments issued by non-residents.
Sources: American Enterprise Institute and IMF's Coordinated Portfolio Investment Survey (CIPS).

चीन के डिजिटल सिल्क रोड (DSR) के चार पहलू हैं:

1. डिजिटल इन्फ्रास्ट्रक्चर जैसे कि डेटा सेंटर और ऑप्टिक फाइबर केबल, जो IoT (इंटरनेट ऑफ थिंग्स), 5G और 6G जैसे भविष्य के टेक्नोलॉजी प्लेटफॉर्म स्थापित करते हैं।
2. अंतरराष्ट्रीय संस्थान जो नई उभरती हुई टेक्नोलॉजियो के लिए स्टेंडर्ड, रूल्स और रेगुलेशंस निर्धारित करते हैं।
3. ईकामर्स से संबंधित तकनीकों जैसे कि इलेक्ट्रॉनिक पेमेंट सिस्टम, क्रिप्टोकरेंसी और डिजिटल फ्री ट्रेड ज़ोन्स पर अधिक फोकस।
4. "मेड इन चाइना 2025" पहल के हिस्से के रूप में "मिडल किंगडम को फिर से महान बनाने" की चीनी रणनीति है। इस लक्ष्य को प्राप्त करने के लिए, उन्होंने "थाउजेंड टैलेंट प्लान"[15] (हाई टेक चीनी प्रवासियों[16] को वापस देश में लाना) में भारी निवेश किया है।

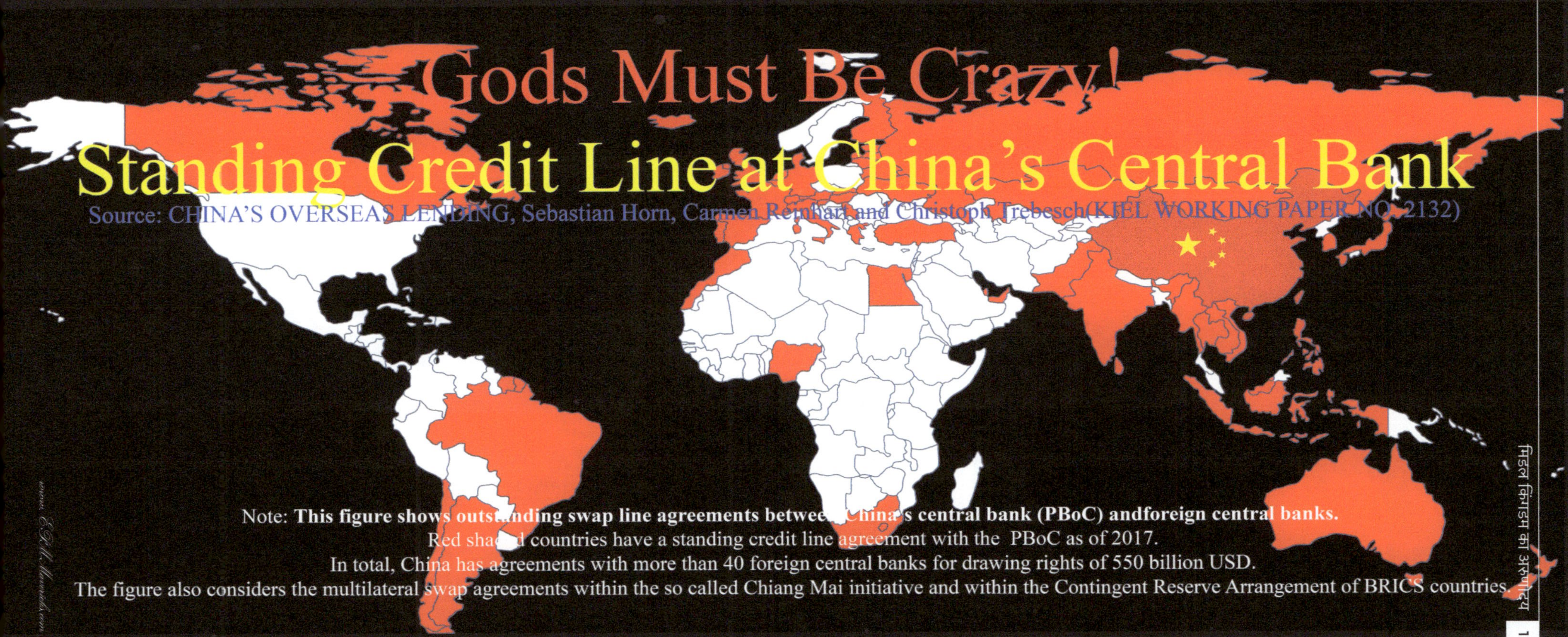

Gods Must Be Crazy!
Standing Credit Line at China's Central Bank
Source: CHINA'S OVERSEAS LENDING, Sebastian Horn, Carmen Reinhart and Christoph Trebesch(KIEL WORKING PAPER NO. 2132)
Note: This figure shows outstanding swap line agreements between China's central bank (PBoC) andforeign central banks.
Red shaded countries have a standing credit line agreement with the PBoC as of 2017.
In total, China has agreements with more than 40 foreign central banks for drawing rights of 550 billion USD.
The figure also considers the multilateral swap agreements within the so called Chiang Mai initiative and within the Contingent Reserve Arrangement of BRICS countries.

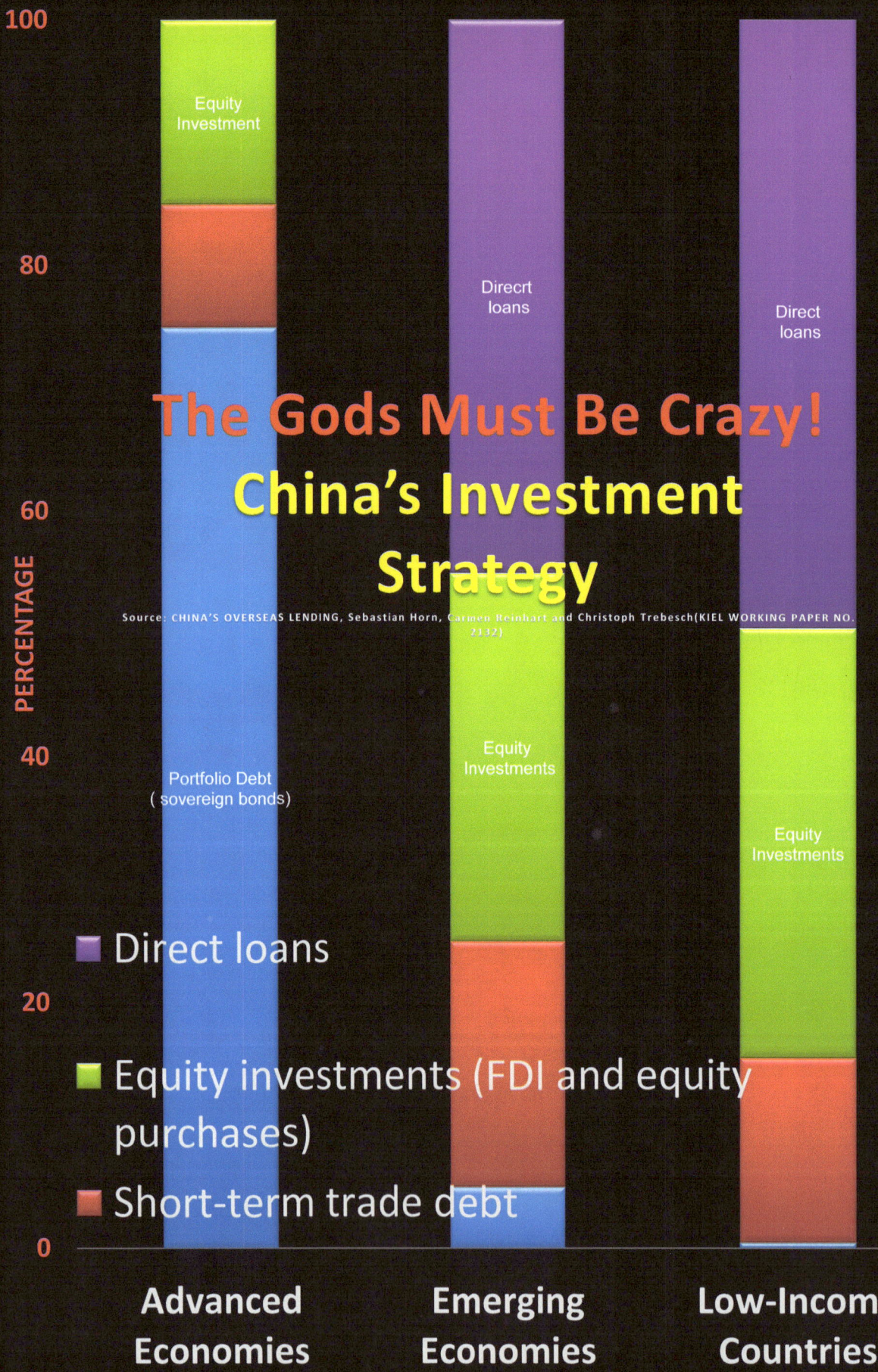

The Gods Must Be Crazy!
China's Investment Strategy
Source: CHINA'S OVERSEAS LENDING, Sebastian Horn, Carmen Reinhart and Christoph Trebesch(KIEL WORKING PAPER NO. 2132)
100
80
60
40
20
0
PERCENTAGE
Equity Investment
Portfolio Debt (sovereign bonds)
Direcrt loans
Equity Investments
Direct loans
Equity Investments
Direct loans
Equity investments (FDI and equity purchases)
Short-term trade debt
Advanced Economies
Emerging Economies
Low-Incom Countries

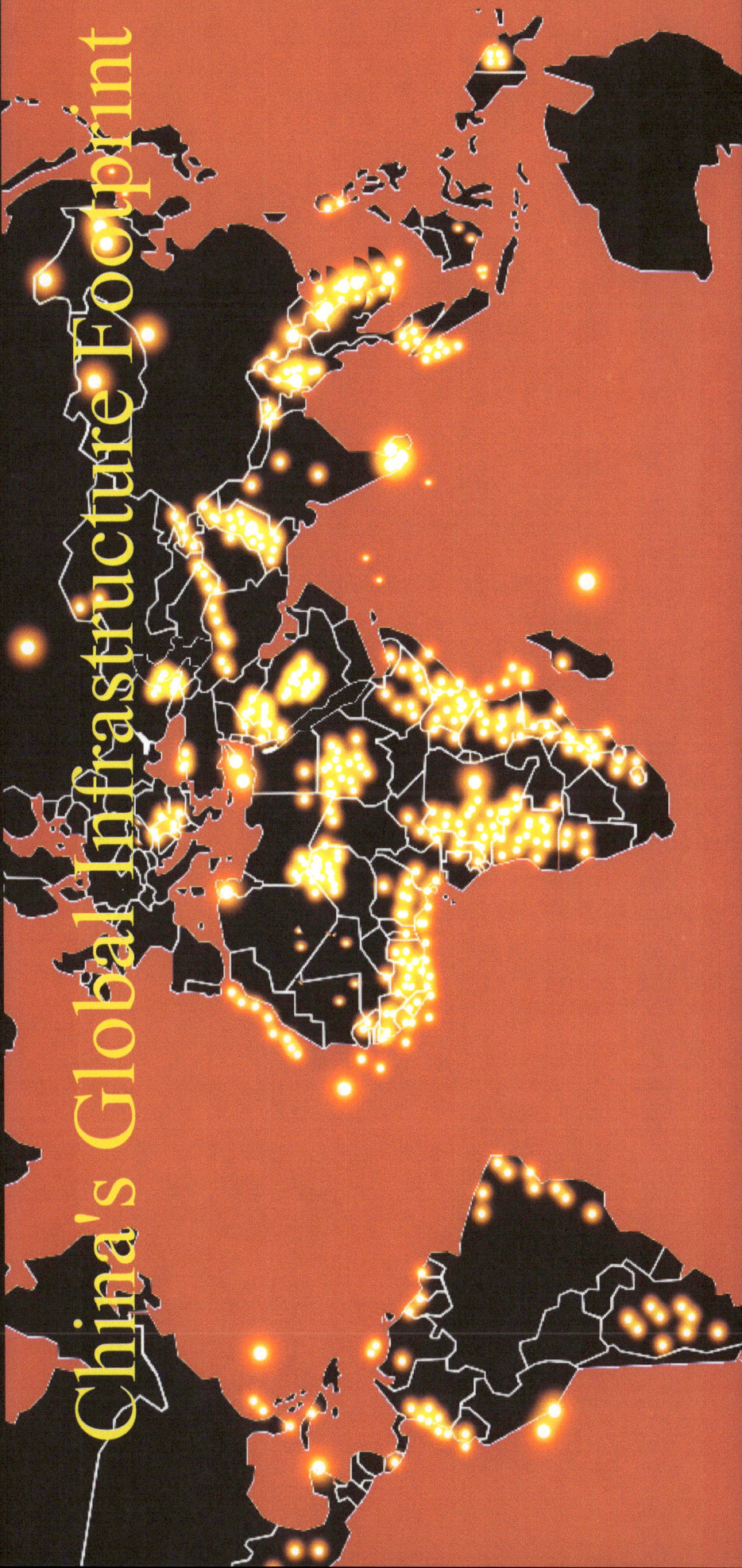

China's Global Infrastructure Footprint

वित्तीय सहायता से चलने वाले Huawei और ZTE[17] जैसी अर्ध-सरकारी चीनी कंपनियां अफ्रीका के अधिकांश डिजिटल इंफ्रास्ट्रक्चर का निर्माण कर रहीं हैं। उनके फाइबर ऑप्टिक केबल मध्य एशिया की डिजिटल कनेक्टिविटी की रीढ़ बन गए हैं। DSR, चीनी कम्युनिस्ट पार्टी (CCP) को महत्वपूर्ण अंतरराष्ट्रीय नेताओं और उद्यमों से अपनी बात मनवाने के लिए कॉम्प्रोमैट[18] के रूप में लीवरेज देगा। यह उन्हे हार्वेस्टिंग और बड़े पैमाने पर बनाई हुई डेटा एनालिटिक्स क्षमता से मिले संवेदनशील डेटा की वजह से हासिल हुआ है।

यह ढांचा CCP को राजनीतिक प्रभाव बनाने के लिए खुला मैदान देगा। इस प्रकार वे लोग मेजबान देश के नागरिकों और उसकी संप्रभुता की परवाह किए बिना स्वयं के नियम और मानक बनाएंगे और अपनी राजनीतिक और सत्तावादी विचा-रधाराओं को लागू करेंगे। चेहरे द्वारा पहचान करने वाली और साइबर-जासूसी जैसी चीनी तकनीकों का उपयोग पहले से ही दुनिया भर के कई देश व्यापक रूप से अपने नागरिकों[19] पर कड़ी नजर रखने के लिए कर रहे है।

चीनी ईकामर्स के अलावा, DSR द्वारा टेलीमेडिसिन, इंटरनेट फाइनेंस और स्मार्ट शहरों को चलाना भी मुमकिन हो जाता है। राज्य-नियंत्रित DSR का सबसे खतरनाक पहलू यह है कि ये क्वांटम कंप्यूटिंग, आर्टिफिशियल इंटेलिजेंस और अन्य अत्याधुनिक तकनीकों[20] के जरिए उपनिवेशित देशों के नागरिकों का डेटा हासिल कर के उसमें हेरफेर कर सकता है। इस जानकारी का उपयोग तब चीन के लाभ के लिए, न कि नागरिकों के लिए किया जा सकता है।

"तुम्हें समझ में नहीं आता, क्या? वीसी कहते हैं, 'चले जाओ, चले जाओ'। इंडोचीन में सभी गोरे लोगों के लिए इसका मतलब 'खत्म' है। यदि आप फ्रेंच, अमेरिकी हैं, तो एक ही बात है। 'जाओ।' वे तुम्हें भूलना चाहते हैं। देखो, कप्तान। देखो, यही वह सच्चाई है। एक अंडा।
[उसे फोड़ कर, अंडे का सफेद भाग निकाल लेता है]
सफेद चला गया, लेकिन पीला रह गया!"

फ्रांसीसी उपनिवेशवादी, "एपोकैलिप्स नाउ"
(1979 की फ्रांसिस फोर्ड कोपोला की फिल्म)

प्रतिस्पर्धा

न्यू सिल्क रोड ने चीन के प्रभाव का घेरा बढ़ाने का मुख्य उद्देश्य पूरा कर दिया, साथ ही "वन बेल्ट, वन रोड" (OBOR) जैसे इंफ्रास्ट्रक्चर एडवांसमेंट, और "एशियन इन्फ्रास्ट्रक्चर इन्वेस्टमेंट बैंक" (AIIB) जैसे संस्थानों के जरिए चीन ने एशिया में अपना निवेश आगे बढ़ाया। चीन द्वारा नियंत्रित AIIB को दुनिया[21] की तीन सबसे बड़ी रेटिंग एजेंसियों ने सबसे ज्यादा क्रेडिट रेटिंग दी हुई है। 2015 में, बीजिंग स्थित इस संस्थान का शुरुआती निवेश ही एशियन डेवलपमेंट बैंक के कैपिटल के दो-तिहाई के बराबर था। AIIB का शुरुआती निवेश वर्ल्ड बैंक के निवेश का भी लगभग आधा है। AIIB वर्ल्ड बैंक और अमेरिका द्वारा स्थापित IMF के लिए एक सीधा खतरा है।.

1960 में, अमेरिकी अर्थव्यवस्था दुनिया के सकल घरेलू उत्पाद (GDP) का लगभग 40% हुआ करती थी। IMF के 2020 के अनुमानों के बाद "परचेजिंग पावर पैरिटी" (PPP) में अब ये 15% रह गई है। इसी बीच PPP के हिसाब से चीन की जीडीपी 20% है और लगातार बढ़ रही है।[22] पिछले तीस वर्षों में चीन की जीडीपी अपनी साइज से लगभग पंद्रह गुना बढ़ गई है। इसके विपरीत, अमरीका की जीडीपी केवल दोगुनी हुई है। दूसरी तरफ अमेरिकी घरेलु बिन-वित्तीय कर्ज़ आसमान छू रहे हैं। यह आंकड़ा वर्तमान में $80 ट्रिलियन पर है, जबकि यूएस फेडरल बैलेंस शीट में अब $7 ट्रिलियन का ऋण है जो कभी भी डूब सकता है।

"निजी क्षेत्र को हुई आय का नुकसान — और इस अंतर को भरने के लिए लिया गया कोई भी ऋण - अंतत: सरकारी बैलेंस शीट पर पूर्ण या आंशिक रूप से हिसाब में लिया जाना चाहिए। बहुत अधिक सार्वजनिक ऋण का स्तर हमारी अर्थव्यवस्थाओं की एक स्थायी विशेषता बन जाएगा और इसके साथ निजी ऋण रद्द हो जायेंगे

मारियो ड्रैगी,
यूरोपीय सेंट्रल बैंक के पूर्व अध्यक्ष

The Gods Must be Crazy!

The Crocodile from the Yangtze

IMF 2018 GDP in PPP (Trillion $)

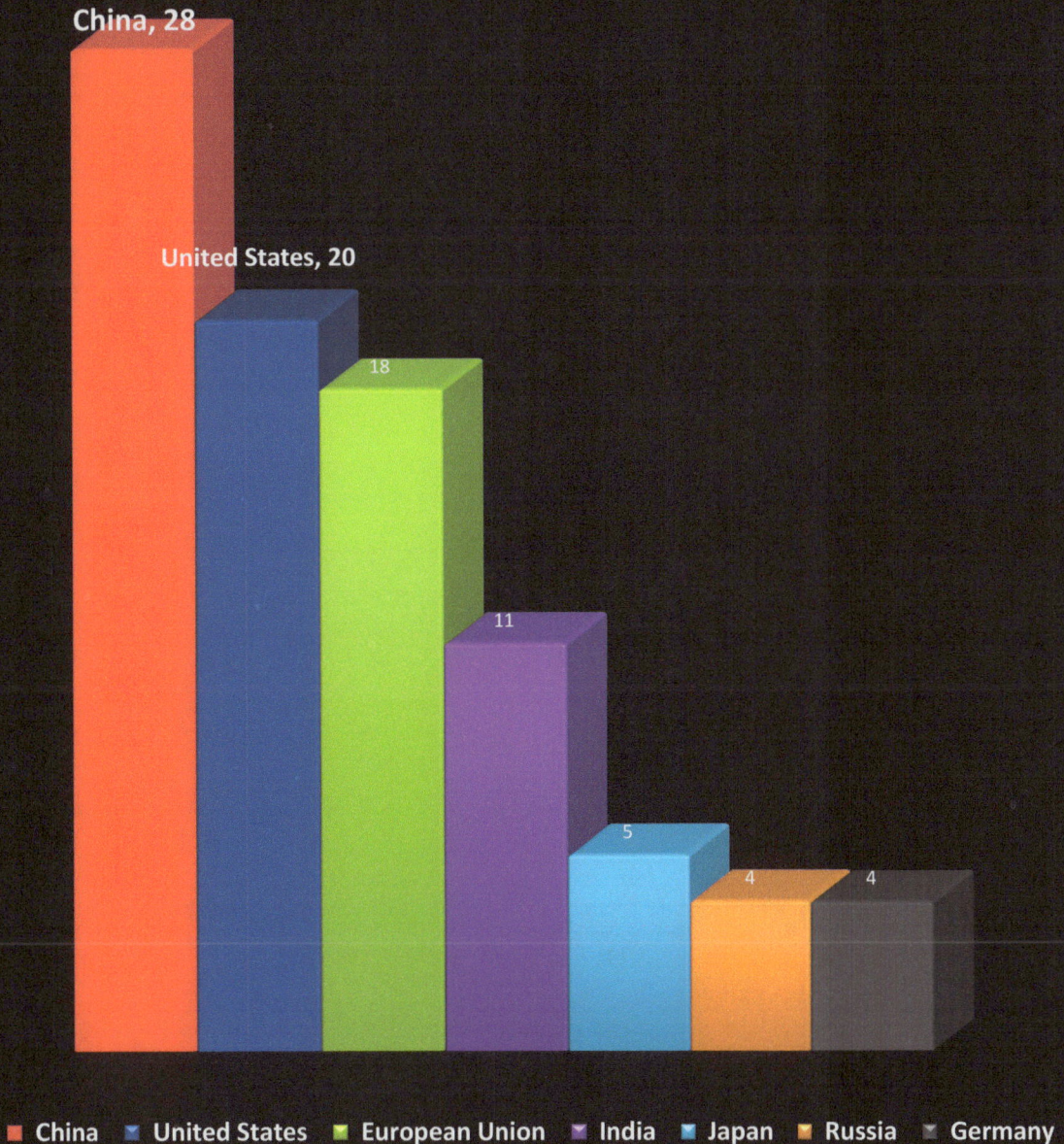

China, 28
United States, 20
18
11
5
4
4
China
United States
European Union
India
Japan
Russia
Germany

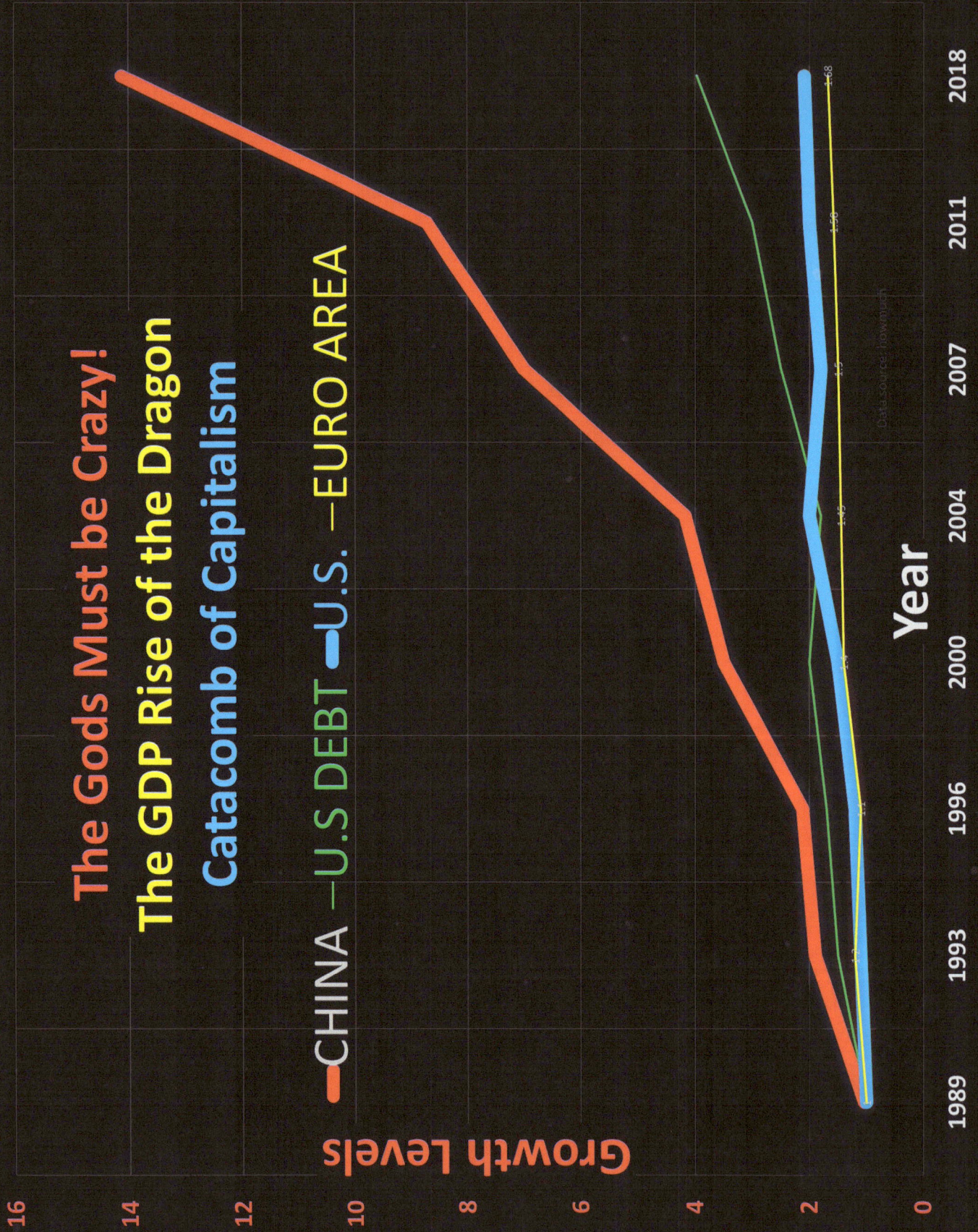

The Gods Must be Crazy!
The GDP Rise of the Dragon
Catacomb of Capitalism
CHINA
U.S DEBT
U.S.
EURO AREA
Growth Levels
16
14
12
10
8
6
4
2
0
1989
1993
1996
2000
2004
2007
2011
2018
Year

COVID-19 की रोकथाम के लिए किए गए लॉकडाउन का तरीका बड़ा दयनीय और निराशा भरा था। इसके घाव भरे भी नही थे कि हालात ने इन पर नमक छिड़क दिया क्योंकि अमीर लोग और अमीर हो गए है जबकि गरीब और गरीब। दुनिया के आर्थिक हालात एकदम बदतर होने से भयानक दंगे और अराजकता फैल सकती है और दुनिया भर में गृह युद्ध छिड़ सकते है। इसकी छोटी सी झलक मैने शिकागो में अपने घर के बाहर देखी, जैसा कि मैंने आपको बताया था। ये वैश्विक घटनाएं उन घटनाओं से कहीं ज्यादा खतरनाक हो सकती है जैसी हम पिछले कुछ हफ्तों (मई-जून 2020) से अनुभव कर रहें है और अंतत: दुनिया भर के उद्यमों की नींव पर गहरा प्रभाव डाल सकती हैं। दूसरी तरफ, चीन की कंपनियां छलांगे लगा कर पश्चिम द्वारा खड़ी की गई सुरक्षा की दीवारें पार कर रही हैं।

राष्ट्रीय सुरक्षा

2017 के दौरान, हम बाबा आदम के ज़माने के सैन्य उपकरणों और ऊंची तनख्वाह वाले फौजी अफसरों पर पैसा खर्च कर रहे थे, जबकि चीनी सेना ने अमेरिकी रक्षा बजट[23] का सिर्फ 87% खर्च किया। वे एक रणनीति के तहत बेहद सम-झदारी से अपना पैसा इस लक्ष्य के साथ खर्च कर रहे हैं कि हमें शीघ्र से शीघ्र हटा सके। शुरुआत उन्होंने अपने करीबी एशिया-प्रशांत क्षेत्र से की हैं। चीन में 20 लाख से अधिक सक्रिय फौजी (अमेरिका के दस लाख की तुलना में) हैं, अस्सी लाख रिजर्व सैनिक (यूएस के 8 लाख की तुलना में) है, और मिलिट्री के लिए 38.5 करोड़ से अधिक अतिरिक्त सैनिक उपलब्ध (यूएस में 7.3 करोड़ है) हैं। चीन ने बड़ी चतुराई से अमेरिका के सभी पहलुओं को समझ लिया है, जबकि अमेरिकी नागरिक अपने हवाई अड्डों और फैंसी पर्यटक स्थलों से परे अपने देश की सीमाओं के बाहर की दुनिया के बारे में अधिक नहीं जानते हैं। संयुक्त राज्य अमेरिका की आबादी अपने गिरवी रखे हुए हवा महलों और ग्रीन क्षेत्रों के भीतर ही फंसी हुई है। एक किलेनुमा, "महान, महान, बड़ी, सुंदर दीवार"[24] [25] के साथ फंसने के लिए तैयार है।

अमेरिकी हेल्थ केयर सिस्टम सामाजिक रूप से गैर-जिम्मेदार, खामोश और अस्वस्थ है। हेल्थकेयर के नाम पर ये दुनिया का सबसे ज्यादा पैसे बर्बाद करने वाला सिस्टम है (सालाना ~ $5 ट्रिलियन)। यह सेक्टर "मेडिकल माफिया[26] द्वारा चलाया जाता है। 1998 से फार्मास्युटिकल और हेल्थकेयर के लुटेरों ने सिर्फ लॉबीइंग (पैरवी) पर पाँच बिलियन डॉलर खर्च कर दिए हैं। जैसा कि COVID-19 ने उजागर किया है, राष्ट्रपति रक्षा उत्पादन अधिनियम होने के बावजूद हम खुद के बनाए हुए 3M- फेसमास्क और PPE जैसी मूल सुरक्षा इक्विपमेंट के लिए चीन के मोहताज हैं।

अमेरिका में, 90% प्रिस्क्रिप्शन पर जेनेरिक दवाएं लिखी हुई होती हैं,
और कंज्यूम की गई हर तीन में से एक पिल किसी भारतीय जेनेरिक निर्माता द्वारा
बनाई हुई होती है।

April 2020 study by KPMG and the Confederation of Indian Industry (CII)

New Confirmed COVID-19 Cases per Day, normalized by population

The Gods Must be Crazy!

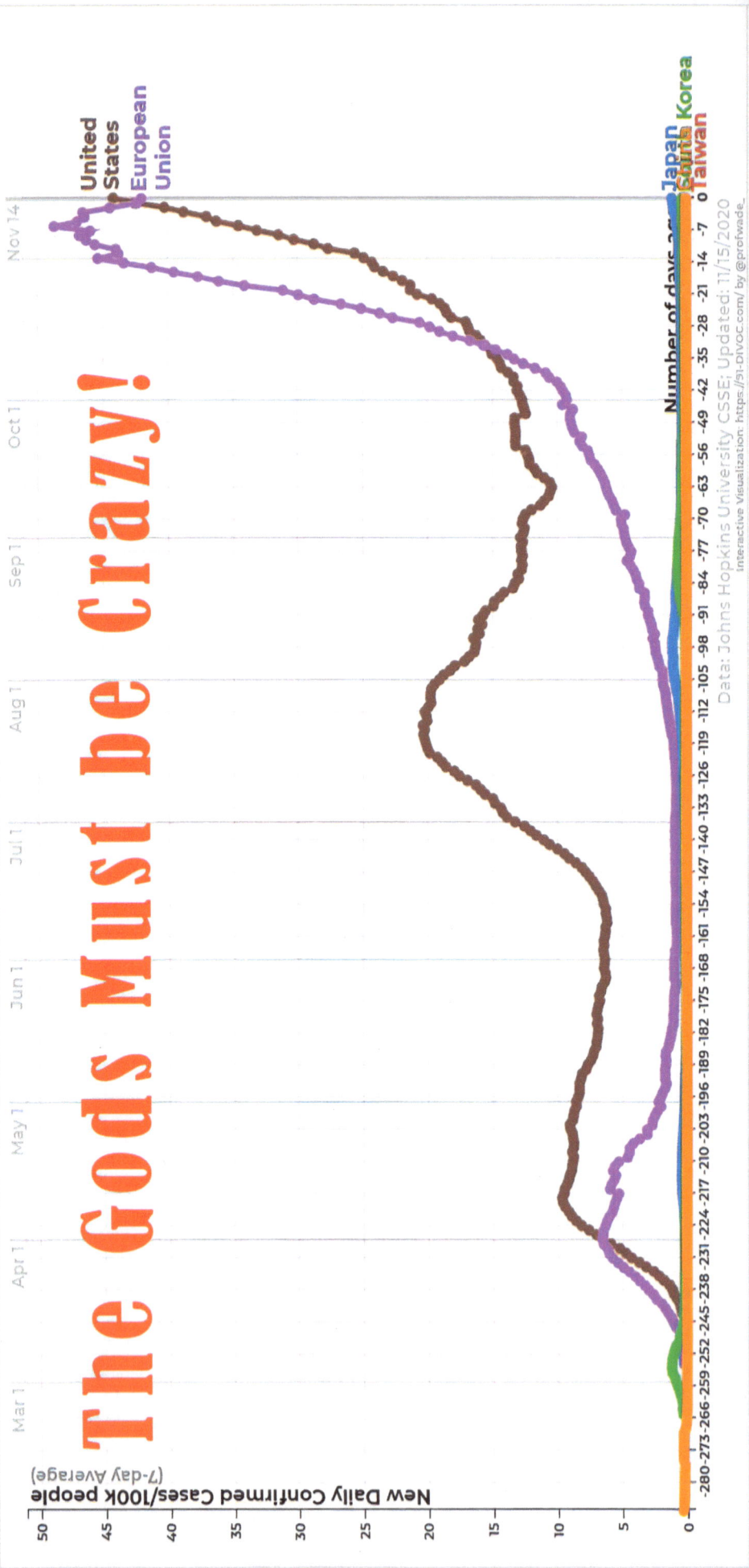

New Daily Confirmed Cases/100k people (7-day Average)

United States
European Union
Japan
South Korea
Taiwan

Number of days

Data: Johns Hopkins University CSSE; Updated: 11/15/2020
Interactive Visualization https://91-DIVOC.com/ by @profwade_

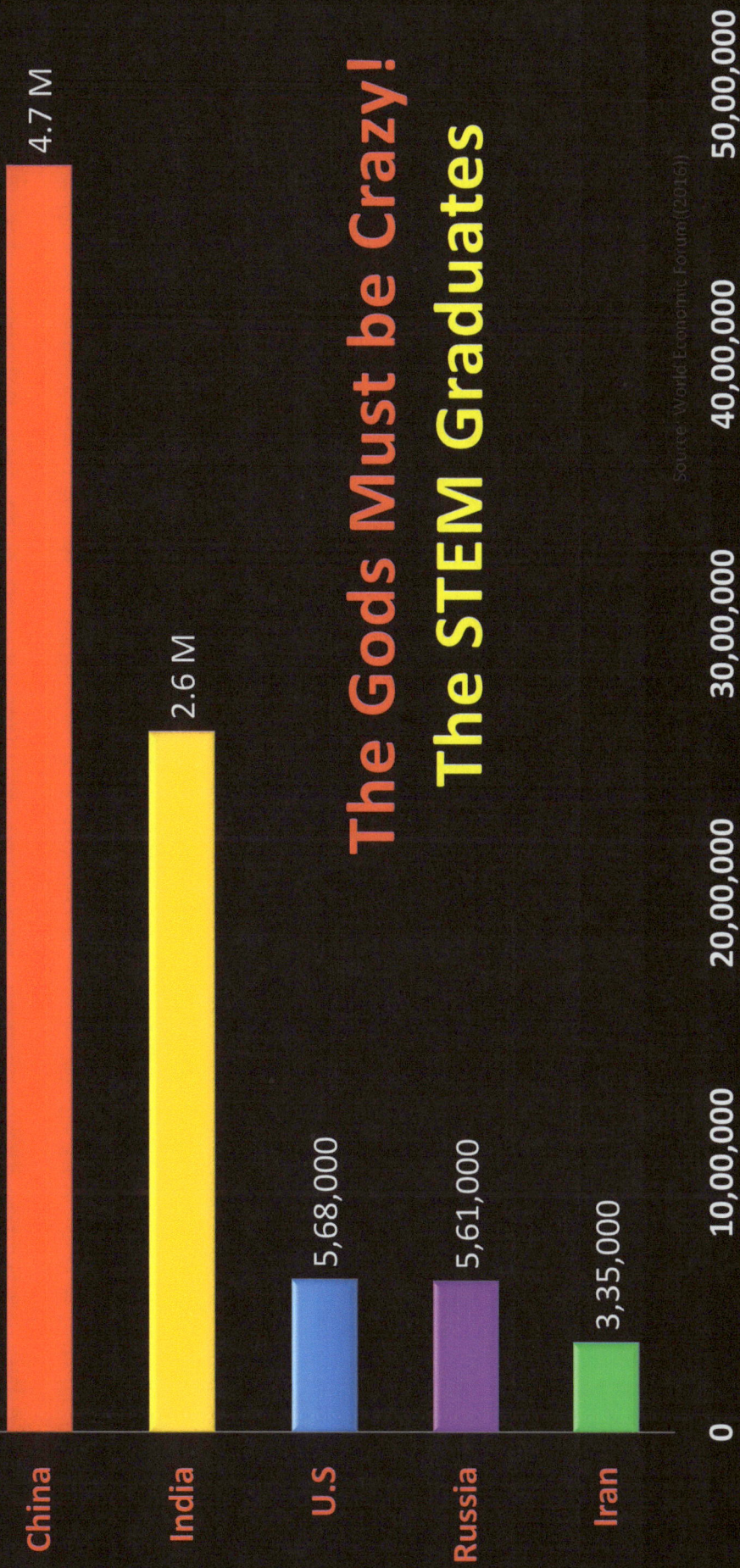

The Gods Must be Crazy!
The STEM Graduates
China
India
U.S
Russia
Iran
4.7 M
2.6 M
5,68,000
5,61,000
3,35,000
0
10,00,000
20,00,000
30,00,000
40,00,000
50,00,000
Source: World Economic Forum (2016)

उच्च ज्ञान

OECD के अनुसार, यूएस अपने कॉलेजों की चमक दमक बढाने के लिए उन पर अपने बजट का जितना बड़ा हिस्सा व्यर्थ में खर्च करता है उतना कोई और देश नही करता है। एथलेटिक्स पर पागलों की तरह पैसा खर्च करना और वो भी बिना किसी रिटर्न के, ये हमारे शैक्षणिक मूल्य[27] में पतन के कारण हुआ है। दुर्भाग्य से, संयुक्त राज्य अमेरिका में चीन या भारत की तुलना में सालाना काफी कम संख्या में इंजीनियर ग्रेजुएट हो कर निकलते हैं। चीन ने अपना पेटेंट सिस्टम बनाने में 35 साल लगाए है। "यूनाइटेड नेशंस वर्ल्ड इंटेलेक्चुअल प्रोपर्टी ऑर्गेनाइजेशन (WIPO)" के अनुसार, 2018 में दुनिया भर में फाइल किए हुए पेटेंट्स में लगभग आधे अकेले चीन के थे। उसने 15.4 लाख आवेदन (बनाम अमेरिका के 600,000 से भी कम) दर्ज किए थे। सबसे ज्यादा टेलीकॉम और कंप्यूटर टेक्नोलॉजी के क्षेत्र में थे।

2017 से 2018 के बीच अमेरिका ने 11,000 से अधिक छात्रों को निचले स्तर की शिक्षा के लिए चीन[28] भेजा। बदले में, अमरीका में पढ़ने के लिए आए अंतरराष्ट्रीय छात्रों में 30% से अधिक सिर्फ चीन से थे (363,000 छात्र) और ये हमारे प्रतिष्ठित संस्थानों में हाई-टेक मास्टर्स डिग्री, PhDs, और उससे ऊपर पढ़ रहें हैं। चीन हर हफ्ते एक नए विश्वविद्यालय का निर्माण कर रहा था, और 2013 तक 40 प्रतिशत ने STEM सब्जेक्ट में ग्रेजुएशन कर लिया था। यह अमेरिकी स्टैंडर्ड से दो गुना है। इन अनुमानों के अनुसार, वर्ष 2030 तक चीनी STEM ग्रेजुएट्स की संख्या में लगभग 300% की वृद्धि होगी।

इतिहास देखने से यह पता चलता है कि साम्राज्यो का उदय और पतन उच्च ज्ञान के होने या ना होने की वजह से ही होता है। ज्ञान किसी समाज की नींव रखता है और हर क्षेत्र में उसे शक्ति प्रदान करता है। PISA की 2015 की रिपोर्ट के अनुसार, अमेरिका लगातार विकसित दुनिया[29] के निचले 15 वें पर्सेंटाइल में बना हुआ है। उचित शिक्षा न मिलने से लोगों के जीवन में अवसरों की कमी होती है जिससे समाज में असमानता फैलती है। इस तरह का भेदभाव अराजकता पैदा करता है, जिससे अर्थव्यवस्था और उसके उद्यमों को गंभीर नुकसान हो सकता है।

इसका परिणाम यह हुआ है कि 23 साल की उम्र का हर तीन में से एक अमेरिकी कम से कम एक बार गिरफ्तार हो चुका है। जहां संयुक्त राज्य अमेरिका में दुनिया की लगभग 4.4% आबादी रहती है वहीं दुनिया के हर पांच कैदियों में से एक अमेरिका में बंद है। "गोरे पुरुषों की तुलना में अश्वेत पुरुषों के जेल जाने की संभावना छह गुना अधिक होती है[30] ये दुर्भाग्यपूर्ण आंकड़े लगातार होने वाले धरनों और दंगों का कारण बनते हैं।

अगर हम इस दुनिया में वास्तविक शांति लाना चाहते हैं तो हमें बच्चों को शिक्षित करना शुरू कर देना चाहिए।

— महात्मा गांधी

पूंजीवादी व्यवस्था

एक मछली हमेशा अपने सिर से पूंछ की तरफ सड़ना शुरू करती है। 21 जनवरी, 2010 को सुप्रीम कोर्ट की सिटीजन यूनाइटेड का फैसला रूजवेल्ट के पूंजीवाद मॉडल के ताबूत में आखिरी कील की तरह था। सिटीजन यूनाइटेड के फैसले ने कॉरपोरेट्स द्वारा असीमित चुनावी चंदा देने के लिए पिछला दरवाजा खोल दिया। इनमें से अधिकांश रकम सुपर PAC (पॉलिटिकल एक्शन कमेटी)[31] नाम के गुप्त समूहों द्वारा प्राप्त की गई है।

वाशिंगटन रूपी हमारे दलदल (DC) और वॉल स्ट्रीट में ऐसे षड्यंत्र रचे जाते है जिन से बेईमान और धांधलीबाज़ कॉर्पोरेट अधिकारियों को टैक्स ब्रेक, बेलआउट और बोनस का फायदा पहुंचाया जाता है। जबकि ये वही लोग है जो शेयर बायबैक और फाइनेंशियल इंजीनियरिंग कर के सोने के अंडे (उनके उद्यम) देने वाली मुर्गी को मार देते है। 2009 से 2019 तक, अमेरिकन एयरलाइंस ने शेयर बायबैक में $13 बिलियन खर्च कर दिए जबकि इसी दौरान इनका कैश फ्लो नेगेटिव था। छह बड़े एयरलाइन है, सभी ने इस दौरान इक्विटी बायबैक से इकट्ठे हुए $49 बिलियन में से $47 बिलियन का निवेश कर दिया।[32] आज इन लोगों को दिवालियापन से बचाने का खर्चा बेचारे करदाता उठा रहे है जबकि ये लोग फाइनेंशियल इंजीनियरिंग की धांधली से इस आपदा को एक बोनस में बदल देंगे और पैसा कमाएंगे।

(इमेज स्रोत : गुमनाम रचयिता, 1931)

> "पूंजीपति हमें रस्सी बेचेंगे जिससे हम उन्हें फांसी पर लटकाएंगे।"
>
> — व्लादिमीर इलिच लेनिन

इसी बीच चीनी सरकार R&D में, नई फैक्ट्रियों में, और अपनी लेबर फोर्स को शिक्षित करने में खरबों डॉलर खर्च कर रही है। वे इन्हे फाइनेंस कर के पश्चिम के डूब रहे बड़े व्यापारों से अपने फायदे की चीजे निकलवा रहें है। इस मुश्किल के दौर में सऊदी अरब सरकार के गिद्ध जैसे फंड भी एकदम सक्रिय हो गए हैं और बेहतरीन अमेरिकी कंपनियों में औने-पौने दामों में हिस्सेदारी खरीद रहे हैं। इस शिकारी सूची में शामिल है हमारा दूसरा सबसे बड़ा डिफेंस कॉन्ट्रैक्टर बोइंग, जिसने एक दशक में $58 बिलियन के कैशफ्लो में से 43 बिलियन डॉलर शेयर बायबैक पर खर्च कर दिए।[33] हमारे बुद्धिमान नेता इस देश को मुट्ठी भर डॉलर में बेच रहे हैं। यह राष्ट्रीय सुरक्षा का मुद्दा है। वे जानबूझकर अपनी आँखें मूंद कर बैठे है और बेवकूफ वोटरों की तरफ़ सड़ा हुआ लाल मांस फेंक कर उनका ध्यान भटका रहे हैं।

> "बायबैक सीईओ और बोर्डों में बढ़ते हुए निकम्मेपन का प्राथमिक उदाहरण है।"
>
> "आज सड़कों पर, लोगों का सफाया हो रहा है। अमीर सीईओ का नहीं , भ्रष्ट शासन वाले बोर्ड्स का नहीं। लोगो का हो रहा है।"
>
> "हमने खराब प्रदर्शन करने वाले सीईओ और बोर्डों को ज्यादा आगे बढ़ा दिया है। अब इन का सफाया करने की जरूरत है।"
>
> "और यह साफ कर देने की जरूरत है कि
> हम किसके बारे में बात कर रहे हैं।
>
> हम एक हेज फंड के बारे में बात कर रहे हैं
>
> जो अरबपति परिवार के ऑफिसेस के एक समूह की
> चाकरी करता है।
>
> किसे पड़ी है?
>
> हैम्पटन में गर्मी नही पड़ती है, क्या?"
>
> "अच्छा होता अगर फेड अमेरिका के
>
> हर आदमी, औरत और बच्चे को आधा मिलियन दे देता।"

> सीएनबीसी में चमथ पालीहापतिया का इंटरव्यू
> (अरबपति इन्वेस्टर और फेसबुक में यूजर ग्रोथ के पूर्व वाईस प्रेसिडेंट)

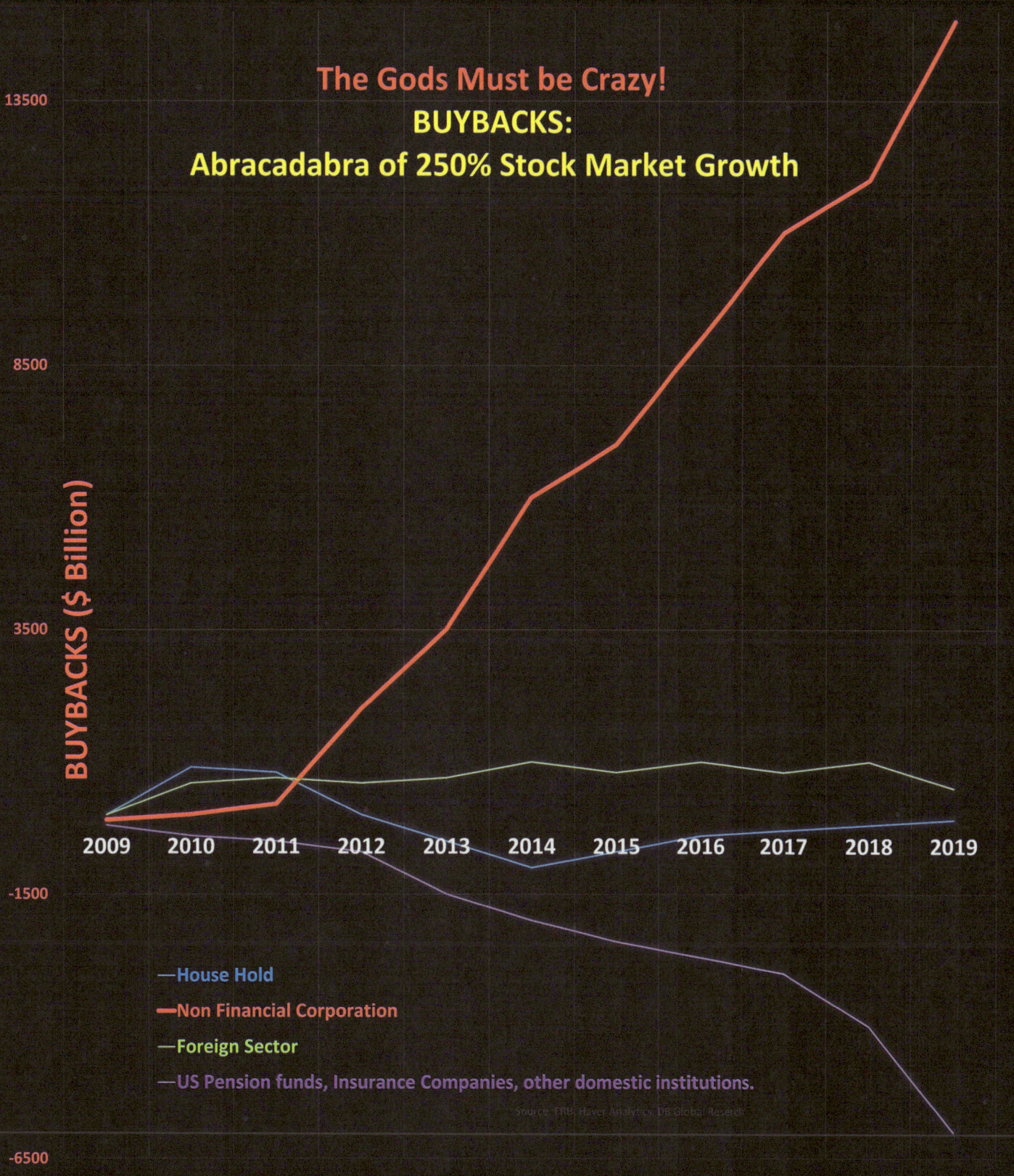

The Gods Must be Crazy!
BUYBACKS:
Abracadabra of 250% Stock Market Growth

BUYBACKS ($ Billion)

13500

8500

3500

2009 2010 2011 2012 2013 2014 2015 2016 2017 2018 2019

-1500

— House Hold
— Non Financial Corporation
— Foreign Sector
— US Pension funds, Insurance Companies, other domestic institutions.

Source: FRB, Haver Analytics, DB Global Research

-6500

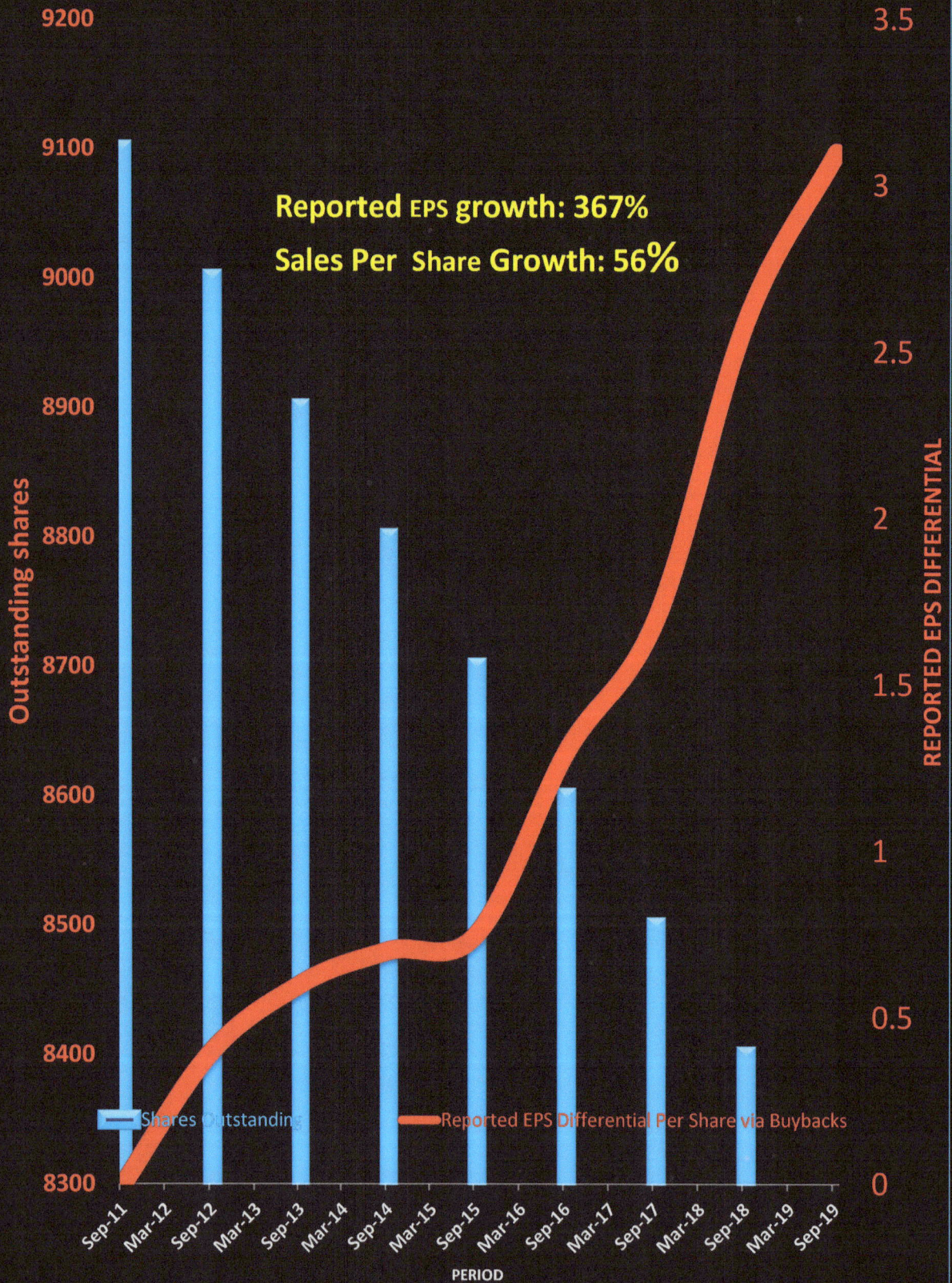

The Gods Must be Crazy!
BUYBACKS: The Accounting Gimmick!
Catacomb of Capitalism?
Reported EPS growth: 367%
Sales Per Share Growth: 56%
Outstanding shares
9200
9100
9000
8900
8800
8700
8600
8500
8400
8300
REPORTED EPS DIFFERENTIAL
3.5
3
2.5
2
1.5
1
0.5
0
Shares Outstanding
Reported EPS Differential Per Share via Buybacks
Sep-11
Mar-12
Sep-12
Mar-13
Sep-13
Mar-14
Sep-14
Mar-15
Sep-15
Mar-16
Sep-16
Mar-17
Sep-17
Mar-18
Sep-18
Mar-19
Sep-19
PERIOD
Source Data: Real Investm

संभ्रांत क्लास प्रणाली

हमारे कुलीन वर्ग और सेंट्रल बैंकों ने जो फाइनेंसियल इंजीनियरिंग की है, खास कर 2008 के आर्थिक पतन के बाद से, उसी के कारण आज अमीर-गरीब में इतना अंतर है। इसके लिए सबसे ज़्यादा उत्तरदाई है एलन ग्रीनस्पैन जो 1987 से 2006 तक संयुक्त राज्य अमेरिका के फेडरल रिजर्व के अध्यक्ष रहे है। वे बिना कारण के उत्साह दिखाया करते थे। ब्याज दर संचालित मोनेटरी पॉलिसी, मात्रात्मक सहजता (QE) के ज़रिये धन की हेराफेरी, और वित्तीय संपत्ति खरीदना इसके प्रमुख उदाहरण हैं। उधार लिया गया पैसा मुफ्त/सस्ता था और बायबैक, M&A, और वित्तीय इंजीनियरिंग के अलग-अलग कारनामों के लिए उपयोग किया गया था। इस दृश्य के परिणामस्वरूप पिछले एक दशक में शेयर बाजार में 250 प्रतिशत से अधिक की वृद्धि हुई है।

दुर्भाग्य से, केवल कुछ विशेषाधिकार प्राप्त लोगों को ही ये मुफ्त/ सस्ता फंड मिल पाता था जो नीचे ग्राफ के लाल हिस्से द्वारा दिखाया गया है। यह पैसा निचले स्तर तक भी पहुँचता था लेकिन अधिकतर लोगों के हिस्से का मूल्य गिर गया (ग्राफ के छोटे से पीले हिस्से को देखें)। कुछ कुलीन लोगों ने लाभ तो खुद रख लिया और ब्याज और टैक्स का बोझ जनता के सर मढ़ दिया जो कई सालों तक बना रहा। जब चीन अपने कर्ज वसूलने वालों को भेजता है, तो टैक्स से बचते आ रहे[34] चतुर अभिजात वर्ग पर इसका असर नहीं होता है बल्कि गिरवी रखी हुई सम्पतियों के दलदल में पहले से ही फँसे करदाताओं पर इसकी गाज गरती है।

अमेरिका एकमात्र ऐसा विकसित देश है जिसकी अर्थव्यवस्था में पिछले तीन दशकों में सबसे गरीब 50% नागरिकों की औसत आय में कमी आई है। राष्ट्रपति ट्रम्प ने 2016 के चुनाव में करोड़ों मजदूर वर्ग के गोरे लोगो की इसी हताशा और गुस्से का फायदा उठाया था। अमेरिका ने मध्य पूर्व के रेगिस्तान के कबाइलियों के धार्मिक युद्धों को लड़ने में न केवल अपने जवानों का कीमती खून बहाया बल्कि 5 ट्रिलियन डॉलर से अधिक का पैसा फूँक दिया। इसमें मुट्ठी भर लोग बेहद अमीर हो गए। 50% सबसे गरीब लोगो में से हर एक को 30000 डॉलर का एक चेक मिल जाता अगर ये युद्ध नहीं होते। इसके विपरीत, चीन के 50% सबसे गरीब लोगो के लिए ये तीन दशक पिछले 3000 वर्षों में सबसे शानदार रहे। लगभग 800 मिलियन चीनी गरीबी से मुक्त हुए। दूसरी तरफ अमेरिका के लाखों मध्यमवर्गीय परिवारों को गरीबी की तह तक धकेल दिया गया जिससे वे दान के भोजन और सरकारी मदद के भरोसे जीने के लिए मजबूर हो गए।

रूजवेल्ट ने योग्यता और प्रतिभा को सर्वोपरि रखने वाले समाज की स्थापना की थी जो बाद में एक प्लूटोक्रेट ज़मींदार[35] समाज में बदल गया, एक ऐसी व्यवस्था जिसकी जड़े गहराई तक फ़ैल गई। जहां एक ओर चीन बेहतरीन इंजीनियरों द्वारा चलाये जा रहे मेरिटोक्रेटिक सिस्टम की ओर बढ़ रहा है, वहीं हमारे नेता हमारे समाज के अराजक तत्वों के आक्रोश का फायदा उठा रहे हैं और उन्हें कूड़े से उठाई हुई हड्डियां फेंककर चुनाव जीत रहे हैं। चीनी सिस्टम अपनी कम्युनिस्ट पार्टी को बदल नहीं सकता लेकिन पार्टी एक रणनीति के तहत देश के सर्वोत्तम लम्बे समय के हितों के लिए काम करती है। अमेरिका में, हम हर चार साल या मध्यावधि के चुनावी चक्र में पार्टियां बदल सकते हैं; फिर भी दुख की बात है कि हम कुछ निजी स्वार्थ से ग्रस्त लॉबियों की पुरानी सोच और "हारा-किरी" नीतियों में फंस गए हैं। रूजवेल्ट द्वारा विकसित नियम-आधारित और नैतिक पूंजीवादी व्यवस्था ने पिछले पचहत्तर वर्षों में देश और विदेश में खूब नाम कमाया है। दुःख की बात है कि, वर्तमान में अमेरिका अपनी क्रूर अल्पकालिक नीतियों से देश और विदेश, दोनों में इस कमाए हुए नाम को समाप्त कर रहा है।

आजकल अनियंत्रित फाइनेंशियल इंजीनियरों द्वारा जिस कट्टरपंथी और रूढ़िवादी पूंजीवाद का चलन है, उसी के कारण कर्जो का जाल इतना व्यापक है। इस से आर्थिक उपनिवेशवाद, लोकलुभावनवाद, साम्राज्यवाद, फासीवाद, विद्रोह, दंगों, क्रांतियों, युद्धों, संघर्षों और अराजकतावाद को बढ़ावा मिलता है। जैसा कि हमने अमेरिकी प्राथमिक चुनावों के दौरान देखा था, बर्नी सैंडर्स और एलिजाबेथ वारेन जैसे राष्ट्रपति पद के उम्मीदवारों ने समाजवाद (लोकतंत्र को संरक्षित करते हुए धन को फिर से बांटने का प्रचार) का प्रचार किया जो असफल रहा।

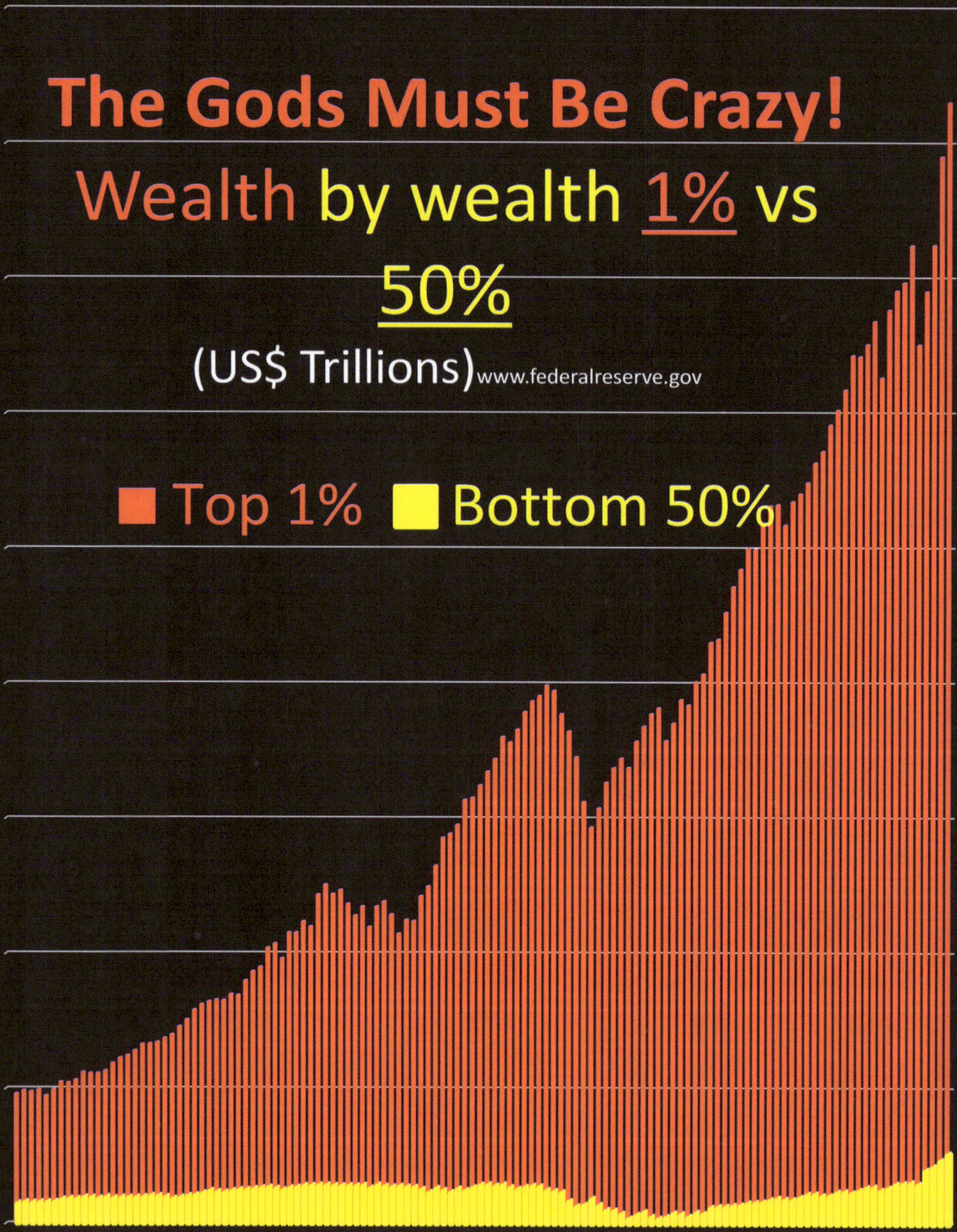

The Gods Must Be Crazy!
Wealth by wealth 1% vs 50%
(US$ Trillions) www.federalreserve.gov

Legend:
- ■ Top 1% (orange)
- ■ Bottom 50% (yellow)

Y-axis: 0, 5, 10, 15, 20, 25, 30, 35, 40, 45

X-axis: 1990:Q2, 1991:Q2, 1992:Q2, 1993:Q2, 1994:Q2, 1995:Q2, 1996:Q2, 1997:Q2, 1998:Q2, 1999:Q2, 2000:Q2, 2001:Q2, 2002:Q2, 2003:Q2, 2004:Q2, 2005:Q2, 2006:Q2, 2007:Q2, 2008:Q2, 2009:Q2, 2010:Q2, 2011:Q2, 2012:Q2, 2013:Q2, 2014:Q2, 2015:Q2, 2016:Q2, 2017:Q2, 2018:Q2, 2019:Q2, 2020:Q2

कुछ चरम वामपंथी हताश हो कर साम्यवाद का सहारा लेंगे (अधिकांश धन को लगभग समान रूप से विभाजित करने की बात), जैसा कि वेनेजुएला, जिम्बाब्वे और उत्तर कोरिया में देखा गया है। सबसे ज्यादा चिंता की बात यह है कि राइट विंग के चरम पर मौजूद लोग फासीवादी मिलिशिया (निरंकुश राज्य-नियंत्रित पूंजीवाद के समर्थक) बन जाएंगे। यही तीसरे रीच (नाजी जर्मनी), फासीवादी इटली और इंपीरियल जापान के साथ 1920 और 30 के दशक में हुआ था।

COVID-19 जैसी दहलाने वाली अप्रत्याशित (ब्लैक स्वान) घटनाएं अधिकतर ऐसे समय होती है जब हम कमज़ोर होते है। ये हमें और तेज़ी से बर्बादी की तरफ धकेलने लग जाती है। 2008 के इकोनॉमिक क्रैश के बाद से दूसरा गृहयुद्ध छिड़ जाने जैसी स्थिति बनी हुई है क्योंकि कई लोगों के हाथ से पैसा चला गया है। इस भड़कती हुई चिंगारी को COVID-19 के प्रकोप, 'ब्लैक लाइव्स मेटर' प्रकार की रैलियों, और उसके बाद के दंगो ने धीमी जलती आग को और हवा दे दी है। यदि इसे सही तरीके से संभाला नहीं गया, तो यह आग अरब स्प्रिंग की वाइल्डफायर जैसी पूरी दुनिया में फैलेगी और सर्वनाश का कारण बन जायेगी।

अत्यधिक फाइनेंशियल इंजीनियरिंग

इस एलीसियम[36] में कुछ गॉर्डन गेको[37] है जिनकी वजह से अधिकांश लोग आर्थिक रूप से पीड़ित हैं। यह उस भ्रम का नतीजा है जिसे हम वैश्वीकरण और रूजवेल्ट का पूंजीवाद मानते है। इसके लिए बहुत सारे लोगों को दोष दिया जाना है और वो मुझ से शुरू होता है।

"पूंजीवाद की सबसे बड़ी जीत की घड़ी उसके संकट की घड़ी में है,"[38] इसलिए एक संकट की घड़ी को कभी खाली नहीं जाने देना चाहिए। अमेरिका एक पूंजीवादी महाशक्ति बना क्योंकि रूजवेल्ट ने ब्रिटिश साम्राज्य को हराकर प्रथम और द्वितीय विश्व युद्ध, स्पेनिश फ्लू, महामंदी और अन्य संकटों को अवसरों में बदल दिया। ब्रिटिश साम्राज्य का सूरज डूबने लगा था। चीन अब बिल्कुल वैसी ही परिस्थिती का आनंद ले रहा है। 11 सितंबर, 2001, और खासकर 2008 की आर्थिक सुनामी ने हमें एक सुनहरा मौका दिया कि हम अपनी सबसे शक्तिशाली सेना, रिजर्व करंसी, राजनीतिक साख और अन-गिनत अन्य संसाधनों का फायदा उठाएं।

लेकिन वाशिंगटन DC नाम के दलदल में जो लॉबिस्ट (दलाल) बैठे हुए हैं, उन्होंने इस अवसर का उपयोग कर के स्वयं के मक्कार स्वार्थों को सिद्ध करने के लिए इस्तेमाल किया (इसी कारण ये आपदा शुरू हुई थी) जबकि उन्हें सारी राशि हमारे जर्जर होते महत्त्वपूर्ण इन्फ्रास्ट्रक्चर में लगानी चाहिए थी।

दुर्भाग्य से, ग्लोबल स्तर पर इतने शानदार अवसरों का लाभ उठाने के बजाय, BIG4 कंसल्टिंग और अकाउंटिंग जैसी फर्मों ने परजीवी जैसा तरीका अपनाया। इन अवसरों को बोझ की तरह लिया गया। इससे भविष्य को लाभप्रद बनाने के बजाए नुकसानदायक बना दिया गया। वे लोग हद से ज्यादा रूढ़िवादी फाइनेंशियल इंजीनियरिंग करने में माहिर थे। अपने छोटे लाभों के लिए वे गर्त में जा रहे पूंजीवाद को और निचोड़ते गए जिससे भविष्य का सारा पूंजीवाद पूर्वी देशों में चला गया। इन स्कीमो में शामिल थी बिना सोची समझी बेंचमार्किंग, ट्रांसफॉर्मेशन (IT, वित्त, सप्लाई चैन, वगैरह), टैक्स इफेक्टिव सप्लाई चैन मैनेजमेंट (TESCM), बिजनेस प्रोसेस आउटसोर्सिंग, कॉन्ट्रैक्ट मैन्युफैक्चरिंग, R&D ऑफशोरिंग, पुनर्गठन, और बहुत कुछ। इन सब ने यहां के व्यापारो की कमर तोड़ दी। अंत में हमारा एंटरप्राइज रूपी घोड़ा मर गया।

गिद्धों जैसे फंड्स ने, कॉर्पोरेट लुटेरों ने और प्राइवेट इक्विटी फर्मों ने बेहतरीन बैलेंस शीट वाली बची हुई कंपनियों पर भी डाका डाल के उन का बचा खुचा खून चूस लिया और उन पर ऊँचे ब्याज दर के कम अवधि वाले कर्ज़ों का बोझ डाल दिया। तथाकथित कंपनियों के निष्फल होने के बाद भी परजीवी जैसी प्राइवेट इक्विटी फर्मों ने एडवांस फीस और संचयित ब्याज के नाम पर उनका बचा-खुचा पैसा भी हड़प लिया।

स्वयं के उद्यमों में फिर से निवेश करने के बजाय हमारे सड़े हुए कॉर्पोरेट्स लीडर्स और उनके अन्तरंग BODs ने ऐसे मौके पर शेयर बाय बैक कर के अच्छी खासी बैलेंस शीट्स में हेरा-फेरी कर डाली। इससे उन्होंने खुद सारा पैसा चट कर लिया। जैसे 2008 की आर्थिक सुनामी में करदाताओं ने इन दुष्ट कंपनियों को बचाया था, उसी तरह DC में की गई फाइनेंसियल धांधली के परिणामस्वरूप सारा मुनाफा चंद हाथों में चला गया और देनदारियां करदाताओं के सर मढ दी गई।

SBA के अनुसार, रोज़गार देने वाली अमेरिकी फर्मों में 99.7% छोटे व्यवसाय है। प्राइवेट सेक्टर में नई नौकरियों[39] में भी इनका 64% हिस्सा है। केवल 2020 में ही कुछ हफ्तों के लिए 25% छोटे व्यवसाय बंद रहे, जिससे करीब 40 मिलियन अमेरिकी बेरोजगार हो गए हैं। वो दिन दूर नहीं जब ये हमेशा के लिए बंद हो जायेंगे।

ऐसी चरम वित्तीय-इंजीनियरिंग के ज़रिये जालसाज़ी करने के विचार और प्रोत्साहन देने के लिए चोटी के अवसरवादी बिज़नेस स्कूलों को भी अपनी गलती का स्वीकार करना चाहिए। उन्होंने टेडी, फ्रैंकलिन और एलेनोर रूजवेल्ट्स द्वारा रखी हुई पूंजीवाद की कमज़ोर हो चुकी नींव को गिरा दिया। फाइनेंस की दुनिया में बड़े सपने लिए IVY लीग बिजनेस स्कूलों के कई ग्रेजुएट्स और हाई एंड प्रोफेशनल्स या तो वॉल स्ट्रीट में नौकरी पाते है या किसी BIG4 फर्म में। थोड़े ज्यादा डॉलर कमाने के लिए चोटी के प्रतिभाशाली इंजीनियर भी इसी तरह फाइनेंशियल-इंजीनियरिंग के कांडो में लिप्त हो जाते हैं।

लेकिन वॉल स्ट्रीट भी भला किस काम की है? इन्वेस्टमेंट बैंकर जो कुछ भी करते हैं वह सामाजिक रूप से तुच्छ है और अमेरिका और वैश्विक अर्थव्यवस्थाओं के लिए संभावित रूप से खतरनाक है। जहरीले वित्तीय-इंजीनियरिंग उत्पादों के अलावा, वे भला और क्या बनाते या बेचते हैं? वॉल स्ट्रीट मुख्य बाज़ार से कट चुकी है। उन्होंने अर्थव्यवस्था को अपने घुटनों पर ला दिया है, और यह बोल कर कि इन्हें ख़त्म होने नही दिया जा सकता, सारी देनदारियों को करदाता के ऊपर डाल दिया और लाभ का निजीकरण कर दिया। उन्होंने डेरिवेटिव और अन्य WMD (बड़े पैमाने पर विनाश के हथियार) बनाए और एक धांधली भरे बाजार में जोखिम लेने को प्रोत्साहित किया।

जैसा कि नीचे दिए गए ग्राफ़ में दिखाया गया है, BIG4 से मिले राजस्व का दो-तिहाई हिस्सा ऑडिट और टैक्स की पद्धति से आता है। ऑडिट व्यवहार ऐतिहासिक नंबरों का पोस्टमॉर्टम कर देती हैं और आंतरिक और बाहरी कॉम्प्लायंस की जरूरतों से आने वाली परेशानी को निपटा देती है। टेक्स व्यवहार की सहायता से ग्राहक ऐसे कई व्यवहार का गलत लाभ उठाते है जो करदाताओं के लिए नुकसानदायक है। इनमे से कुछ टेक्स बेनिफिट के लूपहोल, PO बॉक्स (विदेशी टैक्स स्वर्ग), TESCM (टेक्स इफेक्टिव सप्लाई चैन मैनेजमेंट) है। कंसल्टिंग आचरण का एक बड़ा हिस्सा है फाइनेंशियल इंजीनियरिंग। किस हद तक हमारे IVY लीग संस्थान CSR (कॉर्पोरेट सामाजिक उत्तरदायित्व) और उद्यमों तथा अमेरिका के के नैतिक भविष्य को मुश्किल में डाल रहे हैं? क्या उनको सिर्फ दीमक बन कर इसकी नींव को ही खाना आता है ?

"2009 से 2015 तक, 50 सबसे बड़ी अमेरिकी कंपनियों को टैक्स ब्रेक में $423 बिलियन से अधिक प्राप्त हुआ और उन्होंने कांग्रेस की पैरवी करने पर $2.5 बिलियन से अधिक का खर्च किया ताकि उनकी बॉटम लाइन को उठाया जा सके।"

— ऑक्सफैम अमेरिका —

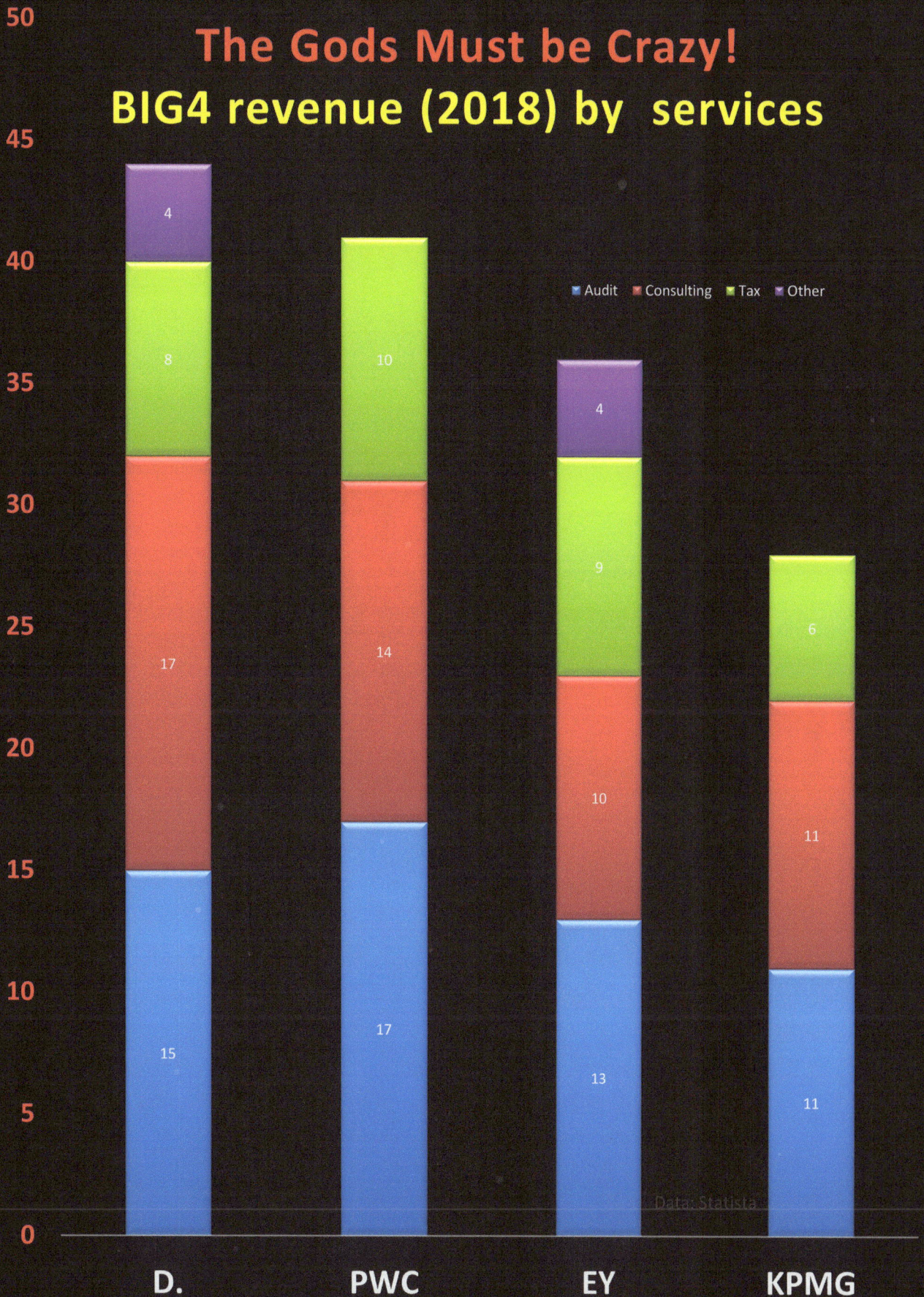

The Gods Must be Crazy!
BIG4 revenue (2018) by services
Audit
Consulting
Tax
Other
50
45
40
35
30
25
20
15
10
5
0
4
8
17
15
10
14
17
4
9
10
13
6
11
11
Data: Statista
D.
PWC
EY
KPMG

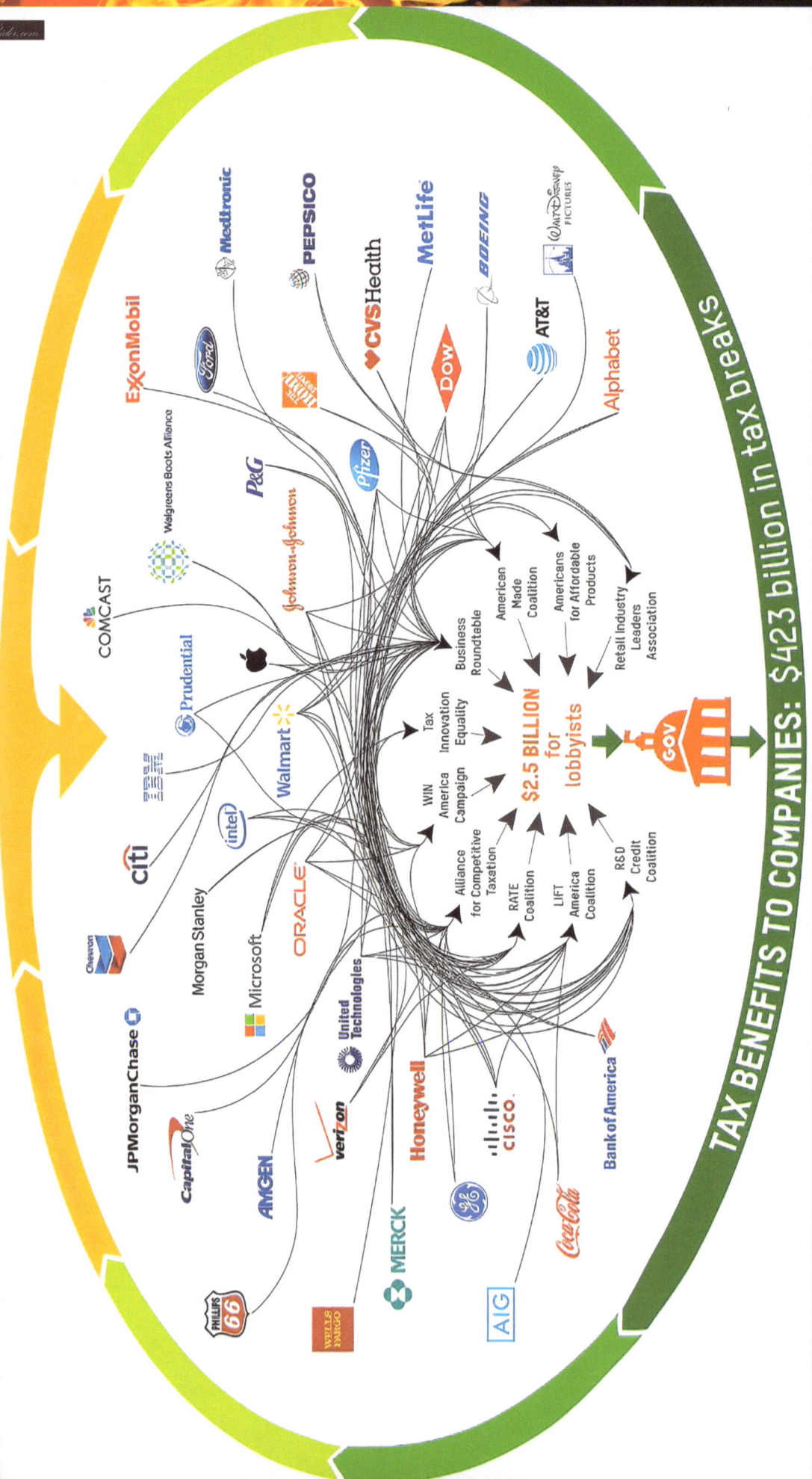

TAX BENEFITS TO COMPANIES: $423 billion in tax breaks

$2.5 BILLION for lobbyists

Business Roundtable
American Made Coalition
Americans for Affordable Products
Retail Industry Leaders Association
Tax Innovation Equality
WIN America Campaign
Alliance for Competitive Taxation
RATE Coalition
LIFT America Coalition
R&D Credit Coalition

ExxonMobil
Medtronic
PEPSICO
MetLife
BOEING
Walt Disney Pictures
CVS Health
Dow
AT&T
Alphabet
Ford
Walgreens Boots Alliance
P&G
Pfizer
Johnson & Johnson
COMCAST
Prudential
Walmart
Citi
intel
ORACLE
Chevron
Morgan Stanley
Microsoft
United Technologies
JPMorganChase
Capital One
AMGEN
verizon
Honeywell
CISCO
Bank of America
MERCK
GE
Coca-Cola
Phillips 66
WELLS FARGO
AIG

GOV

एलीसियम[40]

तो हमारी परजीवियों ने रूजवेल्ट द्वारा गढ़ी गई पूंजीवाद की नींव को ध्वस्त कर दिया। परिणामस्वरूप, हम राष्ट्र-राज्य का पतन होते हुए देख रहे हैं। और हम ये भी देख रहे है कि उसकी जगह पर, हम रूजवेल्ट की पूंजीवादी व्यवस्था की ध्वस्त नींव को हैक करने वाले 'एलिसियम-ऑन-स्टेरॉयड्स' रूपी एक नए वर्ग के शानदार उदय को देख रहे हैं।

इनोवेशन का गला घोंटकर और लोकतंत्र को हाईजैक करके, FAANG (Facebook, Amazon, Apple, Netflix और Google) जैसे ग्रुप दुनिया के सबसे खतरनाक कार्टेल बन रहे हैं। और लगभग 5 ट्रिलियन डॉलर के अपने कंबाइंड मार्केट कैपिटलाइजेशन के साथ, वे सभ्यता की नींव को ही खतरे में डाल रहे हैं।

FAANGM (Facebook, Amazon, Apple, Netflix, Google और Microsoft) ने अकेले इस साल अपने मार्केट कैपिट-लाइजेशन में एक ट्रिलियन डॉलर बढ़ा लिए हैं। यह S&P 500 ऊर्जा सेक्टर की पूरी मार्केट वैल्यू से अधिक है। इस बीच, वास्तविक अर्थव्यवस्था ढह रही है। जब वॉल स्ट्रीट और टेक्नोलॉजी के शहंशाह अपने जीवन का चरम आनंद ले रहे थे, तो बाहर सड़को पर दुखों का पहाड़ टूट रहा था और 145 सालों का सबसे ख़राब क्वार्टर देखने में आया।

दुनिया के एक चौथाई नागरिक फेसबुक के एक्टिव यूजर्स हैं। ऐसा कहा जाता है कि पिछले अमेरिकी राष्ट्रपति को चुनाव जितवाने में भी इनकी भूमिका थी। फेसबुक के वीपी एंड्रयू बोसवर्थ ने एक ज्ञापन में लिखा है कि 2016 के राष्ट्रपति चुनाव[41] में डोनाल्ड ट्रम्प की जीत के लिए प्रचार के दौरान उपयोग किया गया फेसबुक का विज्ञापन टूल जिम्मेदार था। यह भविष्य में फिर से हो सकता है। यह देखना दिलचस्प रहेगा कि जब फेसबुक अपने नागरिकों को लिब्रा (क्रिप्टोकरेंसी) से कॉलो-नाइज कर लेगा तब अमेरिकी डॉलर का क्या होगा।

"नागरिकों में कोई चर्चा नहीं, कोई सहयोग नहीं; गलत सूचना, असत्य। और यह एक अमेरिकी समस्या नहीं है - यह रूसी विज्ञापनों के बारे में नहीं है। यह एक वैश्विक समस्या है।

मुझे लगता है कि हमने ऐसे उपकरण बनाए हैं जो समाज को चलाने के सामाजिक ताने-बाने को तोड़ रहे हैं। हमारे द्वारा बनाए गए अल्पकालिक, डोपामाइन-चलित फीडबैक लूप समाज के काम करने के तरीके को नष्ट कर रहे हैं।

आपको प्रोग्राम किया जा रहा है।

"मैं जबरदस्त अपराधबोध महसूस करता हूं। हमारे दिमाग की गहरी, गहरी खाई में, हम एक तरह से जानते थे कि कुछ बुरा हो सकता है।"

चमथ पालीहपतिया
(अरबपति निवेशक और फेसबुक के पूर्व यूजर ग्रोथ उपाध्यक्ष)

वीवा ला वॉल स्ट्रीट!

किसी समय न्यूयॉर्क दुनिया का आर्थिक केंद्र था क्योंकि आर्थिक रूप से अमेरिका दुनिया में सबसे ऊपर था। चीन ने शंघाई को अपना व्यापार केंद्र बनाया, और इसने अमेरिकी दबदबे को खत्म करना शुरू कर दिया है। 1990 के दशक के अंत तक अपने चरम पर पहुंचने के बाद, अमेरिका में पब्लिक कॉरपोरेशन्स की तादाद में लगातार गिरावट आई है। इसके लिए प्राइवेट इक्विटी, मर्जर्स एंड एक्विजिशंस और कैपिटल आउटफ्लो जिम्मेदार है। 7,000 से भी ज्यादा कंपनियों से अब ये सिमट कर 3,000 से भी कम हो चुकी है। इस बीच, चीन का स्टॉक मार्केट शुन्य से बढ़कर लगभग 4,000 कंपनियों तक पहुंच गया है। हांगकांग में पहले से ही 2,500 कंपनियां लिस्टेड है।

"हमें ध्यान रखना होगा कि चीनी कंपनियां, आंशिक रूप से सरकारी फंड्स की मदद से ऐसी यूरोपीय कंपनियों को तेजी से खरीदने की कोशिश कर रही है जो कम दामों में बिक रहीं हैं या कोरोनो वायरस संकट के कारण आर्थिक कठिनाइयों में पड़ गई हैं...

चीन भविष्य में आर्थिक, सामाजिक और राजनीतिक दृष्टि से हमारा सबसे बड़ा प्रतियोगी होगा...

मैं चीन को यूरोप के एक ऐसे स्ट्रेटेजिक प्रतियोगी के रूप में देखता हूं,

जो समाज के एक सत्तावादी मॉडल का प्रतिनिधित्व करता है,

जो अपनी शक्ति का विस्तार करना चाहता है और संयुक्त राज्य को एक प्रमुख शक्ति के रूप में हटाकर उसकी जगह लेना चाहता है ...

इसलिए यूरोपीय संघ को समन्वित तरीके से कदम उठा कर चीन के इस शॉपिंग टूर को यहीं रोक देना चाहिए।"

मैनफ्रेड वेबर
(यूरोपीय संघ की संसद में EPP समूह के प्रमुख
(NPR न्यूज़ 5-17-20)

एक समय था जब संयोग बिल्कुल अलग थे। 1960 में अमरीकी अर्थतंत्र पूरी दुनिया के 40% GDP के बराबर था। लेकिन दुख की बात है, जैसा कि हमने देखा, यह गिर कर PPP के हिसाब से 15 % से भी कम रह गई है। इस बीच, चीन की जीडीपी दुनिया की GDP का 20% से भी ज्यादा हिस्सा बनकर दहाड़ रही है। हमारे हद से ज्यादा मूर्खता भरे लोभ की वजह से हमारी साख बर्बाद हो गई है। यदि हम शीघ्र ही अपने तौर तरीकों में सुधार नहीं करते हैं तो हमारे साम्राज्य और हमारी एंटरप्राइज के बस गिनती के दिन रह गए है, खास तौर से ये देखते हुए कि हम विश्व के 79.5% व्यापार को नियंत्रित करते हैं, श्रेय जाता है अमरीकी डॉलर के रिजर्व करंसी स्टेटस[42] को।

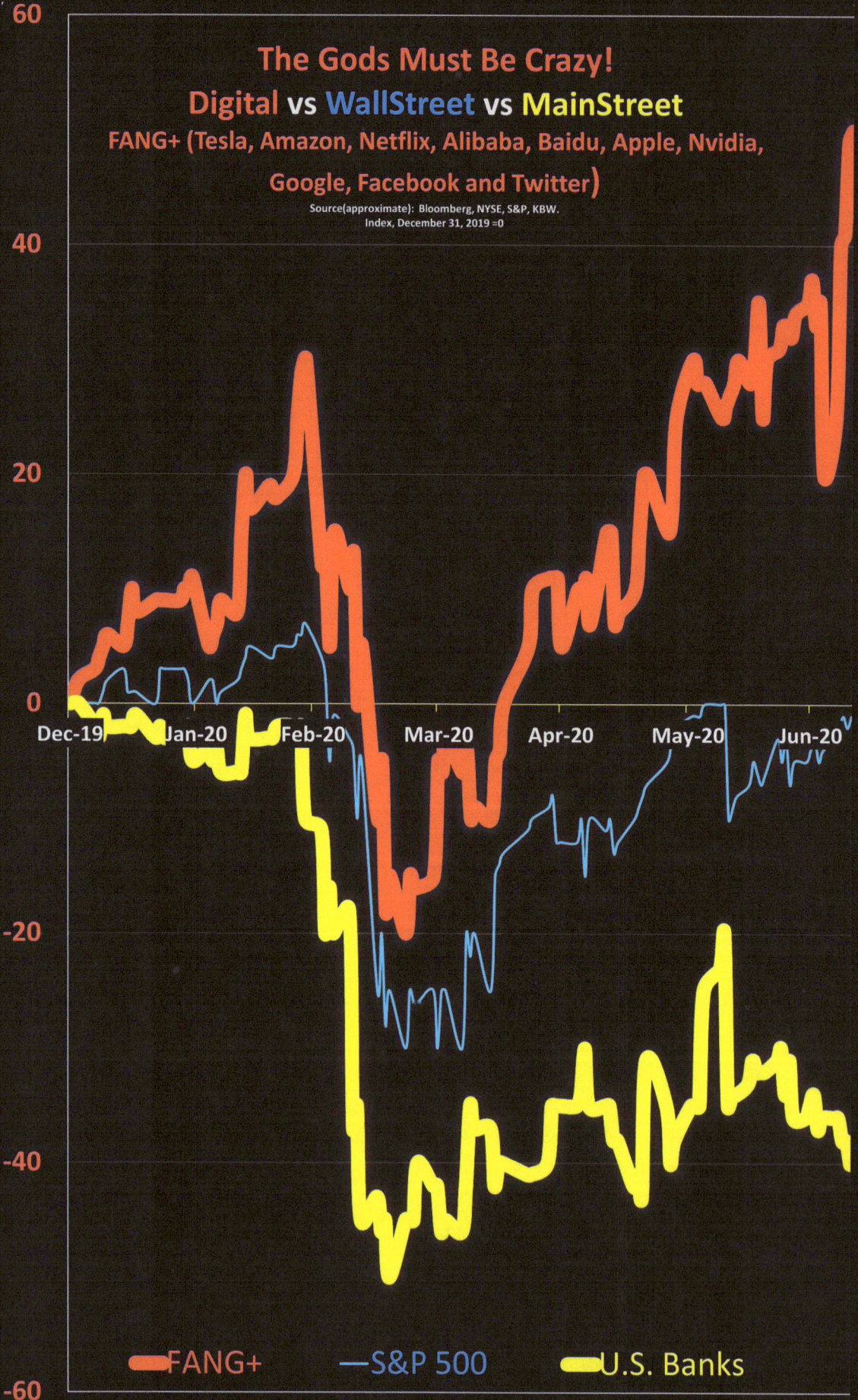

The Gods Must Be Crazy!
Digital vs WallStreet vs MainStreet
FANG+ (Tesla, Amazon, Netflix, Alibaba, Baidu, Apple, Nvidia, Google, Facebook and Twitter)
Source(approximate): Bloomberg, NYSE, S&P, KBW.
Index, December 31, 2019 =0
60
40
20
0
-20
-40
-60
Dec-19
Jan-20
Feb-20
Mar-20
Apr-20
May-20
Jun-20
FANG+
S&P 500
U.S. Banks

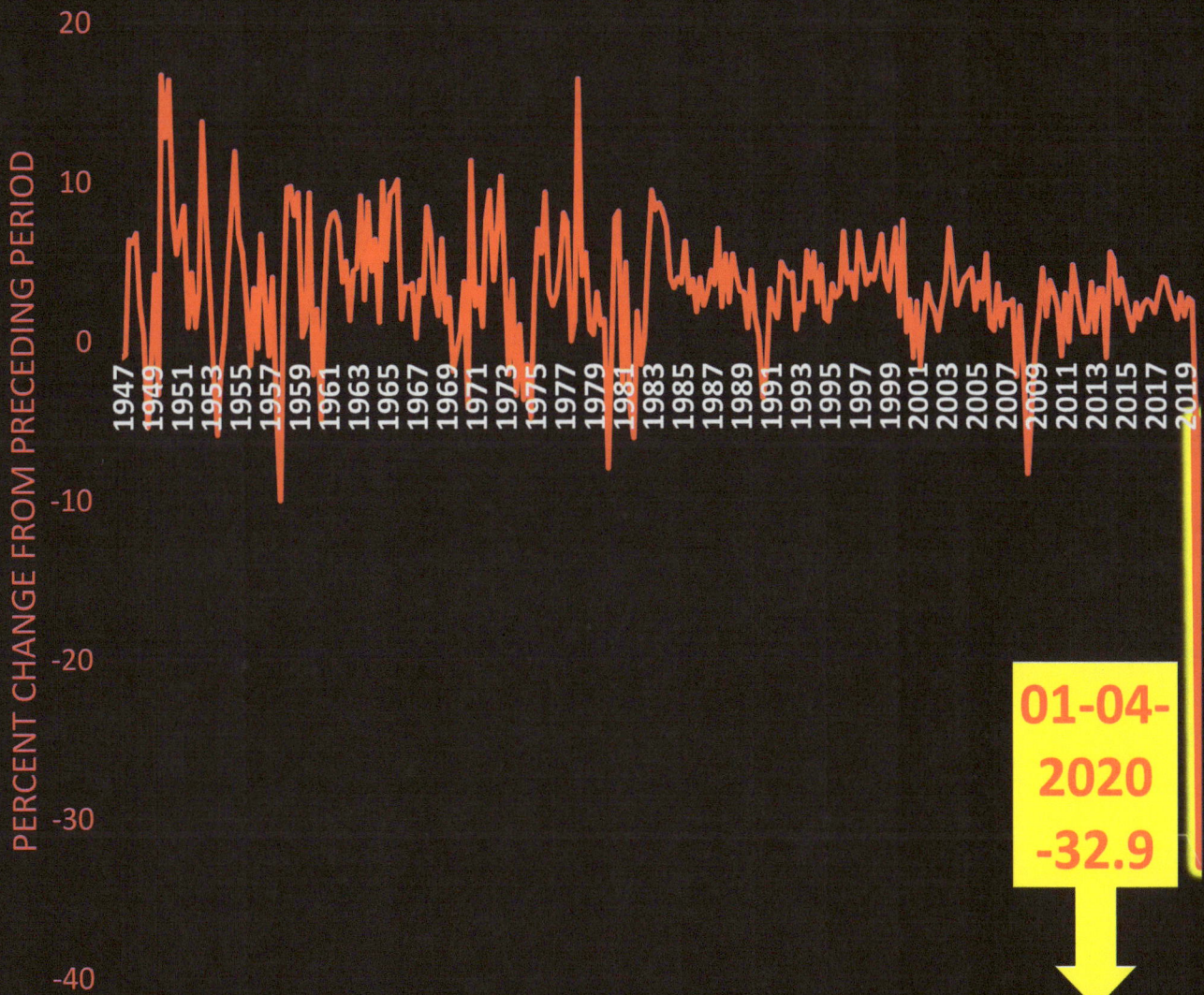

The Gods Must Be Crazy!
Real Gross Domestic Product
Source: U.S. Bureau of Economic Analysis(FRED, Q2 2020)
PERCENT CHANGE FROM PRECEDING PERIOD
20
10
0
-10
-20
-30
-40
1947
1949
1951
1953
1955
1957
1959
1961
1963
1965
1967
1969
1971
1973
1975
1977
1979
1981
1983
1985
1987
1989
1991
1993
1995
1997
1999
2001
2003
2005
2007
2009
2011
2013
2015
2017
2019
01-04-
2020
-32.9

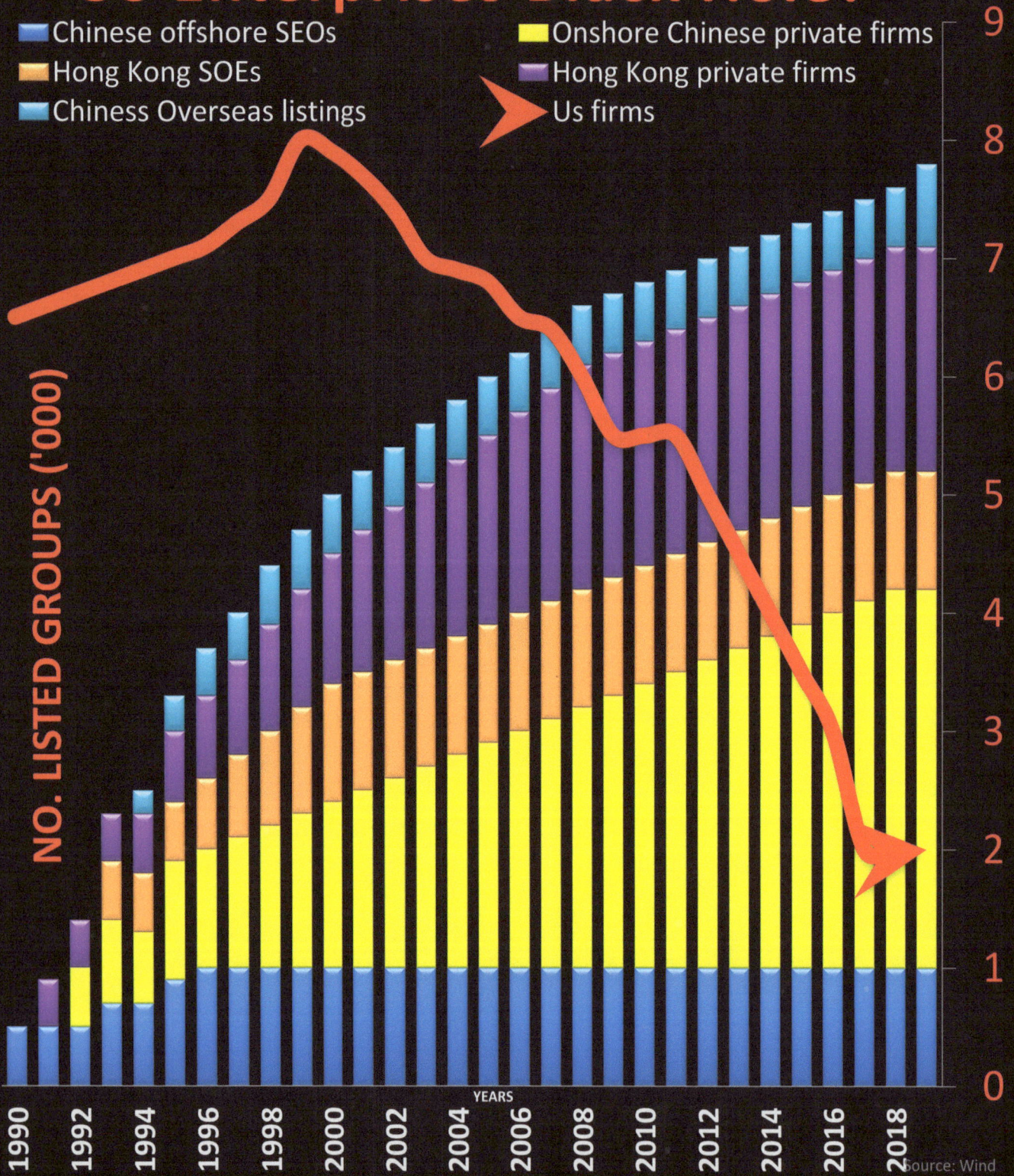

The Gods Must be Crazy!

Catacomb of Capitalism?

US Enterprises Black Hole?

Chinese offshore SEOs
Hong Kong SOEs
Chiness Overseas listings
Onshore Chinese private firms
Hong Kong private firms
Us firms
NO. LISTED GROUPS ('000)
0
1
2
4
6
8
9
YEARS
1990
1992
1994
1996
1998
2000
2002
2004
2006
2008
2010
2012
2014
2016
2018
Source: Wind

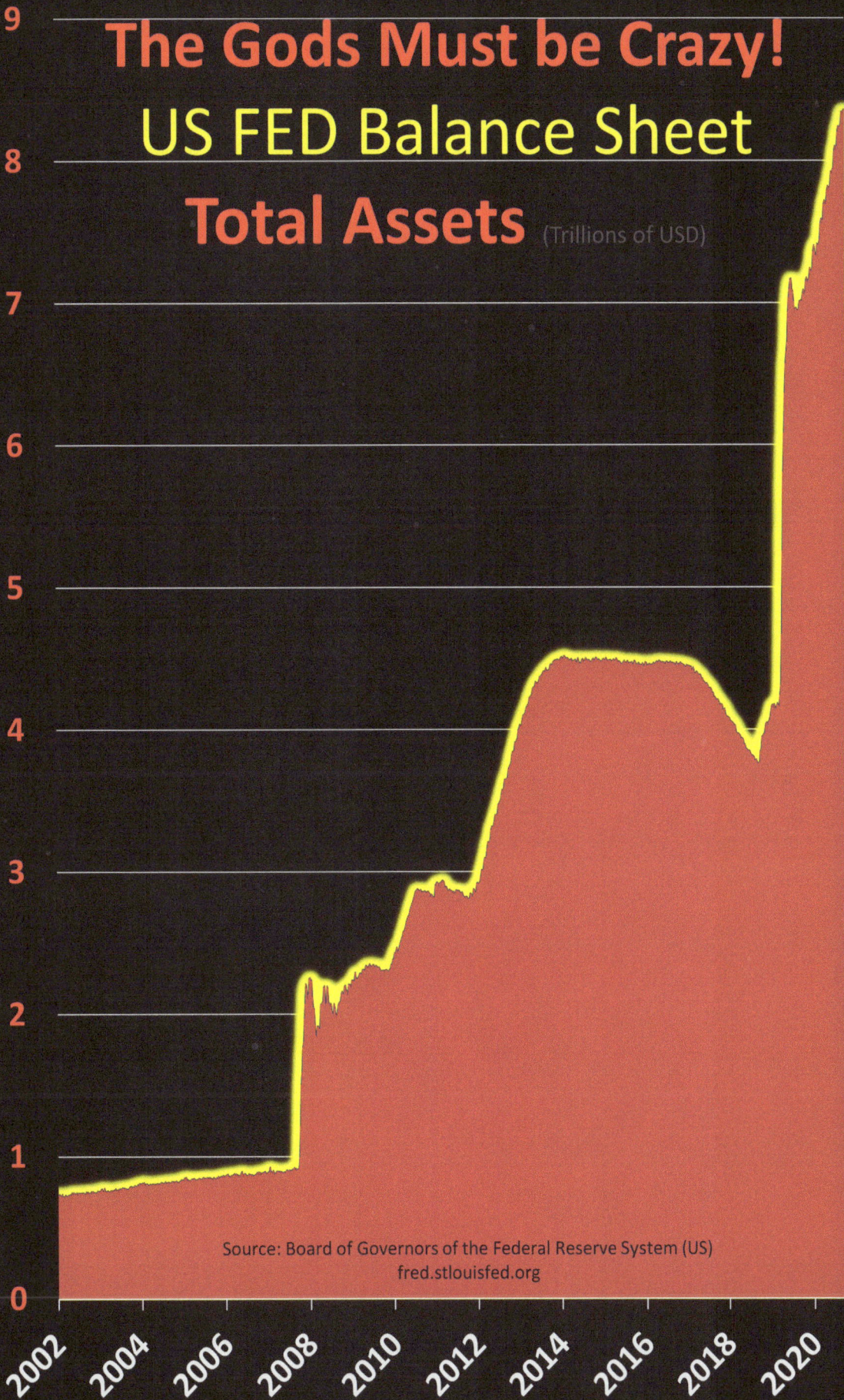

The Gods Must be Crazy!
US FED Balance Sheet
Total Assets (Trillions of USD)
9
8
7
6
5
4
3
2
1
0
Source: Board of Governors of the Federal Reserve System (US)
fred.stlouisfed.org
2002
2004
2006
2008
2010
2012
2014
2016
2018
2020

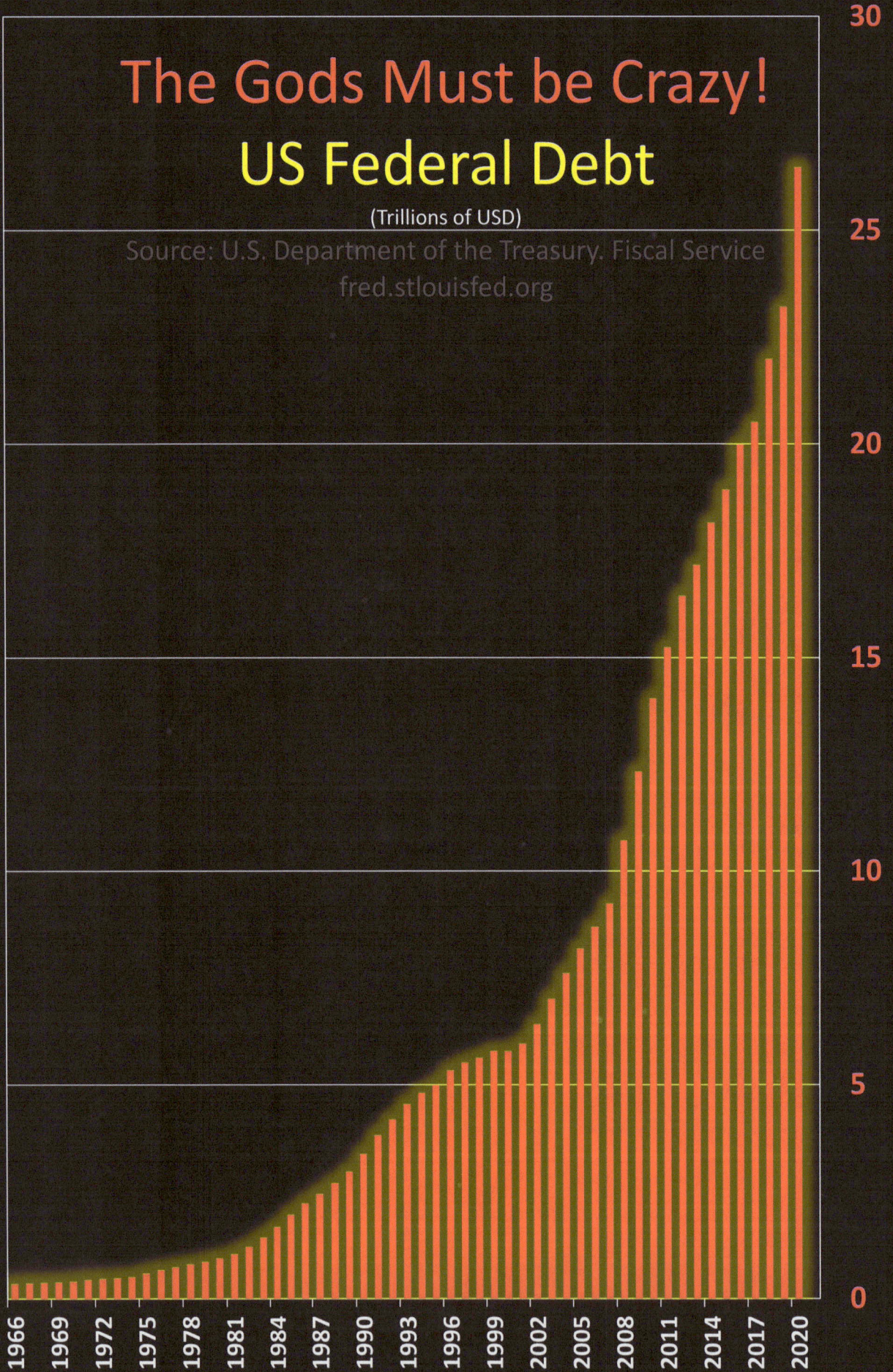

The Gods Must be Crazy!
US Federal Debt
(Trillions of USD)
Source: U.S. Department of the Treasury. Fiscal Service
fred.stlouisfed.org
30
25
20
15
10
5
0
1966
1969
1972
1975
1978
1981
1984
1987
1990
1993
1996
1999
2002
2005
2008
2011
2014
2017
2020

चौथी रीच का ग्रह

संक्षेप में, कई उद्यमों की स्थिति पश्चिमी हवा महल से एक 'टॉप-डाउन गुड ओले बॉयज़ क्लब' द्वारा चलाए जा रहे द्वितीय विश्व युद्ध के समय से लंगडाती फ्रेंकस्टीन लाश के समान है। दुनिया कुछ इस तरह विकसित हुई है कि अधिकांश मार्केट ग्रोथ वहां होती है जहां दुनिया के 7.8 अरब लोगों में से 96% लोग रहते हैं। लेकिन आम जनता से कटे हुए पंडितो ने सिर्फ पिरामिड की चोटी को देख कर निर्णय लिए और बर्बादी फैलाई हैं। हमें हमारे व्यवसाय को समाज के निचले हिस्से को ध्यान में रखते हुए पुन:गठित करना होगा।

1990 के दशक में, जॉर्ज सोरोस ने बैंक ऑफ इंग्लैंड को 3.3 बिलियन पाउंड[43] का नुकसान कर के उस की कमर तोड़ दी थी और अपनी दौलत के छोटे से हिस्से से ही एशिया में वित्तीय संकट[44] ला दिया था। ऑक्सफैम के अनुसार, अकेले Apple के पास ऑफशोर फंड्स में $200 बिलियन से अधिक है, जबकि यूके का विदेशी मुद्रा भंडार $180 बिलियन से कम है। संयुक्त राज्य अमेरिका के पास $130 बिलियन से कम है, जबकि चीन $3000 बिलियन से अधिक के ख़ज़ाने पर बैठा हुआ है। जैसा कि आप ग्राफ में देख सकते हैं, यूएस फेडरल रिजर्व की बैलेंस शीट तीन ट्रिलियन डॉलर के कर्ज के शामिल हो जाने से तीन महीने से भी कम समय में लगभग दोगुनी हो गई है।

आज नही तो कल हमारे कर्म पलट कर हम पर आएंगे। पश्चिमी पूंजीवाद को बर्बाद करने के लिए $25 ट्रिलियन अमेरिकी ऋण (जिसमें चीनी, रूसी और सऊदी होल्डिंग्स शामिल हैं) में से कितने डॉलर की आवश्यकता होगी?

यदि हम 22 वीं सदी के डिजिटल युग की तैयारी में, "नूह का नया नॉर्मल एंटरप्राइज आर्क" नहीं बनाते हैं, तो हम जल्द ही नेटफ्लिक्स डॉक्यूमेंट्री अमेरिकन फैक्ट्री[45] की याद ताजा कराने वाले मैन इन द हाई कैसल[46] के गुलाम बन कर काम करेंगे। कोरोना वायरस चौथी रीच का सेंध लगाने वाला ट्रोजन हॉर्स साबित हो सकता है।

उद्यम की वर्तमान दशा

"समय के साथ क्रोध आनंद में बदल सकता है; घबराहट के बाद संतुष्टि आ सकती है। लेकिन जो राज्य एक बार नष्ट हो गया, वह फिर कभी अस्तित्व में नहीं आ सकता; और न ही मरे हुए लोगों को कभी जीवित किया जा सकता है। इसलिए एक प्रबुद्ध शासक चौकस रहता है, और एक अच्छा सेनापति सावधानी से भरा हुआ होता है।
यही तरीका है देश में शांति और सेना में मज़बूती लाने का।"

सन त्ज़ु की द आर्ट ऑफ़ वॉर (476-221 ईसा पूर्व)

The Gods Must Be Crazy!
Gaggle of Financial-Engineering Frogs in Debt
Nonfinancial Corporate Business; Debt Securities; Liability, Level (Trillion $)
Source: Board of Governors of the Federal Reserve System(FRED, Q1 2021)
8
7
6
5
4
3
2
1
0
1945
1947
1948
1949
1950
1952
1953
1954
1955
1957
1958
1959
1960
1962
1963
1964
1965
1967
1968
1969
1970
1972
1973
1974
1975
1977
1978
1979
1980
1982
1983
1984
1985
1987
1988
1989
1990
1992
1993
1994
1995
1997
1998
1999
2000
2002
2003
2004
2005
2007
2008
2009
2010
2012
2013
2014
2015
2017
2018
2019
2020

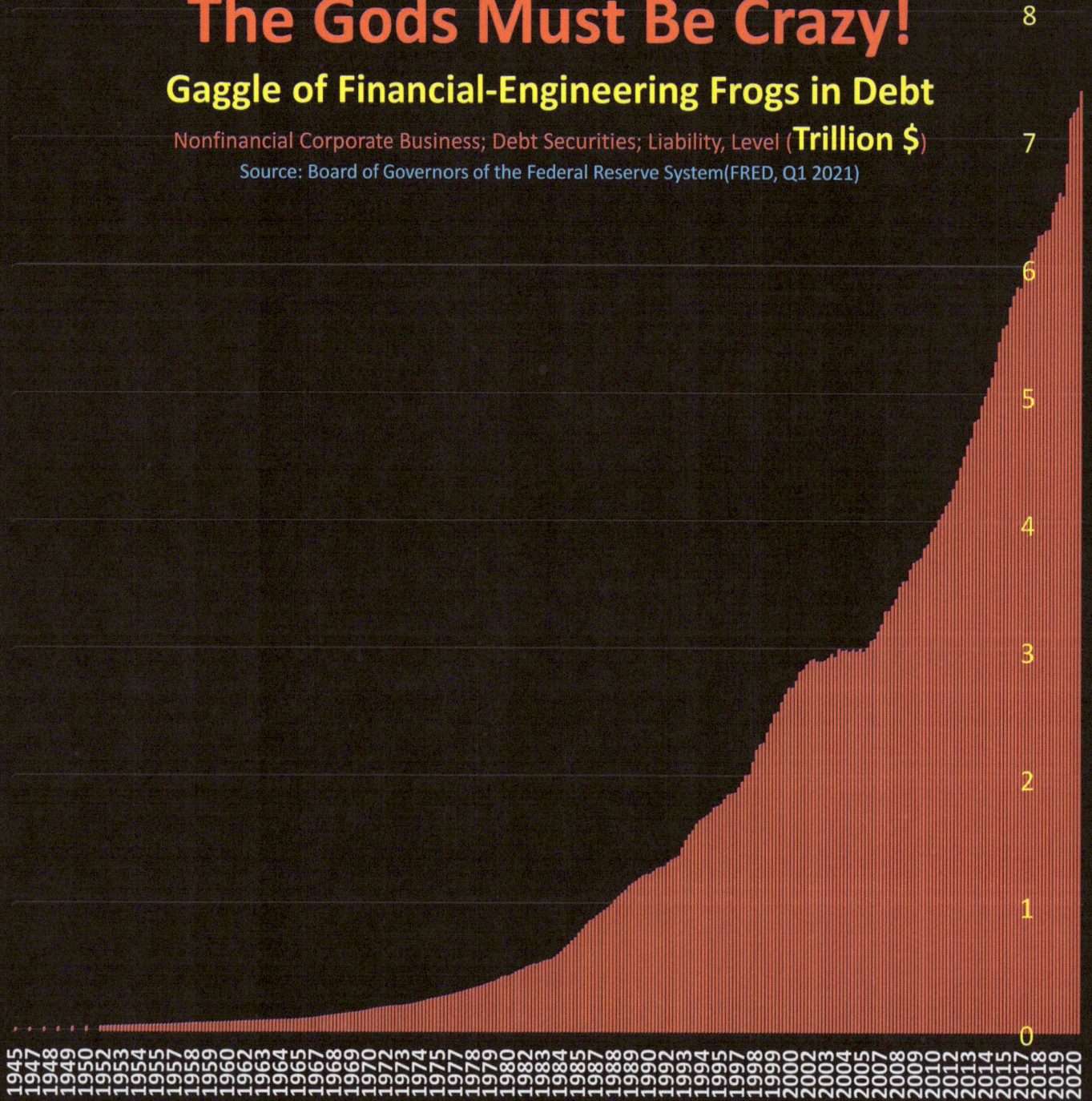

"*Alice: Would you tell me, please, which way I ought to go from here?* CAT: THAT DEPENDS A GOOD DEAL ON WHERE YOU WANT TO GET TO. *Alice: I don't much care where.* CAT: THEN IT DOESN'T MUCH MATTER WHICH WAY YOU GO " — Alice in Wonderland

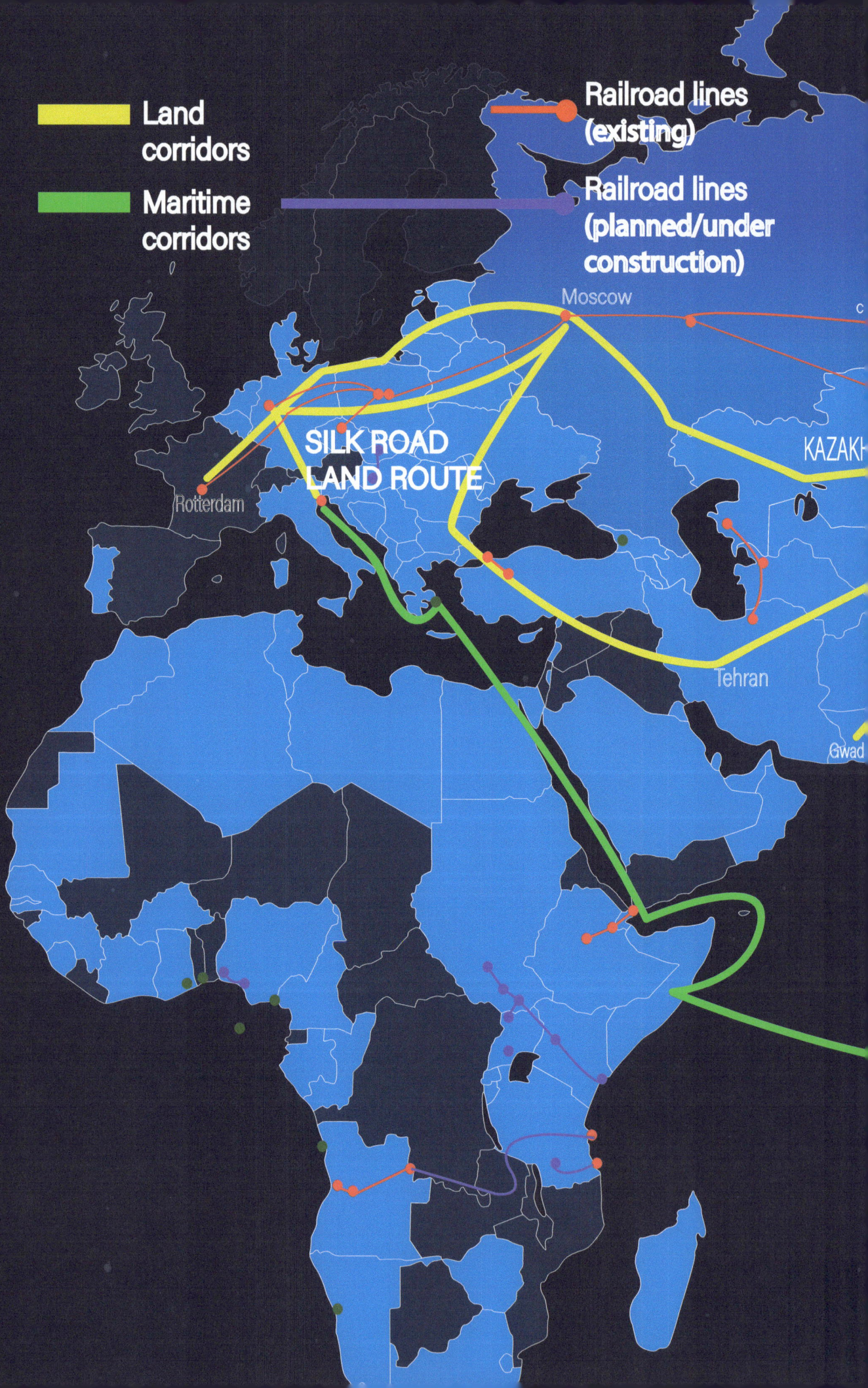

Land corridors
Maritime corridors
Railroad lines (existing)
Railroad lines (planned/under construction)
Moscow
Rotterdam
SILK ROAD LAND ROUTE
KAZAKH
Tehran
Gwad

Ports with Chinese engagement (existing)

Ports with Chinese engagement (planned/ under construction)

RUSSIA

XINJIANG REGION

Mongolia

Imaty

CHINA

Xian

INDIA

Kolkata

MYANMAR

Kuala Lumpur

SILK ROAD
SEA ROUTE

As of 2013, 82% of China's oil imports and 20% of its gas imports pass through the Strait of Malacca

इस सब का सार ये है कि एंटरप्राइज अपनी वर्तमान स्थिति में द्वितीय विश्व युद्ध के ज़माने के चलते फिरते मुर्दों के एक झुंड की तरह है। वे पश्चिम के एक हवा महल में बैठे पुराने अमीरों के एक गिरोह द्वारा नचाए जा रहे हैं। दुर्भाग्य से, दुनिया अब आगे बढ़ चुकी है, और आज, जैसा कि पहले उल्लेख किया गया है, बाजार का अधिकांश विकास वहां हो रहा है जहां 7.8 अरब लोगों में से 96 प्रतिशत रहते है। हमारी पकड़ इस पर ढीली हो चुकी है और स्थिति की समझ भी बहुत कम है, जिसका फायदा चीन अपने आर्थिक और डिजिटल शिकंजे से उठा रहा है। हमें निचले स्तर को ध्यान में रखते हुए व्यवसाय का पुनर्गठन करना होगा। सुनहरे बंद महल में बैठे बेखबर नेताओं ने सिर्फ उच्च वर्ग को ध्यान में रख कर काम करने की गलती की है। यहां मेरे अनुभव के आधार पर उदाहरण पेश कर रहा हूं:

★ मक्कार और धूर्त लोग[47] आज एक ठेठ एंटरप्राइज़ का 75% से ज्यादा ताना बाना तैयार करते हैं। इनमे से अधिकतर कुएं के मेंढक हैं, जिन्होने चवन्नी को पकडे रख कर रुपया खर्च करने की मानसिकता से काम किया है। वे फाइनेंस/बिजनेस, IT इंप्लीमेंटेशन पार्टनर्स, विदेशी वेंडर्स, बिग 4 PPTs वगेरह के मामले में अपने राजनीतिक अहंकार से भ्रष्ट हो चुके हैं।

★ जितना बड़ा आकार होता है (कंपनी का आकार), उस एंटरप्राइज की मांग उतनी ही कम होती है।

★ ऐसे ठेठ उद्यम का >75% कार्यान्वयन बिगड़ा हुआ है।

★ जिंदा बचे 75% से अधिक उद्यम बेकार पड़े फ्रेंकेंस्टीन के बेताल है जो M&A, रिवर्स मर्जर, इनवर्जन, TESCM, BPO, बदलाव, लेऑफ, आउटसोर्सिंग जैसे अत्यधिक फाइनेंशियल इंजीनियरिंग के उपायों की उपज है।

★ एक ठेठ उद्यम का 75% से ज्यादा स्थापत्य वर्ल्ड वाइड वेब (WWW) युग से पहले का है - दूसरे शब्दों में, यह स्थापत्य डिजिटल युग के अनुरूप नहीं है। IT, पारंपरिक अकाउंटिंग और अधिकांश व्यावसायिक कार्य (विशेष रूप से बार-बार होने वाले) AI BOTs द्वारा क्लाउड पर स्वचालित रूप से चलने वाले हैं। IT/बिजनेस सिस्टम ऐसे विकसित होंगे। ट्रांजेक्शनल -> ऑपरेशनल -> प्रप्रडिक्टिव एनालिटिक्स AI BOTs (क्लाउड में रोबोटिक ऑटोमेशन)।

चीन अपने आधे सरकारी उद्यमों को आगे बढ़ाने में खरबों डॉलर खर्च करता है और 2015 में CCP (चीन की कम्युनिस्ट पार्टी) द्वारा निर्धारित अपने 2025 लक्ष्यों को पहले ही पार कर चुका है। उन्होंने उच्च मूल्य वाले उत्पादों और सेवाओं के मामले में अपने पश्चिमी प्रतिस्पर्धियों को बेरहमी से खत्म कर दिया है। उदाहरण के लिए 5G, टेक्नोलॉजी इन्फ्रास्ट्रक्चर, एयरोस्पेस, और सेमी कंडक्टर्स। ऐसे उत्पादों और सेवाओं के लिए अब वे विदेशी सप्लायर्स पर बिल्कुल निर्भर नहीं हैं।

अब, वर्ल्ड वाइड वेब (WWW) के ज़माने से पहले के पश्चिमी व्यापारों का ढांचा पुराना और दूषित हो चुका हैं। इसने अपना लचीलापन खो दिया है और पूर्व के उद्यमों के साथ प्रतिस्पर्धा नहीं कर सकता है। आज, हमारे सामने ये चुनौतियां इसलिए है क्योंकि वाशिंगटन DC में भ्रष्ट सिस्टम है, गॉर्डन गेको की निजी इक्विटी और कॉर्पोरेट लुटेरे मौजूद है (कुछ को चीन पैसा देता है), ट्विटर द्वारा संचालित वॉल स्ट्रीट के एल्गोरिदम है जिसके परिणामस्वरूप अत्यधिक आर्थिक धांधलियां होती है।

हमारे नेता वास्तविकता से कट गए है। धांधली वाले पूंजीवाद के अपने प्राचीन मंदिरों में रहते हुए, वे वित्तीय योजनाएँ बनाते हैं। पिछले दस वर्षों में, शेयर बाजार में 250 प्रतिशत से अधिक का उछाल आया लेकिन कोई प्रोडक्टिव विकास नही हुआ और फाइनेंशियल इंजीनियरिंग के जरिए एक बेहतरीन बैलेंस शीट का दुरुपयोग हुआ। ये लोग पूंजीवाद की बुनियाद को ही हिला रहे हैं।

"अगर ज़मीन पर आर्थिक मंदी आती है जो वैश्विक वित्तीय संकट से सिर्फ आधी गंभीर है, तब जोखिम लिए कॉर्पोरेट कर्ज़ (उन फर्मों का कर्ज जो अपनी कमाई से अपने ब्याज को भरने में असमर्थ हैं) संकट स्तर के ऊपर $19 ट्रिलियन तक बढ़ सकता हैं। ये प्रमुख देशों के कुल कॉर्पोरेट ऋण का लगभग 40 प्रतिशत है।"

ग्लोबल फिनान्सियल स्टेबिलिटी रिपोर्ट,
आईएमएफ (2019)[48]

आज के कई बड़े उद्यम असल में मुर्दों के चलते फिरते झुंड है। इन की इस दशा के लिए उत्तरदाई है M&A, रिवर्स मर्जर, इनवर्जन, TESCM, BPO, बदलाव, लेऑफ, आउटसोर्सिंग और अत्यधिक फाइनेंशियल इंजीनियरिंग के अन्य उपाय। इन उद्यमों में से अधिकांश चीनी इंटेलेक्चुअल प्रोपर्टी (IP) गिद्धों के शिकार हो जायेंगे, जैसा कि नीचे दिए गए चार्ट में है:

"हमें ध्यान रखना होगा कि चीनी कंपनियां, सरकारी फंड्स की आंशिक मदद से ऐसी यूरोपीय कंपनियों को तेजी से खरीदने की कोशिश कर रही है जो कम दामों में बिक रहीं हैं या कोरोनोवायरस संकट के कारण आर्थिक कठिनाइयों में पड़ गई हैं...

चीन भविष्य में आर्थिक, सामाजिक और राजनीतिक दृष्टि से हमारा सबसे बड़ा स्पर्धक होगा...

मैं चीन को यूरोप के एक ऐसे स्ट्रेटेजिक प्रतियोगी के रूप में देखता हूं,

जो समाज के एक सत्तावादी मॉडल का प्रतिनिधित्व करता है,

जो अपनी शक्ति का विस्तार करना चाहता है और संयुक्त राज्य को एक प्रमुख शक्ति के रूप में हटाकर उसकी जगह लेना चाहता है ...

इसलिए यूरोपीय संघ को समन्वित तरीके से कदम उठा कर चीन के इस शॉपिंग टूर को ख़त्म कर देना चाहिए।"

मैनफ्रेड वेबर
(यूरोपीय संघ की संसद, EU में EPP समूह के प्रमुख
(NPR न्यूज़ 5-17-20)

The Gods Must be Crazy!
Typical Empire Rise & Fall

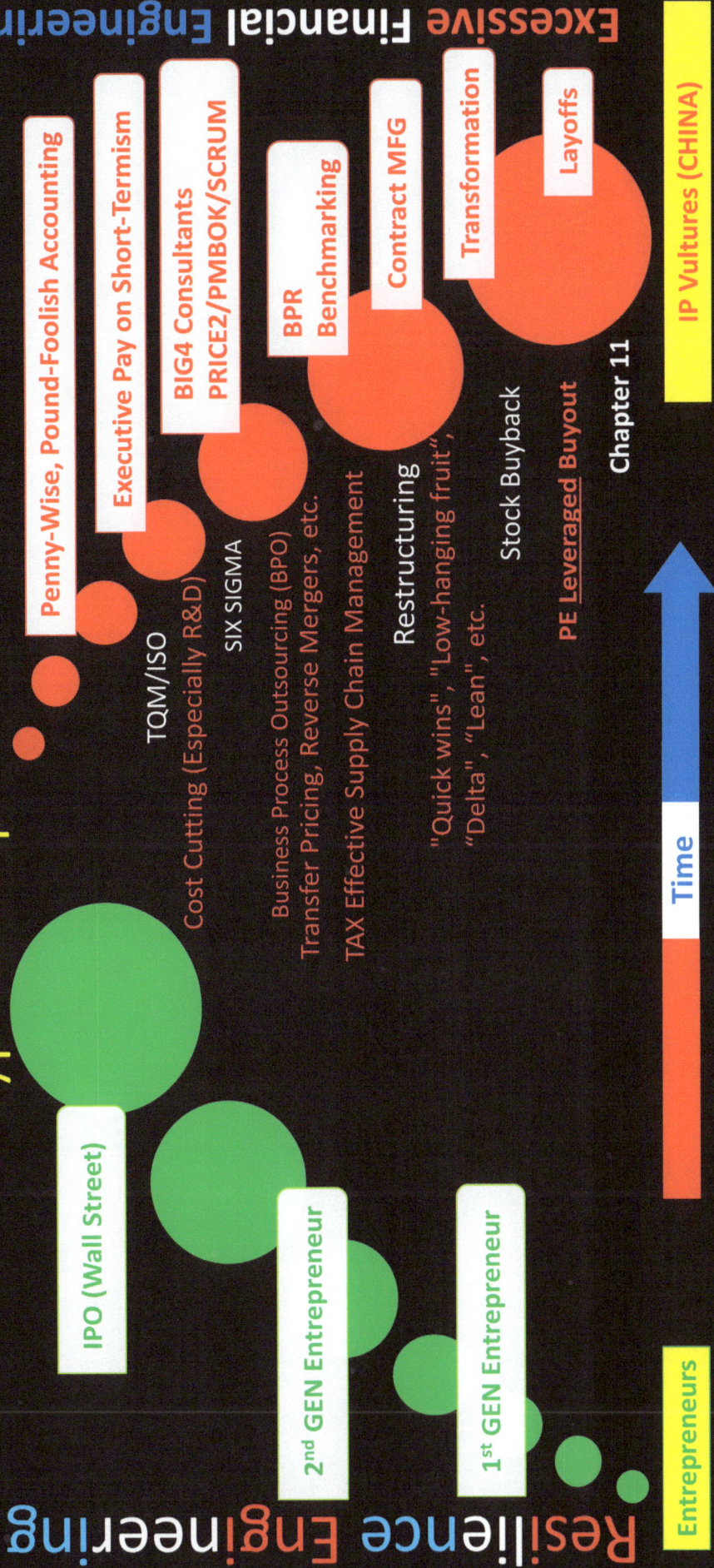

Excessive Financial Engineering

- Penny-Wise, Pound-Foolish Accounting
- Executive Pay on Short-Termism
- BIG4 Consultants PRICE2/PMBOK/SCRUM
- BPR Benchmarking
- Contract MFG
- Transformation
- Layoffs
- IP Vultures (CHINA)

- TQM/ISO
- Cost Cutting (Especially R&D)
- SIX SIGMA
- Business Process Outsourcing (BPO)
- Transfer Pricing, Reverse Mergers, etc.
- TAX Effective Supply Chain Management
- Restructuring
- "Quick wins", "Low-hanging fruit", "Delta", "Lean", etc.
- Stock Buyback
- PE Leveraged Buyout
- Chapter 11

Time

- IPO (Wall Street)
- 2ND GEN Entrepreneur
- 1ST GEN Entrepreneur
- Entrepreneurs

Resilience Engineering

Ay Yi Yai Yi! We are in the middle of The New World Order!

द गॉड्स मस्ट बी क्रेज़ी[49]

साम्यवाद के गढ़ से पूंजीवाद के प्रतीक तक की मेरी यात्रा

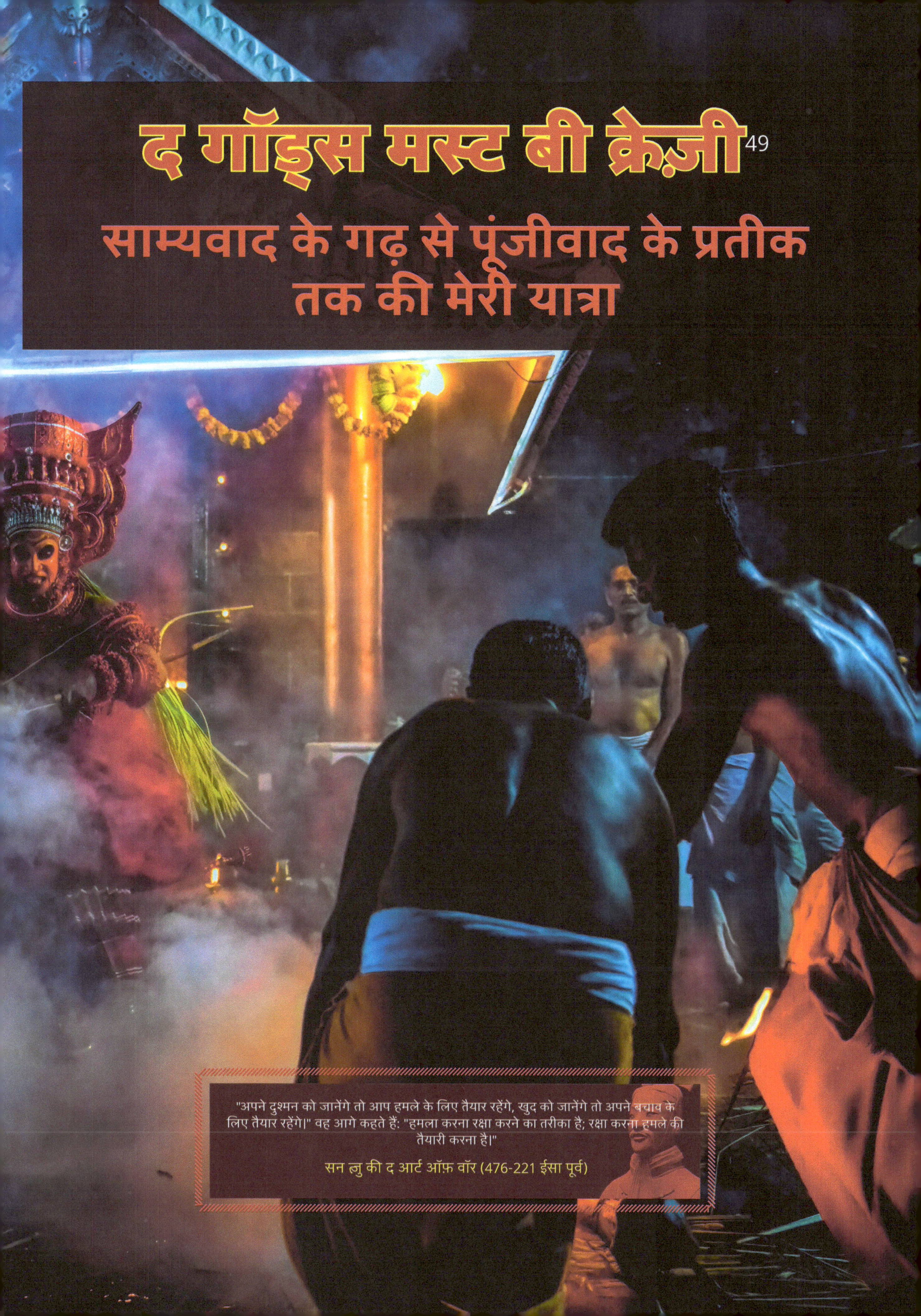

"अपने दुश्मन को जानेंगे तो आप हमले के लिए तैयार रहेंगे, खुद को जानेंगे तो अपने बचाव के लिए तैयार रहेंगे।" वह आगे कहते हैं: "हमला करना रक्षा करने का तरीका है; रक्षा करना हमले की तैयारी करना है।"

सन त्सु की द आर्ट ऑफ़ वॉर (476-221 ईसा पूर्व)

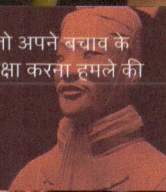

मैं यहां स्वीकार करता हूं कि मैं एक समाजवादी माता-पिता का एक पूंजीवादी उड़ाऊ बेटा हूँ जो देवताओ के राज्य केरल, भारतसे आया है। हमारे यूरोपीय कॉलोनाइजर्स द्वारा लाए गए मिशनरियों ने जिन कैथोलिक स्कूलों की स्थापना की, उनकी बदौलत, केरल में कम्युनिस्टों को पचास साल से अधिक समय तक लोकतांत्रिक रूप से शासन का अवसर मिला है। हमारे लोग मार्क्स, लेनिन, स्टालिन और चे को देवताओं के रूप में पूजते हैं। हालांकि हम मध्यम वर्ग के हैं, मेरे माता-पिता, जो दोनों शिक्षक थे, के पास उस समय कभी भी बाहर छुट्टियां बिताने की विलासिता नहीं थी, इसलिए मैंने स्कूल की ज्यादातर छुट्टियां पिताजी के कॉलेज के पुस्तकालय में पश्चिम की यात्राओं पर लिखी गई पुस्तकें पढ़ने में बिताई।

हमारे पास घर पर टीवी नहीं था, और वे मुझे केवल एक ही फिल्म थिएटर में दिखाने ले गए थे और वो थी गांधी। विडंबना यह है कि, आखिर में मैं दुनिया के #1 शो बिजनेस, AMC थियेटर्स में ग्लोबल EPM आर्किटेक्ट बन गया। इसका मालिक चीन का एक समय का सबसे अमीर व्यक्ति था। या तो इसे मेरी स्वतंत्रता कह लीजिये या मेरे पिछले दो दसकों का प्रति-शोध, जिसके परिणामस्वरूप मैंने अपनी परिश्रमी पत्नी का पैसा, पक्षियों के पीछे भागने में और 20 देशों के जंगलो में भटकने में उड़ा दिया। कंबोडिया के किलिंग फ़ील्ड्स[50] में चलाये जा रहे चीन के GIFT एक्सीक्यूटिव लीडरशिप प्रोग्राम (https://global-inst.com/learn/)[51] की बदौलत मुझे स्नेक वाइन[52] की तलाश में चियांगमाई-चियांग्राई, लाओस और म्यांमार के जंगलों में ट्रेकिंग करके आनंद मिला। सांप की शराब के घूंट पीते हुए, मैं सोचता रहता था कि संसाधनों से संपन्न होने के बावजूद ये देश इतने गरीब कैसे हैं? (हर्नांडो डी सोटो की शोध के अनुसार, ऐसे देशों के पास संयुक्त रूप से 12 मुख्य पश्चिमी शेयर बाजारों की तुलना में अधिक धन है।) फिर भी, ये देश चीन द्वारा आर्थिक रूप से गुलाम बना लिए गए हैं और पश्चिम के आगे झोली फैलाते हैं। पश्चिमी देश अपने अपराध बोध से उभरने के लिए इन्हे पर्यावरण के नाम पर दान देते रहते हैं।

इस "नए नॉर्मल" के युग में, दुनिया का भरोसा बिना किसी नियंत्रण वाली नोट छापने की सरकारी प्रेस (क्वांटिटेटिव इझिंग (QE)[53] पर से उठता जा रहा है। और यह विडंबना है कि व्यर्थ सी पीली धातु, यानि कि सोना, फिर से राष्ट्रों की और अमीर लोगो की संपत्ति का गोल्ड स्टैंडर्ड बन रहा है। एक सदी से भी अधिक समय तक, अमेरिका ने दुनिया के अधिकांश घोषित स्वर्ण भंडार, जो कि लगभग 8,000 मीट्रिक टन था, को स्वयं ही ले लिया था। दूसरे नंबर पर आते हैं यूरोप के पुराने संस्थान जो आपस में 10000 टन पकड़ कर बैठे हुए हैं। आप विश्वास करो या ना करो लेकिन विश्व स्वर्ण परिषद (WGC) के अनुसार भारत की सबसे गरीब महिलाएं भी 25,000 टन सोना अवैध रूप से अपने गद्दे के नीचे छिपा कर बैठी है (यह एक भूमिगत अर्थव्यवस्था है)। द मिस्ट्री ऑफ कैपिटल के उत्तर की तलाश में, मैं हर्नांडो डी सोटो और उनकी पुस्तक 'द मिस्ट्री ऑफ कैपिटल: व्हाई कैपिटलिज्म ट्रीम्फस इन द वेस्ट एंड फेल्स एवरीवेयर एल्स' का पुजारी बन गया।

मैं इस रहस्य पर अपने कुछ व्यक्तिगत अनुभव साझा करता हूं। मेरे माता-पिता को अपना घर बनाने में लगभग तीन दशक लग गए जिसके निर्माण लागत का 97% पैसा उन्होंने अपनी बचत से जुटाया। शेष 3% रकम जो उन्होंने व्याजखोरों से 30% की ब्याज दर पर ली थी, उसे चुकाने में उन्हें एक और दशक लग गया। पूंजीवाद का दीवाना होने के नाते, मैंने आज तक शायद ही कोई पैसा बचाया हो। सच कहूं तो, मुझे उस अर्थहीन कागज के टुकड़े पर बहुत कम विश्वास था जो कहता है, ईश्वर में हम भरोसा करते हैं।

"पूंजीवाद की सबसे बड़ी जीत की घड़ी" उसके संकट की घड़ी में छुपी है।"

हर्नांडो डी सोतो
(द मिस्ट्री ऑफ कैपिटल: व्हाई कैपिटलिज्म ट्रीम्फस इन द वेस्ट एंड फेल्स एवरीवेयर एल्स)

जब 2008 की आर्थिक सुनामी के दौरान हर कोई अपने कर्ज़ चुकाने के लिए संपत्तियां बेच रहा था, तब पूंजीवाद का फायदा भोगने के लिए मुझ में गॉर्डन गेको की आत्मा [प्रवेश कर गई थी। मैने दो सालो में लगातार उत्तरी अमेरिका की दो शानदार प्रॉपर्टीज खरीद डाली, जिनका मूल्य एक मिलियन डॉलर से अधिक था। मैंने गिरवी रख कर 97% लोन, और कुछ महीनों के भीतर, मैंने इसे रिफाइनेंस के जरिए मात्र 3% पर 30 साल के लोन में बदलवा लिया। मैंने किए गए डाउन पेमेंट का 1000% से भी ज्यादा वसूल लिया।

जानकार लोगो की सलाह ना मानते हुए मैंने अंतरराष्ट्रीय बाजारों में और मुद्रा पर भी खतरनाक दांव खेले और बेशुमार पैसा कमाया।GIFT एक्जीक्यूटिव लीडरशिप प्रोग्राम (https://global-inst.com/learn/) के अलावा भी मैंने कई बार चीन का दौरा किया। मैने PMI चाइना के लिए एशियाई क्षेत्रीय सलाहकार के रूप में भी काम किया जिससे PMI का सारा भार मेरे ऊपर आ गया था। बेहिसाब फ़ाइनेंशियल इंजीनियरिंग से ग्रसित विस्फोटक मार्केट का लाभ उठाते हुए 2008 की आर्थिक सूनामी में मैंने EPM में नया करियर बना लिया। मैं अब BIG4 की दुनिया में पहुंच गया था। पश्चिम के वित्त जगत को जितना अधिक मैंने करीब से देखा, उतना ही मेरा मोहभंग हुआ।

फाइनेंशियल इंजीनियरिंग की दीमकों ने रूजवेल्ट द्वारा खड़े किए गए पश्चिमी पूंजीवाद की रीढ़ को खोखला कर दिया है। अब, यह ताश के पत्तों की तरह ढह रहा है। पूर्व की साम्यवादी दबंगाई अब पूरी दुनिया को कर्ज के जाल में फसाकर कूटनीति द्वारा उन्हे आर्थिक रूप से गुलाम बना रही है। ऐसा लगता है कि दो दशकों के बाद, मुझे उस मैड मैक्स फ्यूरी रोड के माध्यम से वापस जा कर रूजवेल्ट की विरासत वाले पूंजीवादी मलबे को चढ़ कर पार करना पड़ेगा।

Ay Yi Yai Yi! We are in the middle of The New World Order!

नई विश्व व्यवस्था

युद्ध में छलावे का इस्तेमाल करना चाहिए। इसलिए जब हम हमला करने में सक्षम होते हैं, तो हमें इसमें कमज़ोर दिखना चाहिए; अपनी ताकत का इस्तेमाल करते समय, हमें निष्क्रिय दिखना चाहिए; जब हम निकट हों, तो हमें शत्रु को विश्वास दिलाना चाहिए कि हम बहुत दूर हैं; दूर होने पर, हमें उसे विश्वास दिलाना चाहिए कि हम निकट हैं।

सन त्सु की द आर्ट ऑफ़ वॉर (476-221 ईसा पूर्व)

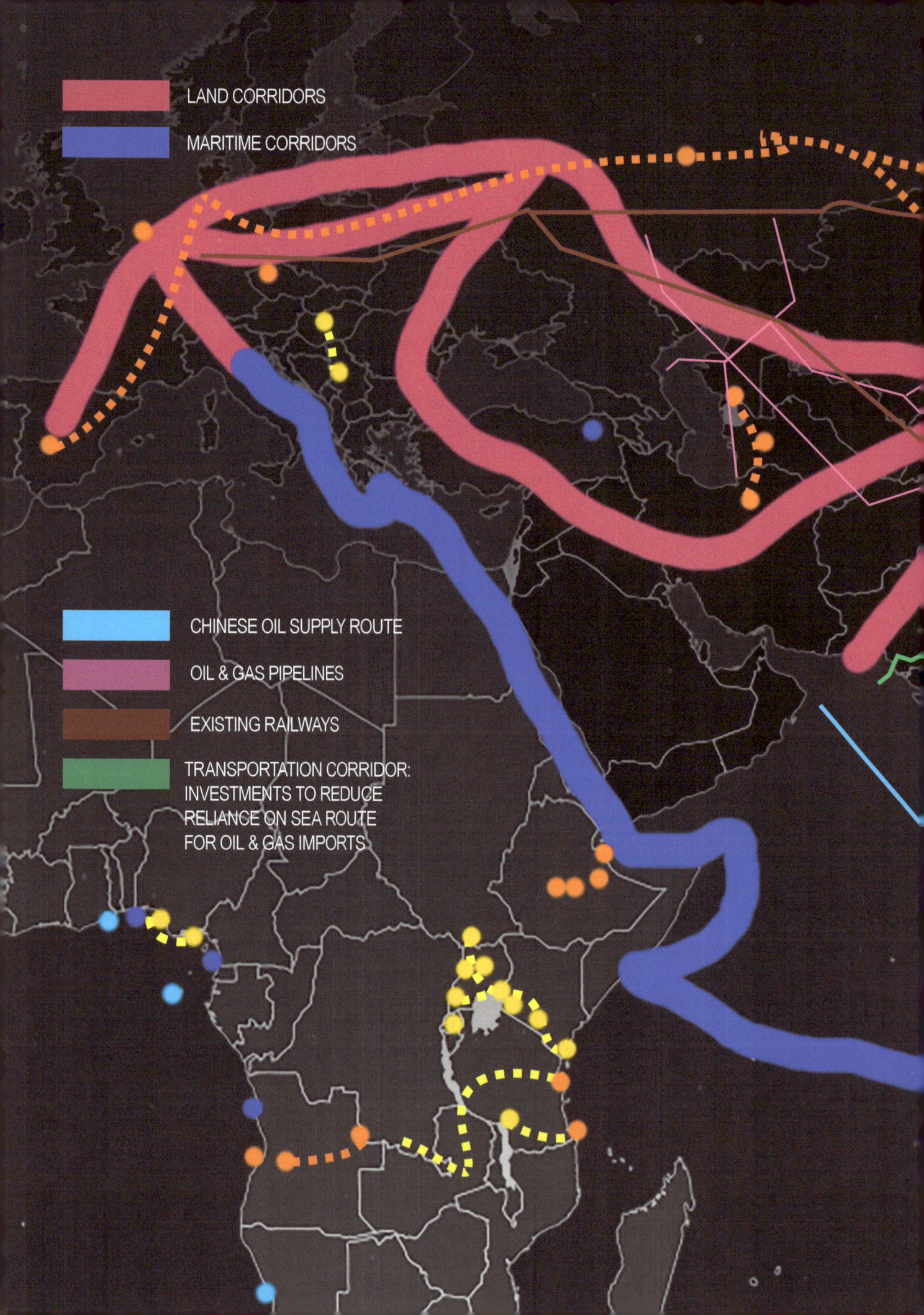

LAND CORRIDORS

MARITIME CORRIDORS

CHINESE OIL SUPPLY ROUTE

OIL & GAS PIPELINES

EXISTING RAILWAYS

TRANSPORTATION CORRIDOR:
INVESTMENTS TO REDUCE
RELIANCE ON SEA ROUTE
FOR OIL & GAS IMPORTS

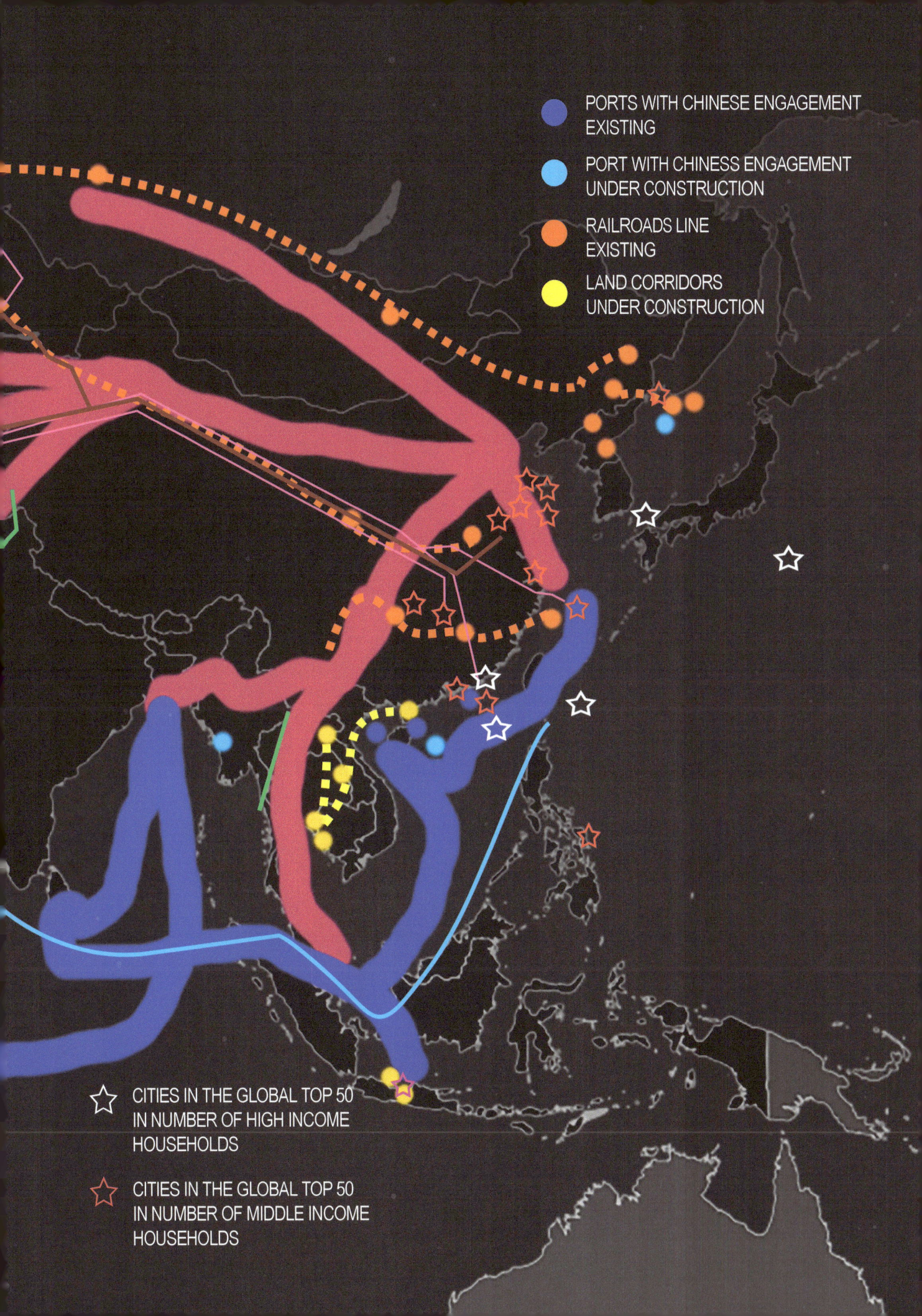

PORTS WITH CHINESE ENGAGEMENT
EXISTING

PORT WITH CHINESS ENGAGEMENT
UNDER CONSTRUCTION

RAILROADS LINE
EXISTING

LAND CORRIDORS
UNDER CONSTRUCTION

CITIES IN THE GLOBAL TOP 50
IN NUMBER OF HIGH INCOME
HOUSEHOLDS

CITIES IN THE GLOBAL TOP 50
IN NUMBER OF MIDDLE INCOME
HOUSEHOLDS

COVID के कारण घर बैठे-बैठे, मुझे इस बात पर मंथन करने का मौका मिला कि मैं पूंजीवाद के गढ़ में कैसे पहुंच गया। धन्य हो रूजवेल्ट्स का जिसके कारण हम अमेरिकी एक सदी पहले दुनिया में एक असाधारण साम्राज्य बन गए थे।दुर्भाग्य से, ऐसा प्रतीत होता है कि सत्ता का वह गुलाब जामुन मैं जहां से आया था, वापस वहीं चला गया है (पूर्व में)।

मुझे इस बात की समझ है कि साम्राज्य कैसे और कब उठते हैं और गिरते हैं। उदाहरण के लिए, अब तक के सबसे महान उद्यम 17वीं सदी की डच ईस्ट इंडिया कंपनी (~$10 ट्रिलियन) और 18वीं सदी की ब्रिटिश ईस्ट इंडिया कंपनी (~$5 ट्रि-लियन) हैं, जो धमकाकर (उपनिवेशीकरण) और मेरे पूर्वजों से डॉलर छीन कर ऊंची उठी थी। ये दोनों उद्यम और साम्राज्य लगभग 200 वर्षों तक चले।

उनके उत्थान और पतन की शानदार कहानी ने मेरी उत्सुकता को बढ़ा दिया। उनकी कहानियां वर्तमान उद्यमों की स्थिति से किस तरह मिलती जुलती है? यह स्पष्ट हो गया है कि अगला सत्तावादी सम्राट एक बार फिर आर्थिक रूप से (और डिजिटल रूप से) हमें उपनिवेश बनाने के लिए हमारा दरवाजा ठोक रहा है। ठीक ऐसा ही कुछ जो मेरे दादाजी के साथ हुआ था।कोविड के बाद के युग में, जहां चीन बहुत तेजी से आगे बढ़ रहा है, मुझे डर है कि हम चाकू की तरह नीचे गिरने वाले हैं। खूनी इतिहास को देखते हुए, मैं यह सोच कर चिंतित हो जाता हूं कि किस तरह का 'न्यू नॉर्मल' युग हमारे सामने खड़ा है।

The Gods Must be Crazy!

The Phoenix: Fall & Rise

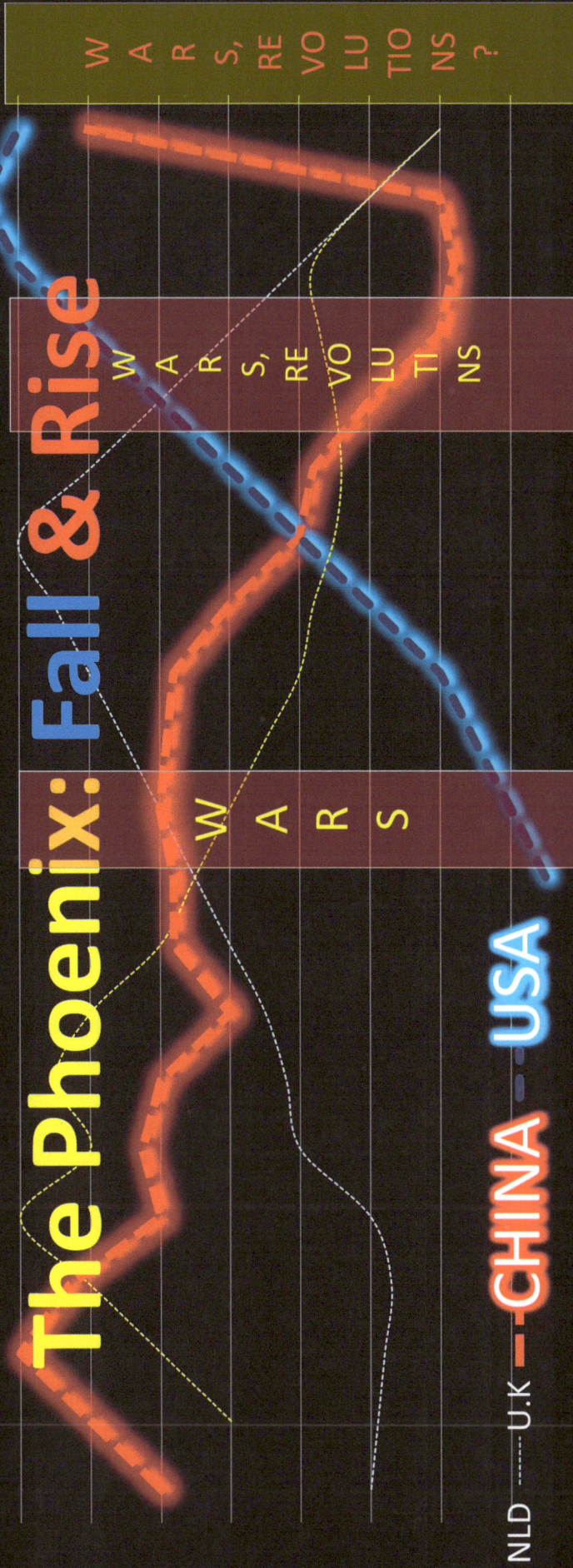

WARS, REVOLUTIONS?

WARS, REVOLUTIONS

WARS

NLD ······ U.K — · — CHINA – – USA

1500 1525 1550 1575 1600 1625 1650 1675 1700 1725 1750 1775 1800 1825 1850 1875 1900 1925 1950 1975 2000

YEAR

Adapted Source Data: The Changing World Order. by Ray Dalio

Ay Yi Yai Yi! We are in the middle of The New World Order!

Ay Yi Yai Yi! We are in the middle of The New World Order!

EPM
(Financial Engineering Era)

Dawn of Systems (IT)
(RIP Bretton Woods Gold Standard)

Origins of Enterprise
(DowJones)

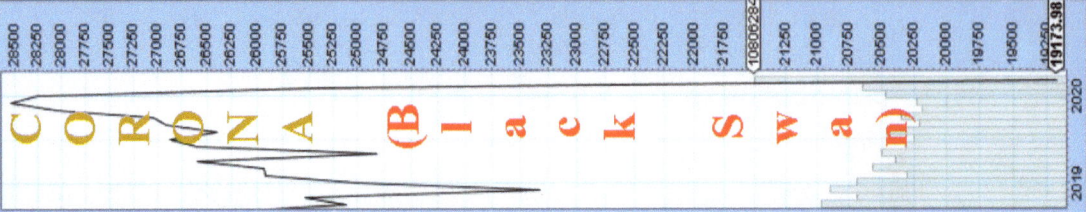

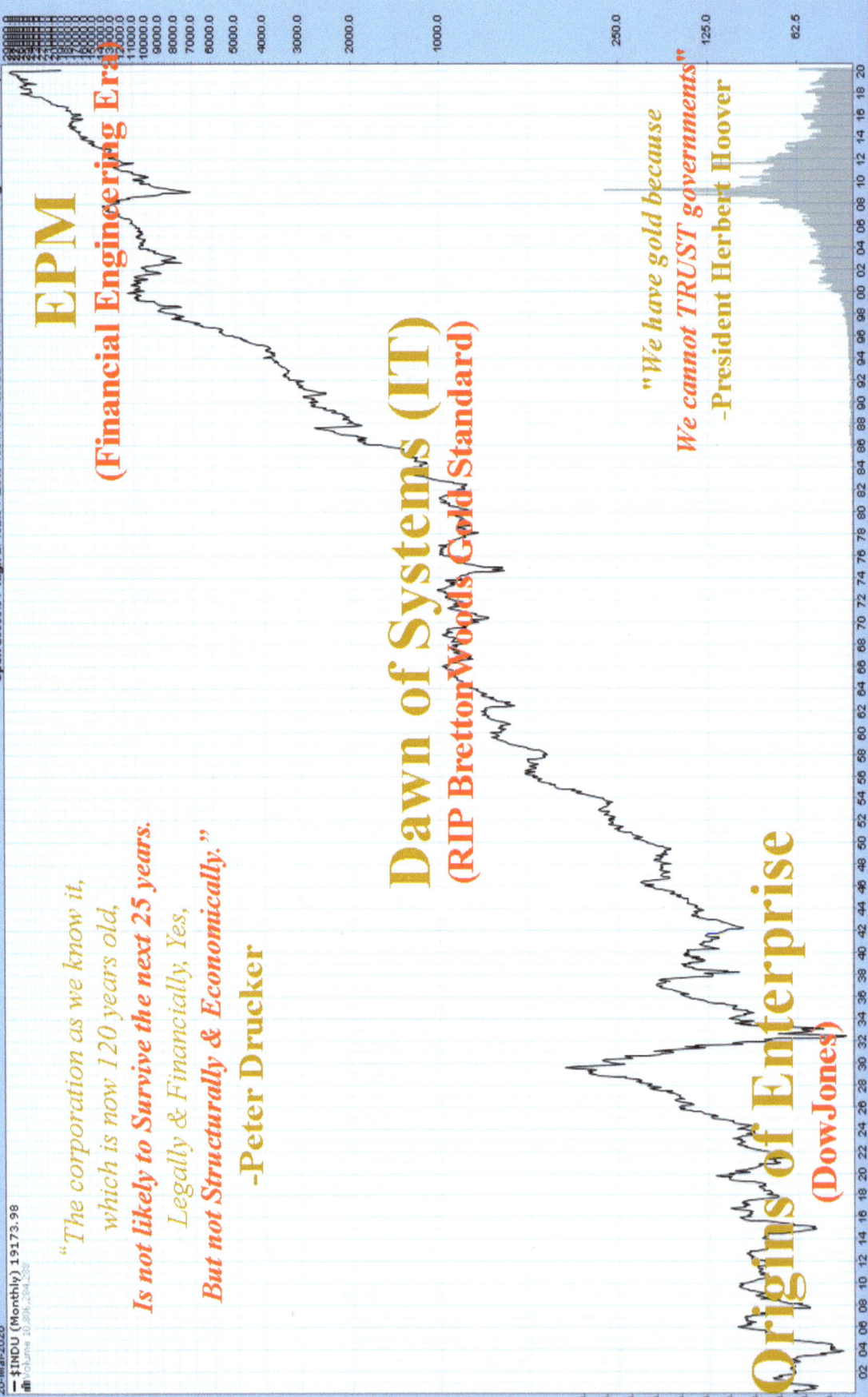

"The corporation as we know it,
which is now 120 years old,
Is not likely to Survive the next 25 years.
Legally & Financially, Yes,
But not Structurally & Economically."
-Peter Drucker

"We have gold because
We cannot TRUST governments"
-President Herbert Hoover

$INDU Dow Jones Industrial Average INDX
20-Mar-2020
— $INDU (Monthly) 19173.98

Open 25590.51 High 27102.34 Low 18917.46 Close 19173.98 Volume 10.8B Chg -6235.38 (-24.54%)▼

© StockCharts.com

CORONA (Black Swan)

व्यापार की नई व्यवस्था

मैं अपनी परिकल्पना को ढाई दशक पहले के अपने प्रिय MBA मैनेजमेंट गुरु की भविष्यवाणी के ज़रिए टेस्ट करूंगा:

**"जिसे हम कॉर्पोरेशन के नाम से जानते है,
वो अब 120 साल पुराना हो गया है,
इसकी संभावना बहुत कम है कि यह अगले 25 वर्षों तक बचा रहेगा।
कानूनी और वित्तीय रूप से, हाँ,
लेकिन संरचनात्मक और आर्थिक रूप से नहीं।"**

पीटर ड्रकर, सन 2000

"हर वो राज्य जो आपस में बंटा हुआ है, उजड़ जायेगा, और कोई भी नगर या घराना जिसमे फूट पड़ी हुई है ,कभी टिक नहीं पायेगा।"

सन त्सु की द आर्ट ऑफ़ वॉर (476-221 ईसा पूर्व)

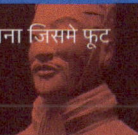

मेरी परिकल्पना,जिसे मैंने डाऊ जोन्स इंडेक्स पर पिछली आर्थिक सुनामी के बाद से विकसित किया है, नीचे दर्शाई गई है:

हाइपोथिसिस के केंद्रीय सिद्धांत

किसी उद्यम का अस्तित्व पूरी तरह से उसके आसपास के इकोसिस्टम की सफलता पर निर्भर है। और इसमें कोई संदेह नहीं कि यह इकोसिस्टम अपने स्पांसर करने वाले गॉडफादर साम्राज्य पर निर्भर करता है।

मेरा मानना है कि गॉडफादर साम्राज्य का अस्तित्व निर्भर करता है उसकी उन विशेषताओं पर जो उसकी शक्ति है:

1. नेतृत्व
2. साइंस, टेक्नोलॉजी, इंजीनियरिंग और मैथेमेटिक्स (STEM) की शिक्षा
3. रीसर्च और स्ट्रेटेजिक टेक्नोलॉजी
4. इंफ्रास्ट्रक्चर आर्किटेक्चर
5. डिजिटल आर्किटेक्चर
6. नॉलेज मैनेजमेंट
7. डिप्लोमेसी
8. वर्ल्ड करेंसी गोल्ड स्टैण्डर्ड
9. इलेक्ट्रो-डॉलर
10. फाइनेंशिअल कैपिटल
11. सिक्योरिटी
12. परिवर्तनकारी विराट डिजिटल रणनीतियाँ और नियमन

नीचे दी गई तस्वीर दर्शाती है कि पिछली चार शताब्दियों में गॉडफादर बनने वाले विभिन्न साम्राज्यों का उदय और पतन कैसे हुआ है।

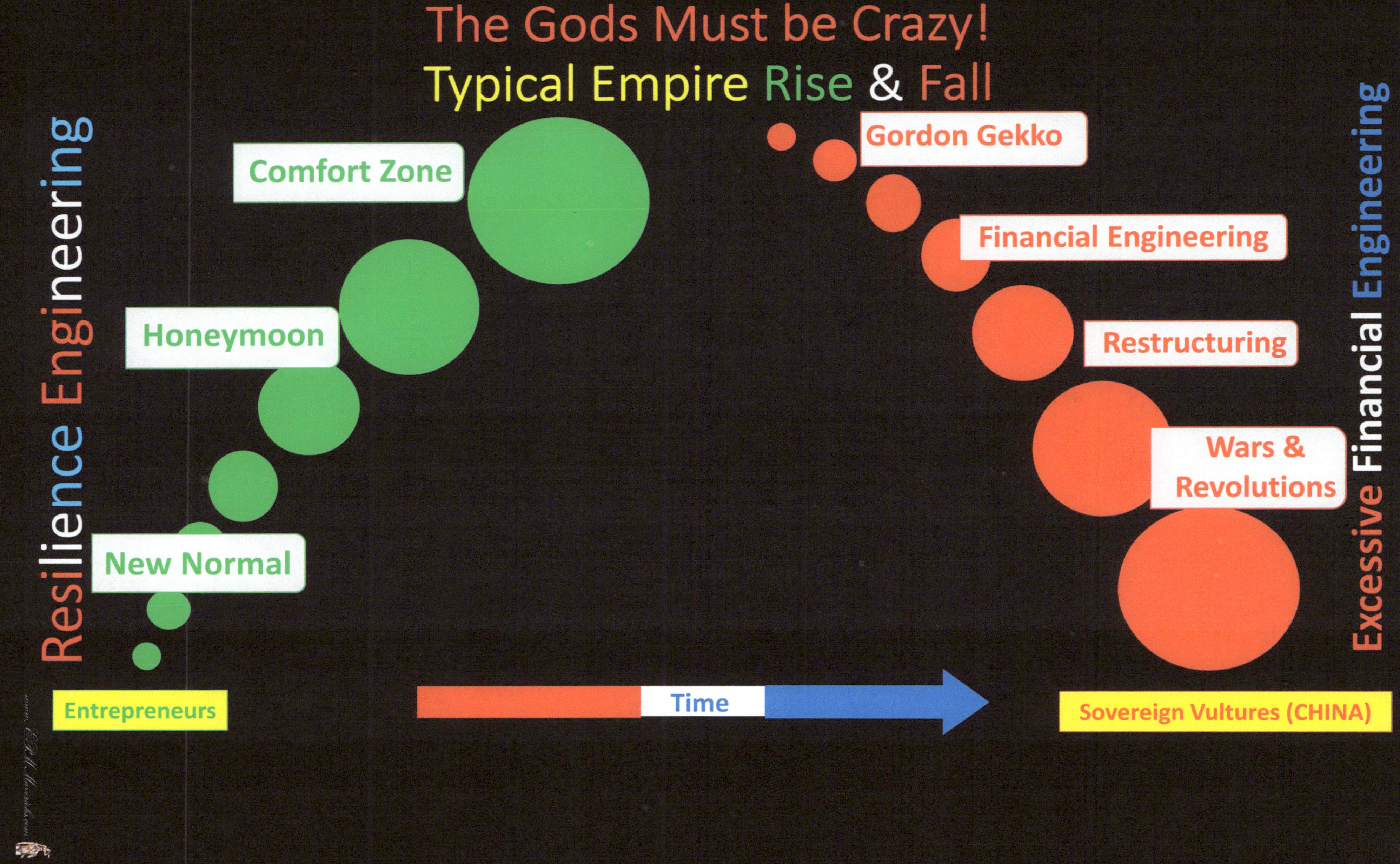
The Gods Must be Crazy!
Typical Empire Rise & Fall
Resilience Engineering
Comfort Zone
Honeymoon
New Normal
Entrepreneurs
Time
Gordon Gekko
Financial Engineering
Restructuring
Wars & Revolutions
Excessive Financial Engineering
Sovereign Vultures (CHINA)
www.EPM.Mavericks.com

Ay Yi Yai Yi! We are in the middle of The New World Order!

"याद करो तुमने कहां से शुरू किया था। तुम जानवरों की तरह जीने के लिए नहीं बने थे बल्कि गुण और ज्ञान की खातिर जीने के लिए बने थे।"

दांटे अलीघीरी

Ay Yi Yai Yi! We are in the middle of The New World Order!

एक साम्राज्य की शुरुआत में, आदिवासियों समान लोगो में समरसता और समृद्धि का दौर होता है जो एक हनीमून पीरियड की तरह होता है। लेकिन जब वह साम्राज्य अपने आराम क्षेत्र में आ जाता है, तो वह सीमा से अधिक आत्मविश्वास से भर जाता है और उसकी जीवन शैली बदल जाती है। जैसे-जैसे इसकी जीवनशैली में परिवर्तन आता है, वह लालची हो जाता है। लालच पूंजीवाद की नींव है, जो कर्ज़ ले कर महल खड़ा करने के लिए बढ़ावा देता है। ऐसे में गार्डन गेक्को[54] जैसे लोग पैदा होते है जो ऑस्कर विजेता फिल्म 'वॉल स्ट्रीट' में अत्यधिक लालच का प्रतीक था। इस बढ़ते हुए बुलबुले पर सैर करने में बहुत रोमांच आता है। एक दिन, बुलबुला फुट जाता है तो हम वास्तविकता को तोड़ने-मरोड़ने (फाइनेंशियल इंजिनियरिंग द्वारा) लगते है। विकृत वास्तविकता हमें और खतरनाक बदलाव की ओर ले जाएंगी और फिर क्वांटिटेटिव इजिंग[55] के जरिए बही खातों में हेरफेर करना पड़ेगा। अंत में, जब आर्थिक सुनामी आएगी, तो युद्ध और क्रांतियां होंगी। सारे गिद्ध जमा हो कर नई आदिम व्यवस्था बनाने पर निर्णय लेंगे। यही वर्तमान में हमारे साथ हो रहा है।

दुर्भाग्य से, अमेरिका का हाफटाइम हो चुका है, और हमारा दूसरा हाफ शुरू होने वाला है![56]

मुझे पूरी आशा है कि पश्चिम में यदि हम अपना तुरुप का पत्ता ठीक से खेलते हैं, तो हम अपने सेकंड हाफ में भी उत्कृष्ट प्रदर्शन कर सकते हैं।

"याद करो तुमने कहां से शुरू किया था। तुम जानवरों की तरह जीने के लिए नहीं बने थे बल्कि गुण और ज्ञान की खातिर जीने के लिए बने थे।"

दांटे अलीघीरी

Gods Must be Crazy!
The Rise of the Dragon
Catacomb of Capitalism

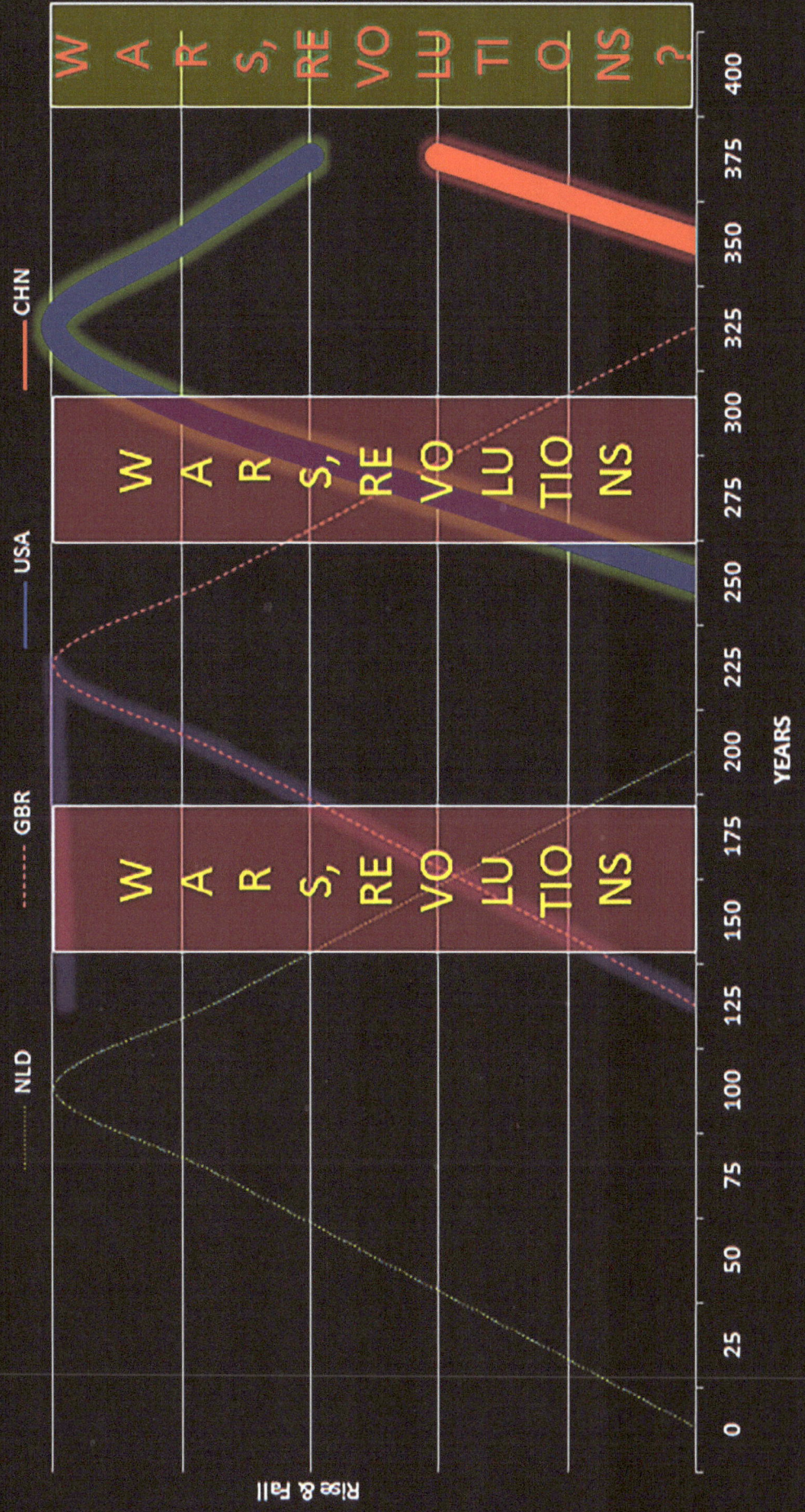

NLD ....   GBR --------   USA ———   CHN ———

Rise & Fall

YEARS

0   25   50   75   100   125   150   175   200   225   250   275   300   325   350   375   400

W A R S, RE VO LU TIO NS

W A R S, RE VO LU TIO NS

W A R S, RE VO LU TI O NS ?

Adapted Source Data: The Changing World Order by Ray Dalio

Ay Yi Yai Yi! We are in the middle of The New World Order!

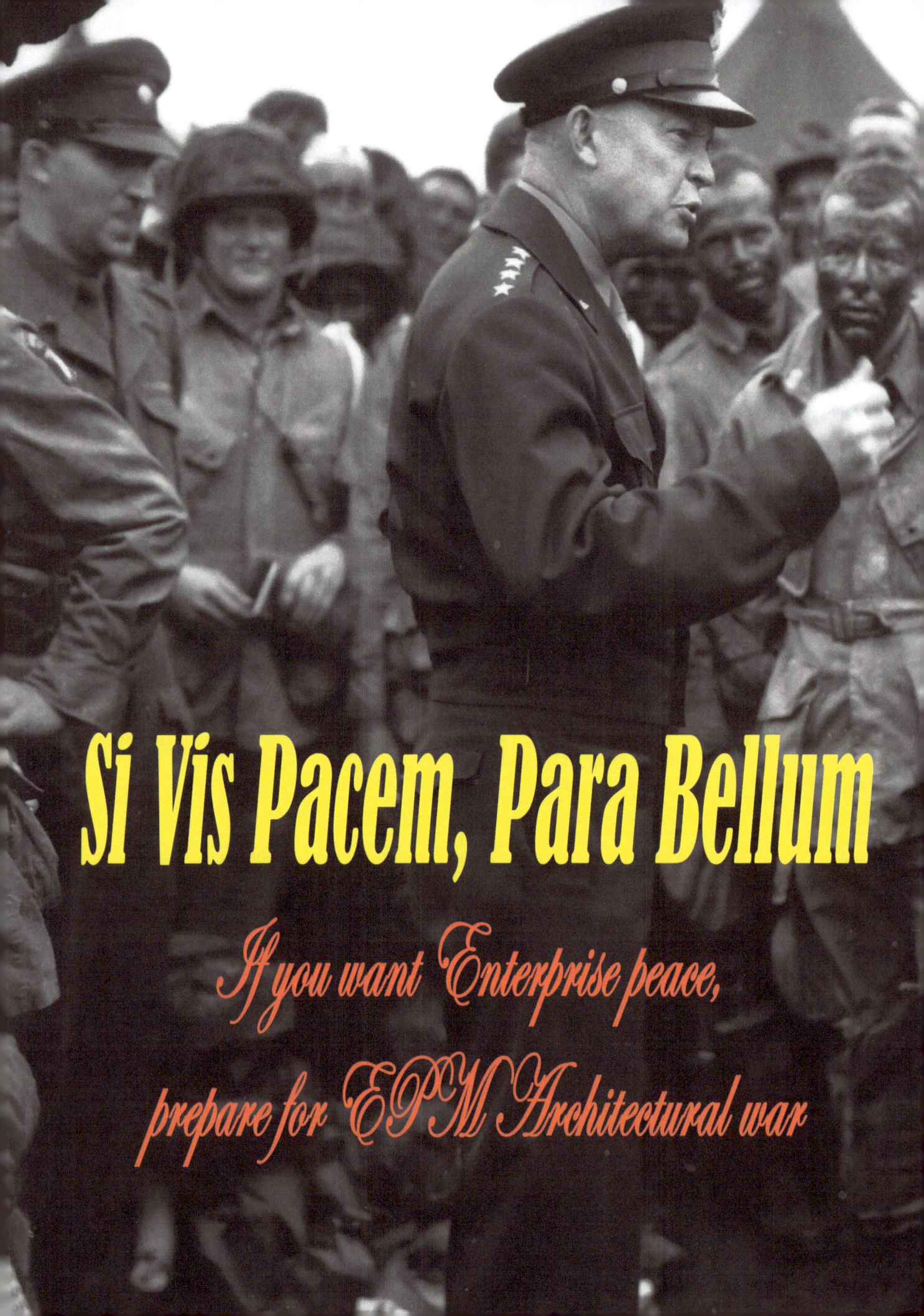

Si Vis Pacem, Para Bellum

If you want Enterprise peace,

prepare for EPM Architectural war

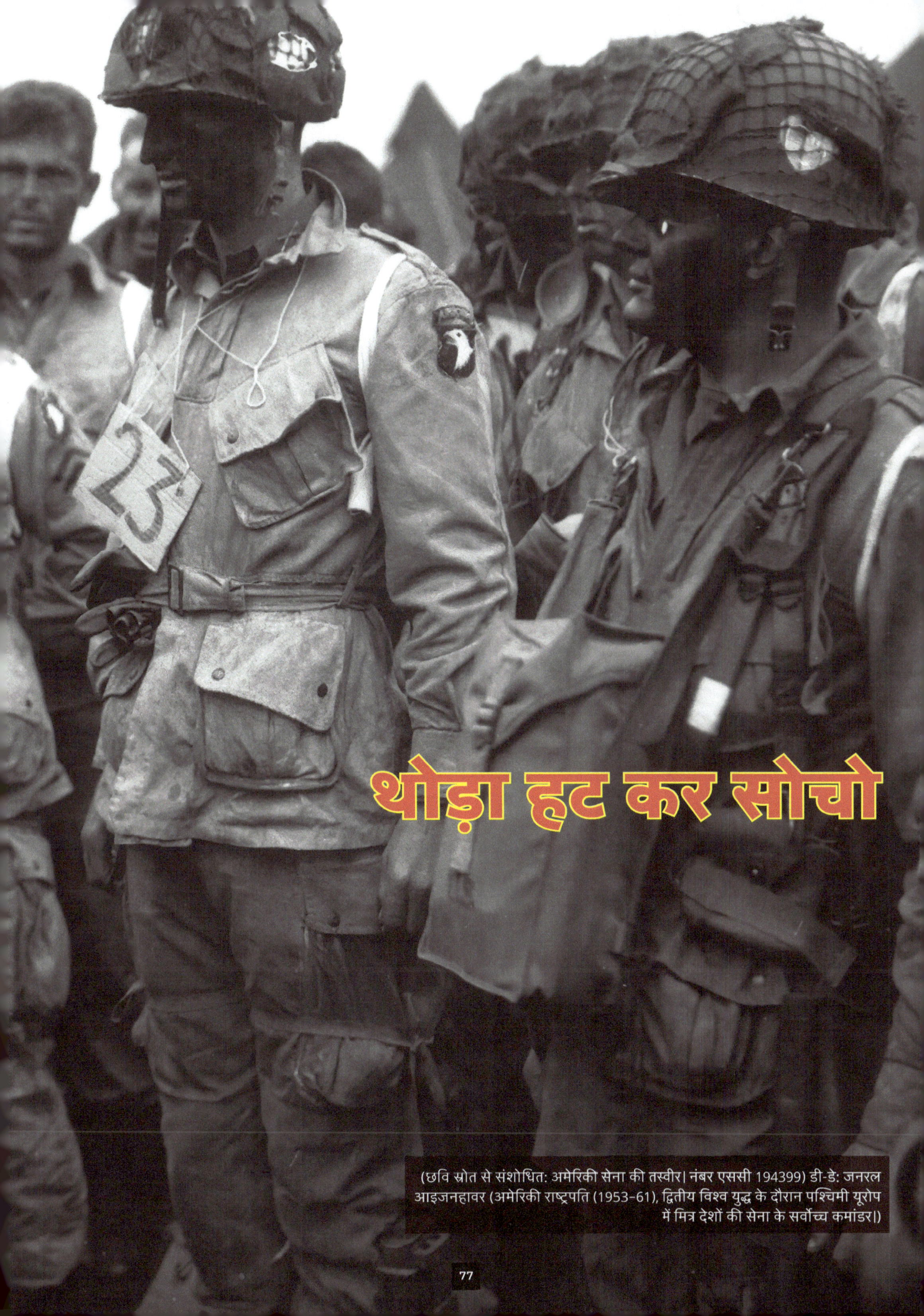

थोड़ा हट कर सोचो

(छवि स्रोत से संशोधित: अमेरिकी सेना की तस्वीर। नंबर एससी 194399) डी-डे: जनरल आइजनहावर (अमेरिकी राष्ट्रपति (1953-61), द्वितीय विश्व युद्ध के दौरान पश्चिमी यूरोप में मित्र देशों की सेना के सर्वोच्च कमांडर।)

"मार्टिन: बीजिंग कोरोना वायरस से बुरी तरह प्रभावित देशों को बहुत ऊँचे ढंग से सहायता पहुंचा रहा है। क्या आपको इस बात की चिंता है कि चीन ने अपने सॉफ्ट पावर का इस तरह से इस्तेमाल करना शुरू कर दिया है जिससे वैश्विक मंच पर अमेरिका का प्रभाव और कम हो जाएगा?

गेट्स: हाँ। और वे इससे और ज़्यादा करने का इरादा रखते हैं। और इससे भी बुरी बात यह है कि, जैसा कि पुस्तक में लिखा है, हमने अपनी सेना के अलावा शक्ति के अन्य सभी साधनों को कमजोर कर दिया है। और हक़ीक़त यह है कि अगर हम किस्मत वाले हैं और स्मार्ट हैं, तो हमारा चीन के साथ सैन्य मुकाबला नहीं होगा। लेकिन मुकाबला तो होगा, और दुश्मनी भी होगी, इन सभी दूसरे क्षेत्रों में, और यहीं हम तैयार नहीं हैं। और हमारे पास कोई रणनीति भी नहीं है।"

पूर्व अमेरिकी रक्षा सचिव रॉबर्ट गेट्स (NPR)

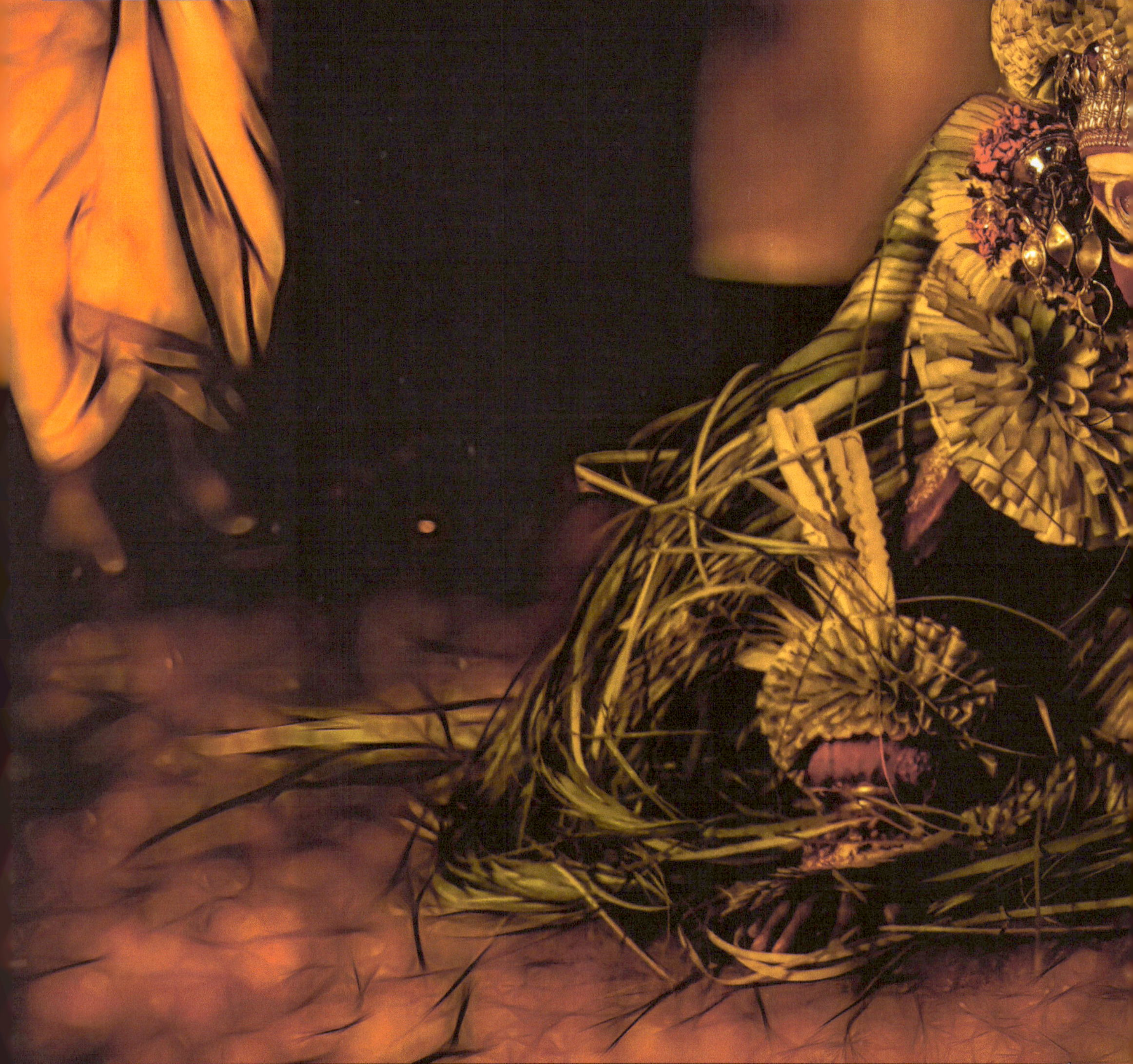

Ay Yi Yai Yi! We are in the middle of The New World Order!

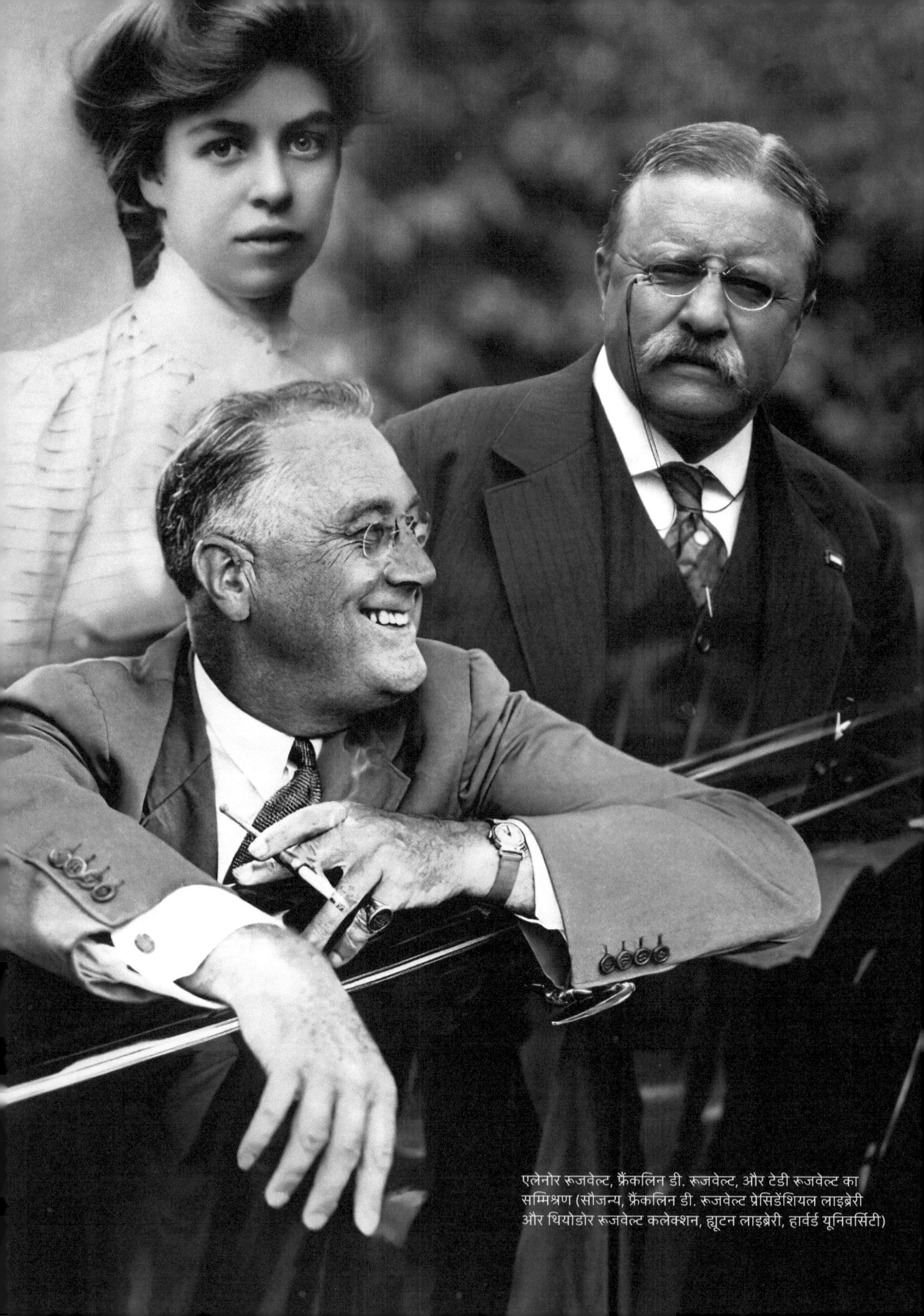

एलेनोर रूजवेल्ट, फ्रैंकलिन डी. रूजवेल्ट, और टेडी रूजवेल्ट का सम्मिश्रण (सौजन्य, फ्रैंकलिन डी. रूजवेल्ट प्रेसिडेंशियल लाइब्रेरी और थियोडोर रूजवेल्ट कलेक्शन, ह्यूटन लाइब्रेरी, हार्वर्ड यूनिवर्सिटी)

अमेरिकी पूंजीवादी साम्राज्य किसने खड़ा किया था?

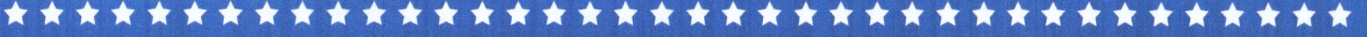

यहाँ पर थोड़ा रुक कर हमें यह देखना चाहिए कि अमेरिकी साम्राज्य की उत्पत्ति कैसे हुई थी। अमेरिकी राष्ट्रपति के पास दुनिया का सबसे शक्तिशाली दफ्तर है। यह एक अद्वितीय स्थान है जो विश्व की सभी घटनाओं के केंद्र में विराजमान हैं। मैंने अपने साम्राज्य की उत्पत्ति का पता लगाने के लिए 1900 से हमारे सभी राष्ट्रपतियों का विश्लेषण किया। उन अच्छे पुराने दिनों के सम्राट कौन थे, और उनके मार्गदर्शक सिद्धांत क्या थे?

**"इस बात पर कभी संदेह न करें कि विचारशील और प्रतिबद्ध नागरिकों का एक छोटा समूह, दुनिया को बदल सकता है।
वास्तव में, यह एकमात्र ऐसी चीज है जो कभी रही है।"**

मार्गरेट मीड

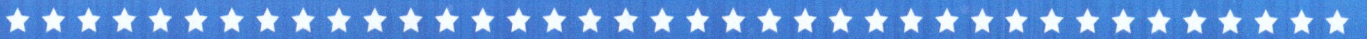

“विजयी योद्धा पहले जीतते हैं और फिर युद्ध में जाते हैं, जबकि पराजित योद्धा पहले युद्ध में जाते हैं और फिर जीत की कोशिश करते हैं।“

सन त्zु की द आर्ट ऑफ़ वॉर (476-221 ईसा पूर्व)

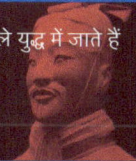

मैंने पाया कि उत्तर एक सदी पहले ही खोज लिए गए थे। महान अमेरिकी पूंजीवादी साम्राज्य का निर्माण रूजवेल्ट ने 20वीं शताब्दी के पूर्वार्द्ध में किया था।राष्ट्रपति कमांडर-इन-चीफ होते हैं इसलिए वे निर्विवाद रूप से विश्व इतिहास को रचने में सबसे महत्वपूर्ण शिल्पकार होते हैं। दुख की बात है कि जिस प्रकार UK ब्रेक्सिट द्वारा यूरोपीय संघ से अलग हो गया उसी प्रकार हम ने ग्लोबल सुपर पावर के स्टेटस से अमेरिक्सिट द्वारा तीन तलाक[57] ले लिया। अमेरिका को 'डस्ट बाउल' पर वापस जाने की जरूरत है, जहां से रूजवेल्ट ने एक बार पूंजीवाद को बचाया था। रूजवेल्ट्स के मास्टरमाइंड ने द्वितीय विश्व युद्ध को समाप्त करके दुनिया में लगभग सत्तर सालो तक शांति और समृद्धि को कायम रखने की रूपरेखा तैयार कर दी थी। उन्होंने संयुक्त राष्ट्र, WHO, UNESCO, UNICEF, मानवाधिकार, और दूसरे बहुत से संस्थानों की भी नींव रखी। उन संस्थाओं को नष्ट करके चौथे रीच में पहुंच जाने के बजाय, हमें उन्हें सुधारने और उन्हें और अधिक मजबूत बनाने का प्रयास करने की आवश्यकता है।

अमेरिकी अर्थव्यवस्था, जिसे रूजवेल्ट ने बनाया था, वो विश्व के सकल घरेलू उत्पाद (GDP) का लगभग 40% (1960 में) थी। अब यह PPP के हिसाब से 15% से भी कम रह गई है और तेजी से नीचे जा रही है। इस बीच, चीन की इकोनॉमी 20%[58] से भी ज्यादा है और पूरे जोरों पर है। यह समय अमेरिकी पूंजीवाद के मूल वास्तुकारों से सीखने की ज़रूरत है। हमें जल्दी ही होने वाले युद्ध के लिए तैयार रहना चाहिए ताकि हम बिना देरी के पुनर्निर्माण कार्य भी कर सकें।

हमें उस ज़माने के बेहतरीन "न्यू डील" और रूजवेल्ट्स (थियोडोर, FDR, और एलेनोर) जैसे असली नेताओं को वापस लाने के लिए प्रार्थना करने की ज़रूरत है। एक सदी पहले चुनौतीपूर्ण ऐतिहासिक क्षणों के दौरान उन्हें इसी तरह के संघर्ष का सामना करना पड़ा था, जैसे WWI, स्पैनिश फ़्लू, ग्रेट डिप्रेशन और WWII।हमें रूजवेल्ट्स के मूल डस्ट बाउल में अपने लुप्त हो रहे तुरुप के पत्तों की खोज करनी चाहिए। वे काड्‌र्स शक्ति का प्रतिक थे:

(निम्न सूची में वे उपाय हैं, लेकिन वे आज के परिवेश के हिसाब से ढाले गए हैं):

1. नेतृत्व
2. साइंस, टेक्नोलॉजी, इंजीनियरिंग और मैथेमेटिक्स (STEM) की शिक्षा
3. रीसर्च और स्ट्रेटेजिक टेक्नोलॉजी
4. इंफ्रास्ट्रक्चर आर्किटेक्चर
5. डिजिटल आर्किटेक्चर
6. नॉलेज मैनेजमेंट
7. डिप्लोमेसी
8. वर्ल्ड करेंसी गोल्ड स्टैंडर्ड
9. इलेक्ट्रो-डॉलर
10. फाइनेंशिअल कैपिटल
11. सिक्योरिटी
12. परिवर्तनकारी विराट डिजिटल रणनीतियाँ और नियमन

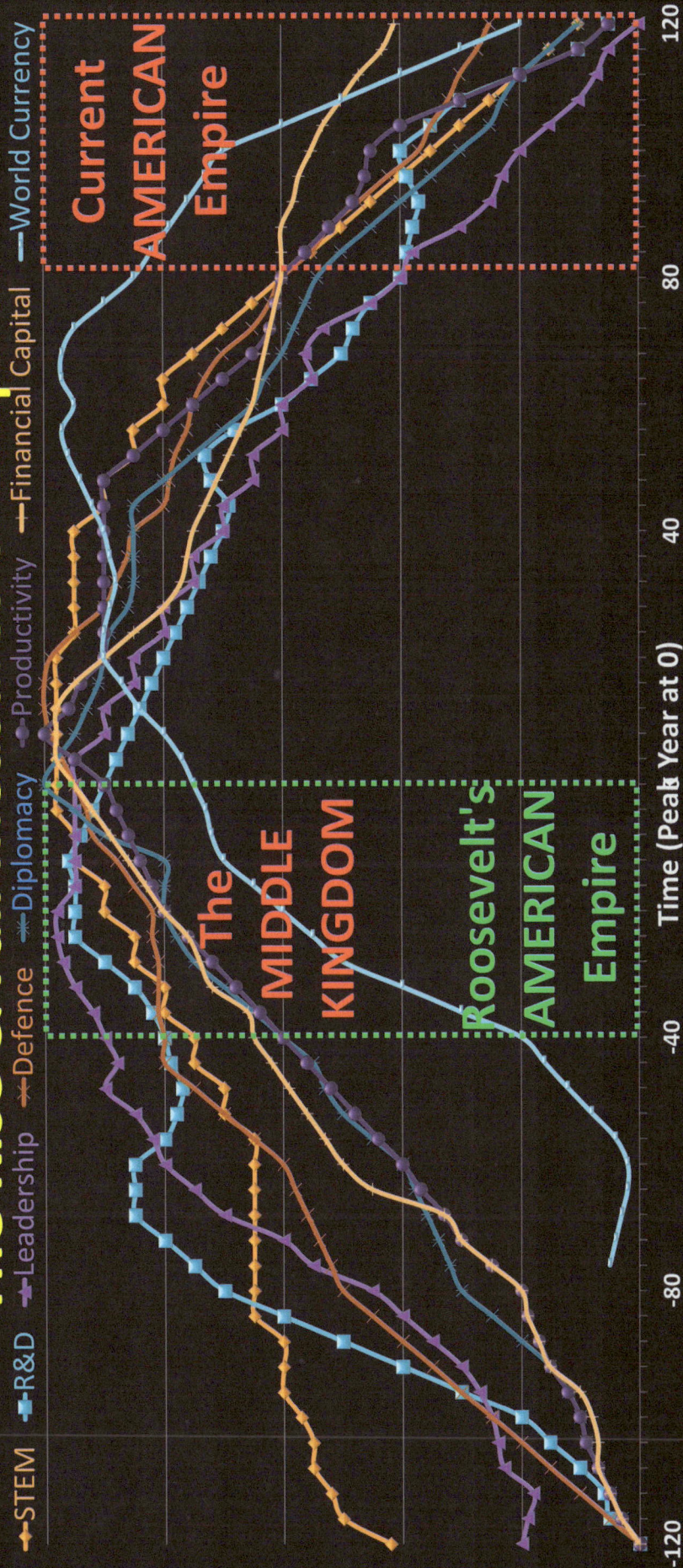

The Gods Must be Crazy!
The Rise & Fall Measures of Empires
STEM
R&D
Leadership
Defence
Diplomacy
Productivity
Financial Capital
World Currency
Current AMERICAN Empire
The MIDDLE KINGDOM
Roosevelt's AMERICAN Empire
-120
-80
-40
40
80
120
Time (Peak Year at 0)

थियोडोर रूज़वेल्ट (1901 से 1909 तक संयुक्त राज्य अमेरिका के रिपब्लिकन राष्ट्रपति):

सभी प्रयासों में, चाहे राजनीतिक हो या कुछ और "एक्शन में आओ, चीजें करो," उनका नारा था।

थियोडोर रूजवेल्ट संयुक्त राज्य अमेरिका के राष्ट्रपति बनने वाले अब तक के सबसे कम उम्र के व्यक्ति थे। वे प्रगतिशील आंदोलन के अग्रदूत थे। थिओडोर ने अपनी "स्क्वायर डील" राष्ट्रीय नीतियों के लिए लड़ाई लड़ी, नागरिकों की औसत समानता का आश्वासन दिया, जनता का विश्वास जीता, रेलवे, भोजन और दवाओं की शुद्धता पर जम कर काम किया। उन्होंने प्राकृतिक संरक्षण को सर्वोच्च प्राथमिकता दी और देश के प्राकृतिक संसाधनों के संरक्षण के लिए कई नए राष्ट्रीय उद्यानों, जंगलों और स्मारकों की स्थापना की।

उनकी विदेश नीति की बात करें तो, रूजवेल्ट ने सेंट्रल अमेरिका पर ध्यान केंद्रित किया, जहां उन्होंने पनामा नहर का निर्माण शुरू किया। थियोडोर रूजवेल्ट ने अमेरिकी नौसेना का विस्तार किया और संयुक्त राज्य अमेरिका की समुद्री शक्ति को बढ़ावा देने के लिए अपनी ग्रेट व्हाइट फ्लीट, एक नई नौसेना बल को विश्व दौरे पर भेजा। रूस-जापानी युद्ध को मध्यस्थता द्वारा सफलतापूर्वक खत्म करने के उनके योगदान के लिए उन्हे 1906 का नोबेल शांति पुरस्कार मिला।

फ्रेंकलिन डी. रूज़वेल्ट (FDR) (1933 से 1945 उनकी मृत्यु तक चार बार संयुक्त राज्य अमेरिका के डेमोक्रेटिक राष्ट्रपति रहे थे):

डिफेंस प्रोडक्शन एक्ट[59] के बावजूद भी हमे आज के कोरोना काल में फेसमास्क जैसी आवश्यक चीज़े बनाने में परेशानी हो रही है। FDR ने देश का उत्पादन पहले ही साल में आसमान पर पहुंचा दिया था। उनके अल्ट्रा-प्रोडक्टिव शेड्यूल के परिणामस्वरूप 45,000 विमान, 45,000 टैंक, 20,000 एंटी-एयरक्राफ्ट गन और 8 मिलियन टन के समुद्री जहाज़ बनाए गए।

39 वर्ष की आयु में बुरी तरह पोलियो से ग्रसित होने के बावजूद, वे 50 वर्ष की आयु में राष्ट्रपति बन गए। वह हमारे अडिग कमांडर-इन-चीफ थे जिन्होंने इस देश को दो भयानक आपदाओं से बाहर निकाला (महामंदी और द्वितीय विश्व युद्ध)। FDR ने किसी भी अन्य राष्ट्रपति की तुलना में अधिक समय तक कमांडर-इन-चीफ के रूप में कार्य किया। आज तक सरकार और राष्ट्रपति पद की भूमिका के बारे में जो हमारी समझ है वो FDR की ही धरोहर है।

फ्रैंकलिन डी. रूजवेल्ट की नीतियों और शख़्सियत ने आधुनिक राष्ट्रपति पद के लिए स्वर्ण मानक स्थापित किया है। सिविल वॉर के बाद से देश के इतिहास में सबसे अधिक उथल-पुथल वाले समय के दौरान FDR ने साहसी नेतृत्व का प्रदर्शन किया जिसमे उन्हे सम्मान भी मिला और आलोचना भी झेलनी पड़ी। FDR को रिकॉर्ड चार राष्ट्रपति चुनावों में जीत मिली और वे 20वीं सदी के पूर्वार्ध में वैश्विक घटनाओं को प्रभावित करने वाले एक महत्वपूर्ण व्यक्ति बन गए।

ग्रेट डिप्रेशन की कठिन घड़ी से गुजरते हुए, रूजवेल्ट ने संयुक्त राज्य के इतिहास में सबसे भयानक आर्थिक संकट से निपटने के लिए अपने न्यू डील घरेलू कार्यक्रम को क्रियान्वित करते हुए संघीय सरकार का नेतृत्व किया। उनके द्वारा बनाया गया सरकारी "सुरक्षा जाल" उनकी सबसे अविश्वसनीय विरासत है और अभी चल रहे विवाद का स्रोत भी। विद्वानों द्वारा उन्हें जॉर्ज वाशिंगटन और अब्राहम लिंकन के बाद देश के महानतम राष्ट्रपतियों में से एक माना जाता है।

एलेनोर रूज़वेल्ट

उन्हें "विश्व की प्रथम महिला" के रूप में जाना जाता था। तीस से अधिक वर्षों तक, एलेनोर रूजवेल्ट अमेरिका की सबसे शक्तिशाली महिला थीं। लाखों लोग उनके प्रशंसक थे, लेकिन उनकी FBI फाइल किसी फोन बुक के ढेर से भी मोटी थी। उन्होंने निडर होकर नागरिक अधिकारों के लिए आवाज उठाई। यहां तक कि कट्टरपंथी समूह KKK ने उन के सिर पर इनाम भी रख दिया था।

मीडिया ने उनको एक बदसूरत व्यस्त इंसान बोल कर उपहास भी किया लेकिन एलेनोर ने फ्रैंकलिन डी रूजवेल्ट को सत्ता में आने में मदद की और उनकी सबसे बेशकीमती राजनीतिक दौलत बन गई। उपहास की परवाह किए बगैर, सभी के लिए सामाजिक न्याय के लिए अथक संघर्ष करने और संयुक्त राष्ट्र के मानवाधिकारों की घोषणा में अग्रणी भूमिका निभाने के लिए वह डटी रहीं।

FDR ने ग्रेट डिप्रेशन के दौरान व्हाइट हाउस में प्रवेश किया। यह 1929 में शुरू हुआ था और लगभग एक दशक तक चला। राष्ट्रपति और कांग्रेस ने मिलकर आर्थिक मंदी से निपटने के लिए जल्द ही 'न्यू डील' नामक योजना लागू की जो रिकवरी के लिए उठाए गए कदमों की एक श्रृंखला थी। एलेनोर ने पूरे संयुक्त राज्य में पहली महिला के रूप में यात्रा की, अपने पति की आंख और कान बन कर रही और सारी रिपोर्ट उनको देती रही। राष्ट्रपति हैरी एस. ट्रूमैन ने बाद में उनकी मानवाधिकार उपलब्धियों के लिए श्रद्धांजलि में उन्हें "विश्व की प्रथम महिला" कहा।

हमें हमारे पूंजीवाद के संस्थापक रूजवेल्ट की विचारधारा पर वापस जाने की जरूरत है:

"विश्व इतिहास में वर्तमान समय में, लगभग हर देश को जीवन जीने के अलग अलग तरीकों में से एक को चुनना है। ये चुनाव बहुत बार अपनी मर्ज़ी से नहीं होते है। जीवन का एक तरीका बहुमत की इच्छा पर आधारित है और स्वतंत्र संस्थानों, जनता की सरकार, स्वतंत्र चुनाव, व्यक्तिगत स्वतंत्रता की गारंटी, अभिव्यक्ति और धर्म की स्वतंत्रता और राजनीतिक उत्पीड़न से स्वतंत्रता के रूप में जाना जाता है। जीवन का दूसरा तरीका बहुसंख्यकों पर जबरन थोपे गए अल्पसंख्यकों की इच्छा पर आधारित है। यह आतंक और उत्पीड़न, प्रेस और रेडियो पर नियंत्रण, चुनाव में हेर-फेर और व्यक्तिगत स्वतंत्रता के दमन का सहारा लेता है। मेरा मानना है कि यह संयुक्त राज्य अमेरिका की नीति होनी चाहिए कि वह उन स्वतंत्र लोगों का समर्थन करे जो सशस्त्र अल्पसंख्यकों या बाहरी शक्तियों के हावी होने के प्रयास का विरोध कर रहे हैं।".....

तानाशाही शासन के बीज दुख और अभाव में ही पनपते हैं। वे गरीबी और संघर्ष की शैतानी मिट्टी में फैलते और बढ़ते हैं। वे पूरी तरह बड़े हो जाते हैं जब लोगों की बेहतर जीवन की आशा मर जाती है। हमें उस आशा को जीवित रखना चाहिए। दुनिया के स्वतंत्र लोग अपनी स्वतंत्रता को बनाए रखने के लिए हमारे सहारे की उम्मीद रखते हैं। यदि हमारा नेतृत्व लड़खड़ाने लगता है, तो विश्व की शांति खतरे में पड़ सकती हैं और हम निश्चित ही अपने राष्ट्र के कल्याण को भी खतरे में डाल सकते हैं।"

— द ट्रूमैन डॉक्ट्रिन (1947) —

"एक कुशल नेता बिना किसी लड़ाई के दुश्मन की सेना को काबू में कर लेता है; वह उनके शहरो की घेराबंदी किए बगैर उन पर कब्जा कर लेता है; वह मैदान में लंबी जंग लड़े बिना उनके राज्य को उखाड़ फैंकता है।"

सन त्ज़ु की द आर्ट ऑफ़ वॉर (476-221 ईसा पूर्व)

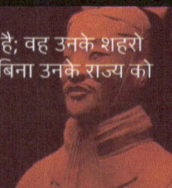

(स्रोत से संशोधित: लियोन पर्स्की पोर्ट्रेट्स, 1944, FDR प्रेसिडेंशियल लाइब्रेरी एंड म्यूजियम)

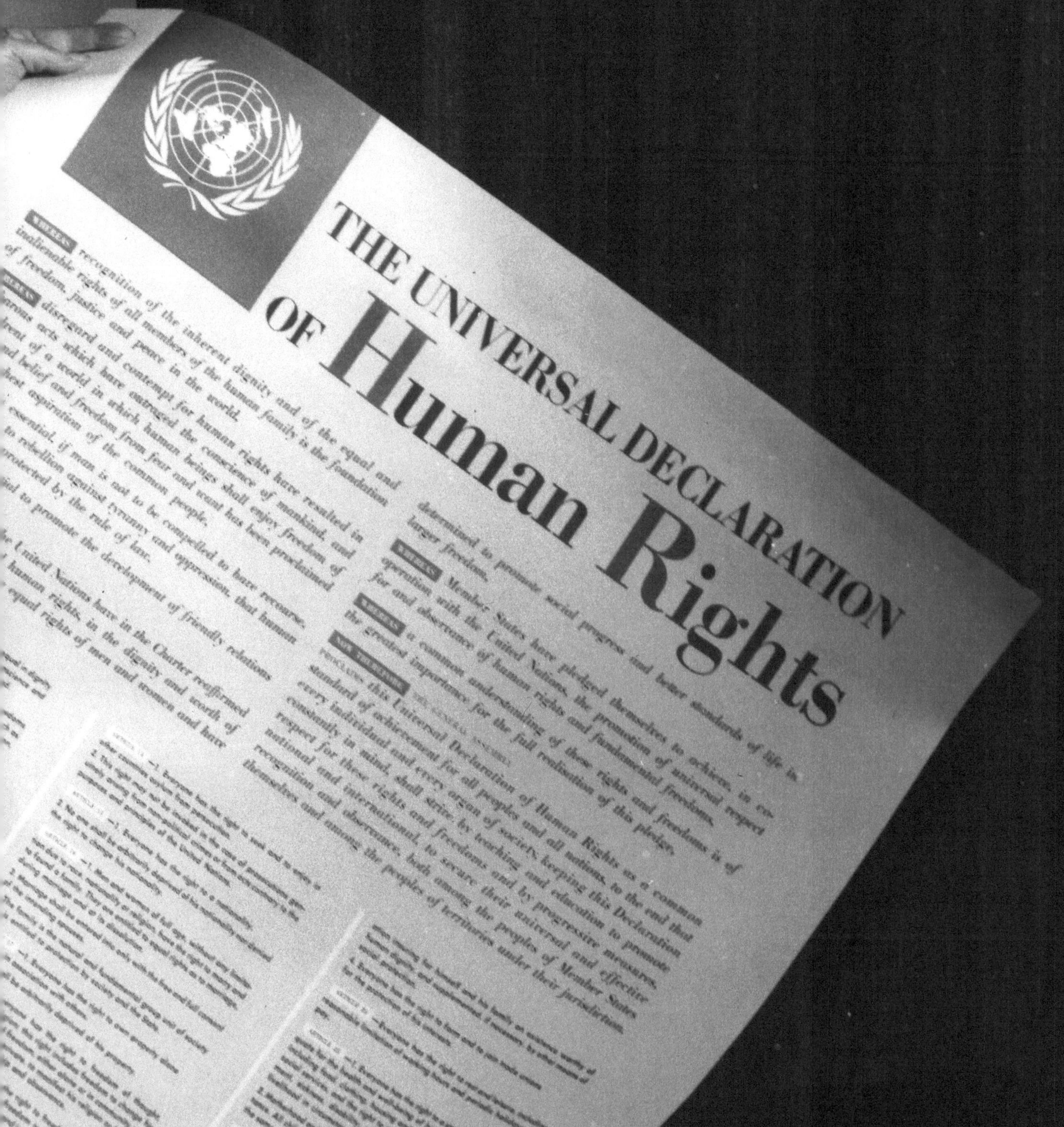

THE UNIVERSAL DECLARATION
OF **Human Rights**

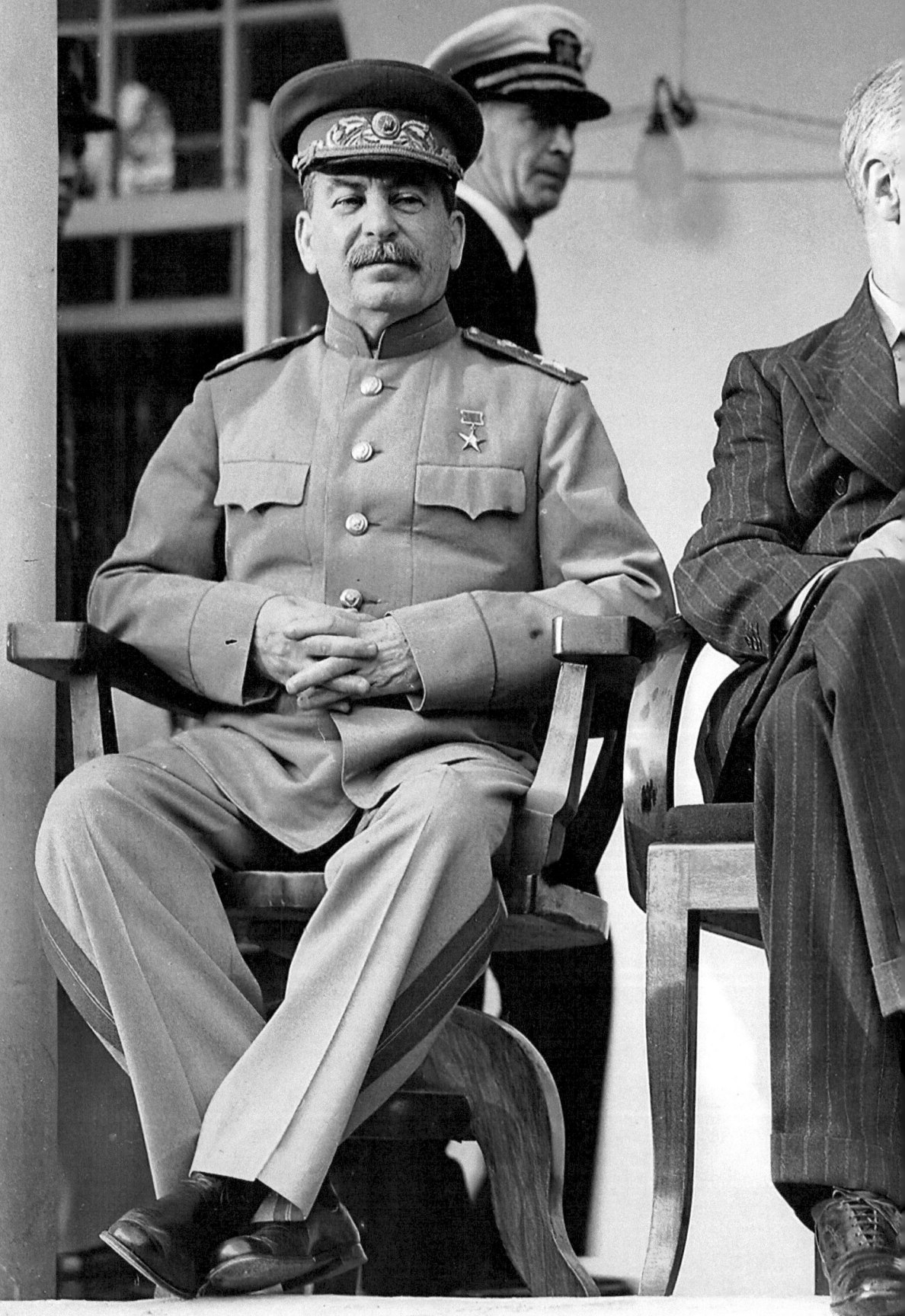

(इमेज क्रेडिट: US Army and so PD-USGov-Military-Army) याल्टा शिखर सम्मेलन 1945 में चर्चिल, रूजवेल्ट, और स्टालिन।

रूज़वेल्ट की व्यवस्था को वापस लाने का एक प्रस्ताव

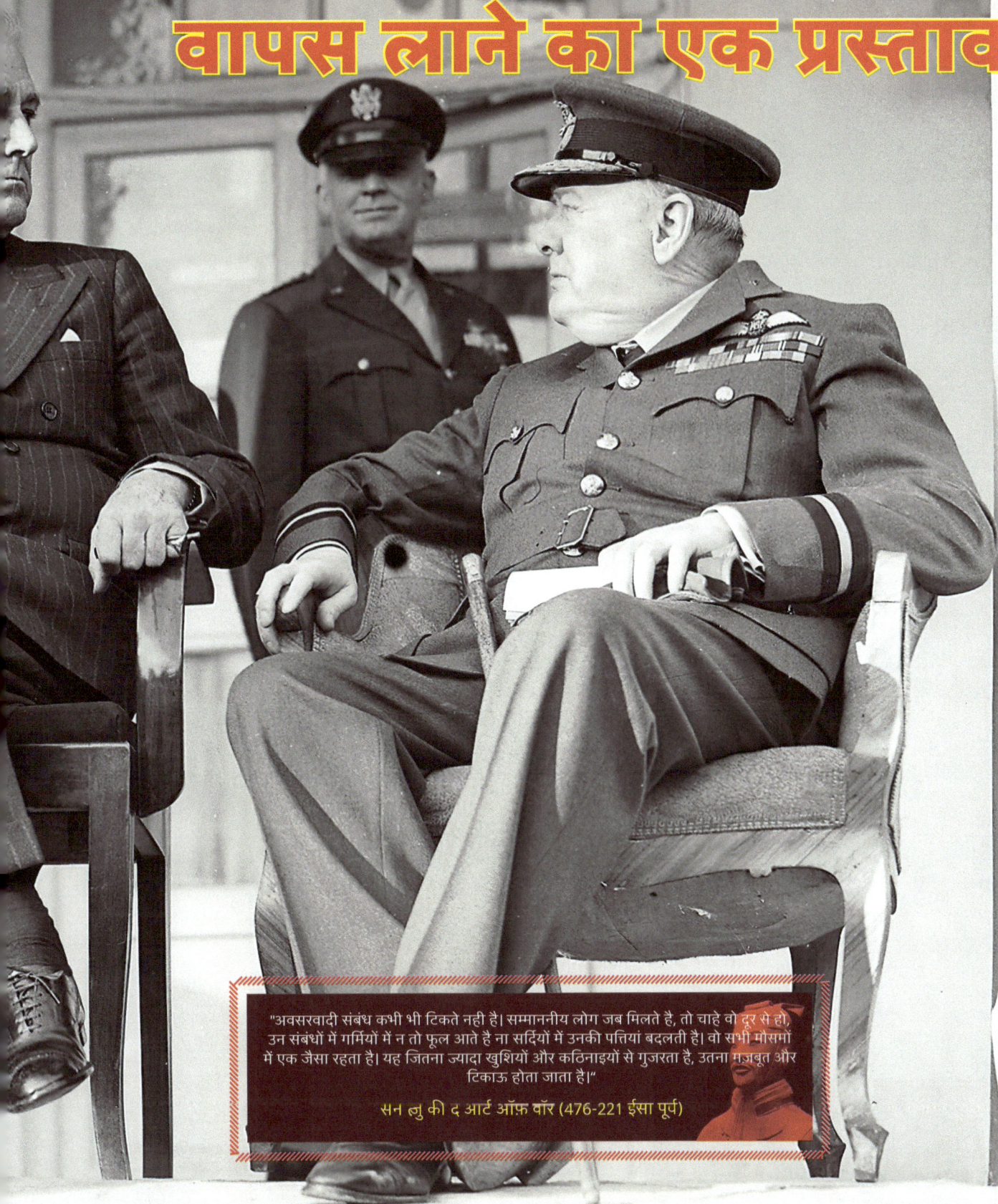

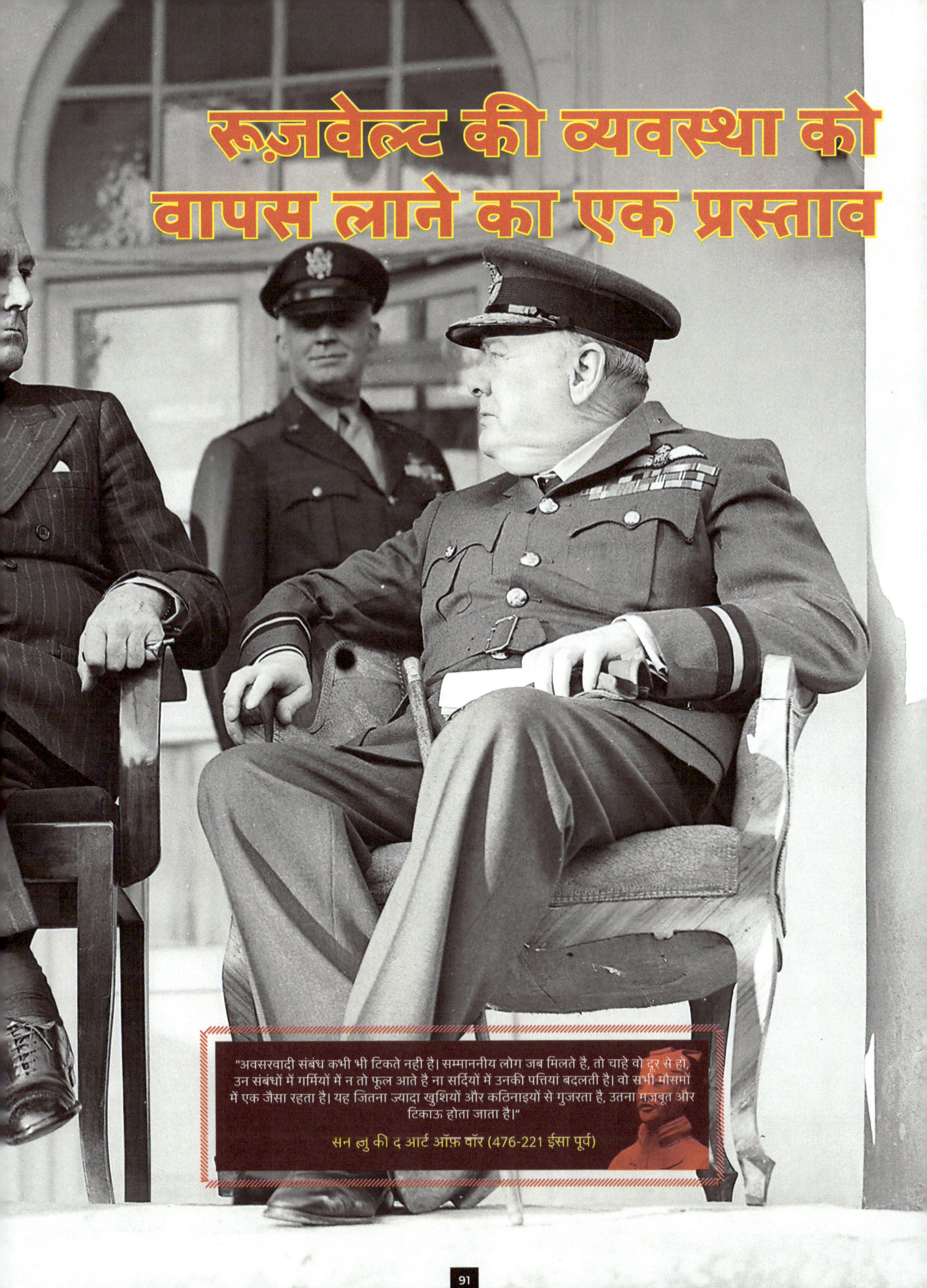

"अवसरवादी संबंध कभी भी टिकते नही है। सम्माननीय लोग जब मिलते है, तो चाहे वो दूर से हो, उन संबंधों में गर्मियों में न तो फूल आते है ना सर्दियों में उनकी पत्तियां बदलती है। वो सभी मौसमों में एक जैसा रहता है। यह जितना ज्यादा खुशियों और कठिनाइयों से गुजरता है, उतना मज़बूत और टिकाऊ होता जाता है।"

सन त्सु की द आर्ट ऑफ़ वॉर (476-221 ईसा पूर्व)

मेरा प्रस्ताव उन रणनीतियों पर फोकस करता है जिन्हें हमने पश्चिमी उद्यमों को पुनर्जीवित करने के लिए पिछले पृष्ठों में उजागर किया था, ये हैं:

1. नेतृत्व
2. साइंस, टेक्नोलॉजी, इंजीनियरिंग और मैथेमेटिक्स (STEM) की शिक्षा
3. रीसर्च और स्ट्रेटेजिक टेक्नोलॉजी
4. इंफ्रास्ट्रक्चर आर्किटेक्चर
5. डिजिटल आर्किटेक्चर
6. नॉलेज मैनेजमेंट
7. डिप्लोमेसी
8. वर्ल्ड करेंसी गोल्ड स्टैण्डर्ड
9. इलेक्ट्रो-डॉलर
10. फाइनेंशिअल कैपिटल
11. सिक्योरिटी
12. परिवर्तनकारी विराट डिजिटल रणनीतियाँ और नियमन

नीचे दिया गया स्पाइडर चार्ट रूजवेल्ट के पूंजीवादी युग और आज के अमेरिका के बीच तुलना करता है। इन दोनों को चीन की प्रगति के साथ तुलना कर के दिखाया गया है। इसके विवरण हर विभाग में समझाए जाएंगे (कृपया इन ग्राफ़ को ठीक रखने और अपडेट करने के लिए अपना दृष्टिकोण बताएं)।

अपनी सरकार के समर्थन से चीनी कम्पनियों ने कर्जों का जाल बिछा कर कूटनीती के जरिए कम से कम $10 ट्रिलियन का कर्ज़ दे कर 150 से अधिक देशों को वित्तीय रूप से प्रभावित किया है। अगली पीढ़ी के सिल्क रोड और हाई टेक इन्फ्रा-स्ट्रक्चर प्रोजेक्ट्स के जरिए उन्होंने इन देशों पर अपना दबदबा बना लिया है।

पूंजीवाद का हमारा वर्तमान सिस्टम 19वीं सदी का है जो वॉशिंगटन के दलदल में पनप रहे भ्रष्ट PACs और लॉबिस्ट के नेतृत्व में चल रहा है। इसे गॉर्डन गेको की प्राइवेट इक्विटी, और कॉर्पोरेट लुटेरें भी चला रहे है, जिनमें से कई तो चीनियों से पैसा लेते है। ट्विटर द्वारा संचालित वॉल-स्ट्रीट की निर्णय-प्रक्रिया का एल्गोरिथम एक कलंक है। हमारे व्यापार जगत के पंडित 96% लोगो की वास्तविकता से कट गए हैं। वे हवा महलों में रहते हैं और केवल अत्यधिक वित्तीय इंजीनियरिंग पर ज़ोर दे रहे हैं। पिछले दशक में शायद ही उत्पादकता या बिक्री में कोई वृद्धि हुई हो। इसके बावजूद, मुख्य रूप से वित्तीय इंजीनियरिंग के माध्यम से, पिछले दस वर्षों में डॉव जोन्स 250 प्रतिशत से अधिक बढ़ गया है। रातों-रात अमीर बनने की स्कीमों ने अच्छी खासी बैलेंस शीट को बर्बाद कर दिया है, और अब पूंजीवाद की नींव हिल रही है।

हमें जर्मनी और पूर्वी देशों (सिंगापुर, चीन, जापान, दक्षिण कोरिया, आदि) से सीखकर 22वीं सदी में प्रवेश करने के लिए अपने उद्यमों में सुधार करना चाहिए। एंटरप्राइज का अस्तित्व इसके प्रायोजक गॉडफादर साम्राज्यों के उत्थान और पतन के साथ जुड़ा हुआ है, जैसा कि हमने पिछली पांच शताब्दियों में देखा है। चीनी कम्युनिस्ट पार्टी के जुझारू इंजीनियरों ने रणनीतिक रूप से खरबों डॉलर खर्च कर के पश्चिम में बैठे अपने उडाऊ पूंजीवादी वित्तीय इंजीनियरिंग के आकाओं का, खासकर 22 वीं सदी के आविष्कारों के मामले में बेदर्दी से सफाया कर दिया हैं। अर्ध-सरकारी कम्पनियों ने पश्चिम के अपने भागीदारों और वर्षों से लाइसेंस के पैसे वसूल रहे गॉर्डन गेको जैसे लोगों के बंधन से छुटकारा पा लिया है ताकि बेहतर उत्पाद और सेवाएं दे सके।

संक्षेप में, हमें निम्नलिखित क्षेत्रों में उद्यम के अपने निवेश को दोगुना करना होगा ताकि नए कम्युनिस्ट तानाशाही आकाओं से मुक्त रह सकें:

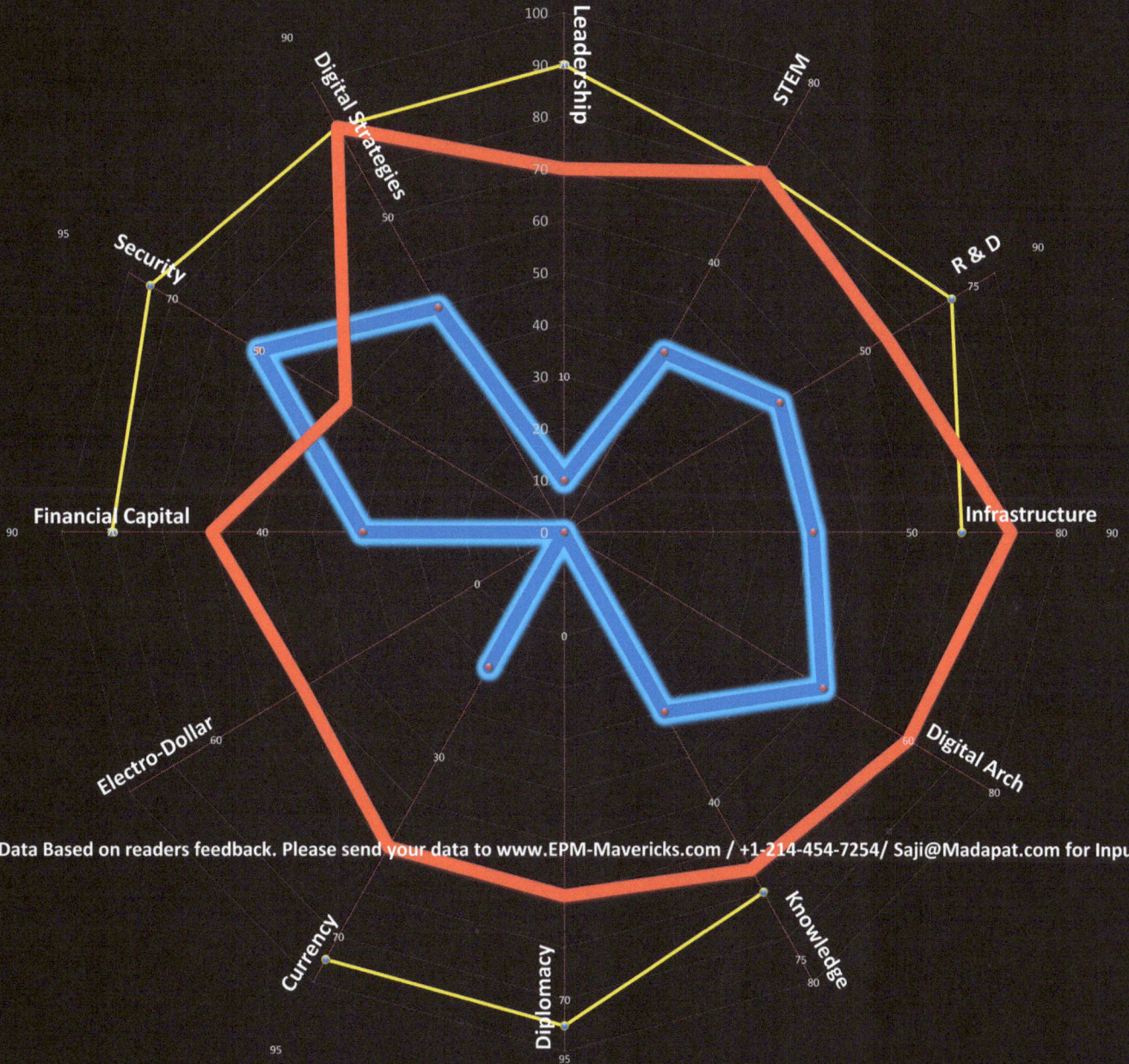

The Gods Must be Crazy!
US vs China Competitiveness Dashboard
(Representative Example scores)

Roosevelt's USA   Current USA   CHINA

Data Based on readers feedback. Please send your data to www.EPM-Mavericks.com / +1-214-454-7254/ Saji@Madapat.com for Input

Ay Yi Yai Yi! We are in the middle of The New World Order!

1. नेतृत्व (लीडरशिप)

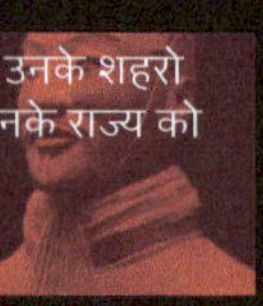

"एक कुशल नेता बिना किसी लड़ाई के दुश्मन की सेना को काबू में कर लेता है; वह उनके शहरो की घेराबंदी किए बगैर उन पर कब्जा कर लेता है; वह मैदान में लंबी जंग लड़े बिना उनके राज्य को उखाड़ फैंकता है"

सन त्सु की द आर्ट ऑफ़ वॉर (476-221 ईसा पूर्व)

हार्वर्ड केनेडी स्कूल का कहना है, "आज जब CCP अपनी स्थापना की 100वीं वर्षगांठ मनाने की तैयारी कर रही है, तो यह पार्टी सदैव की तरह मजबूत प्रतीत होती है। इस शासन की नीतियों को जनता के समर्थन से गहरी मजबूती मिली है।" चीनी कम्युनिस्ट पार्टी (CCP) पर यह शोध पत्र हार्वर्ड यूनिवर्सिटी के जॉन एफ कैनेडी स्कूल ऑफ गवर्नमेंट में ऐश सेंटर फॉर डेमोक्रेटिक गवर्नेंस एंड इनोवेशन द्वारा प्रकाशित एक श्रृंखला है।.

"इस बात के कोई खास सबूत नहीं हैं कि CCP चीनी जनता का विश्वास खोती जा रही है। वास्तव में, हमारे सर्वेक्षण से पता चलता है कि, अलग अलग मेट्रिक्स में, 2016 तक चीनी सरकार, पिछले दो दशकों के दौरान किसी भी समय की तुलना में सबसे अधिक लोकप्रिय थी। औसत चीनी नागरिकों के अनुसार आज की तारीख में हेल्थ केयर, वेलफेयर और अन्य आवश्यक सार्वजनिक सेवाओं के लिए सरकार का प्रावधान 2003 की तुलना में जब ये सर्वेक्षण शुरू हुआ,कहीं बेहतर और न्यायसंगत है।

....

चीन के मुख्य सामाजिक समूहों के बीच बढ़ते हुए असंतोष का ऐसा कोई वास्तविक संकेत नहीं था, इसलिए देश राजनैतिक वैधता के संकट का सामना कर रहा था वाली बात पर शक होता है।"

हार्वर्ड यूनिवर्सिटी (जुलाई 2020)

इस बीच, अमेरिका में:

"आज केवल 17% अमेरिकी कहते है कि वे वाशिंगटन में अपनी सरकार पर सही फैसले लेने के लिए भरोसा कर सकते हैं
"लगभग हमेशा" (3%)"

प्यू रिसर्च सेंटर
(सरकार में जनता का विश्वास: 1958-2019)

चूंकि इतिहास प्रतिशोध के साथ खुद को दोहराता है, हमारे पास अपने साम्राज्य और हमारे उद्यम को संभालने के लिए रूजवेल्ट जैसा लचीला नेतृत्व होना चाहिए। FDR जैसे नेताओं के उभरने का समय आ गया है। ऐसे नेता जो COVID-19 महामारी के कठिन समय को साहस, दृढ़ता और आशा में बदलने का नारा दे सकें। FDR अमेरिका के सबसे असाधारण नेता थे। उन्होंने पूंजीवाद और आधुनिक उद्यम की नींव बनाकर हमें विश्व-ऐतिहासिक मंच पर सबसे आगे खड़ा कर दिया। हमें रूजवेल्ट जैसे दूरदर्शी नेता मिलने की प्रार्थना करने की जरूरत है, जो हमारे भविष्य के कल्याण का रास्ता बनाएं और शिखर पर बसे उस चमचमाते शहर में वापस ले जाए।

Meanwhile, in the US:

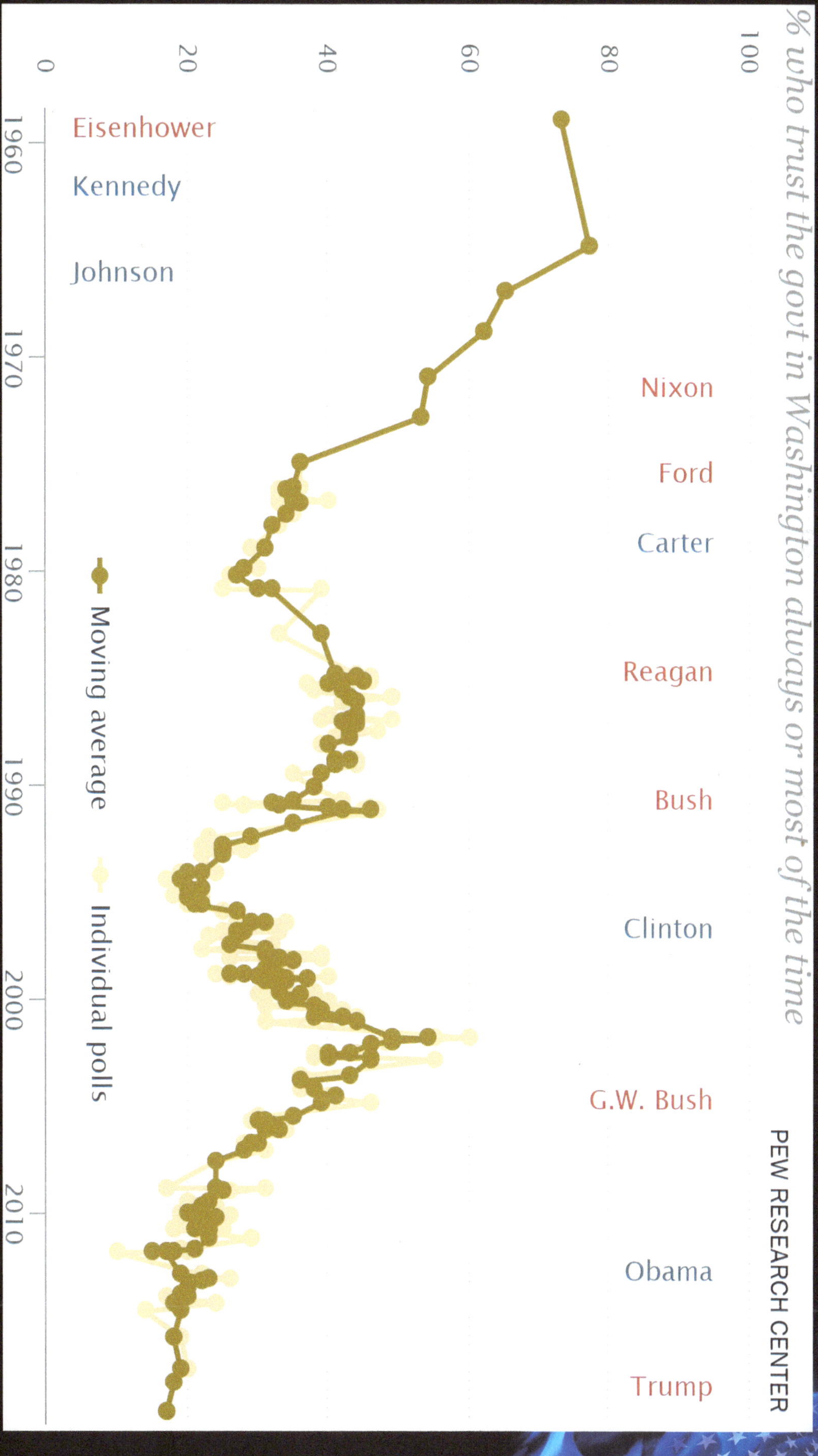
% who trust the govt in Washington always or most of the time
PEW RESEARCH CENTER
100
80
60
40
20
0
1960
1970
1980
1990
2000
2010
Eisenhower
Kennedy
Johnson
Nixon
Ford
Carter
Reagan
Bush
Clinton
G.W. Bush
Obama
Trump
Moving average
Individual polls

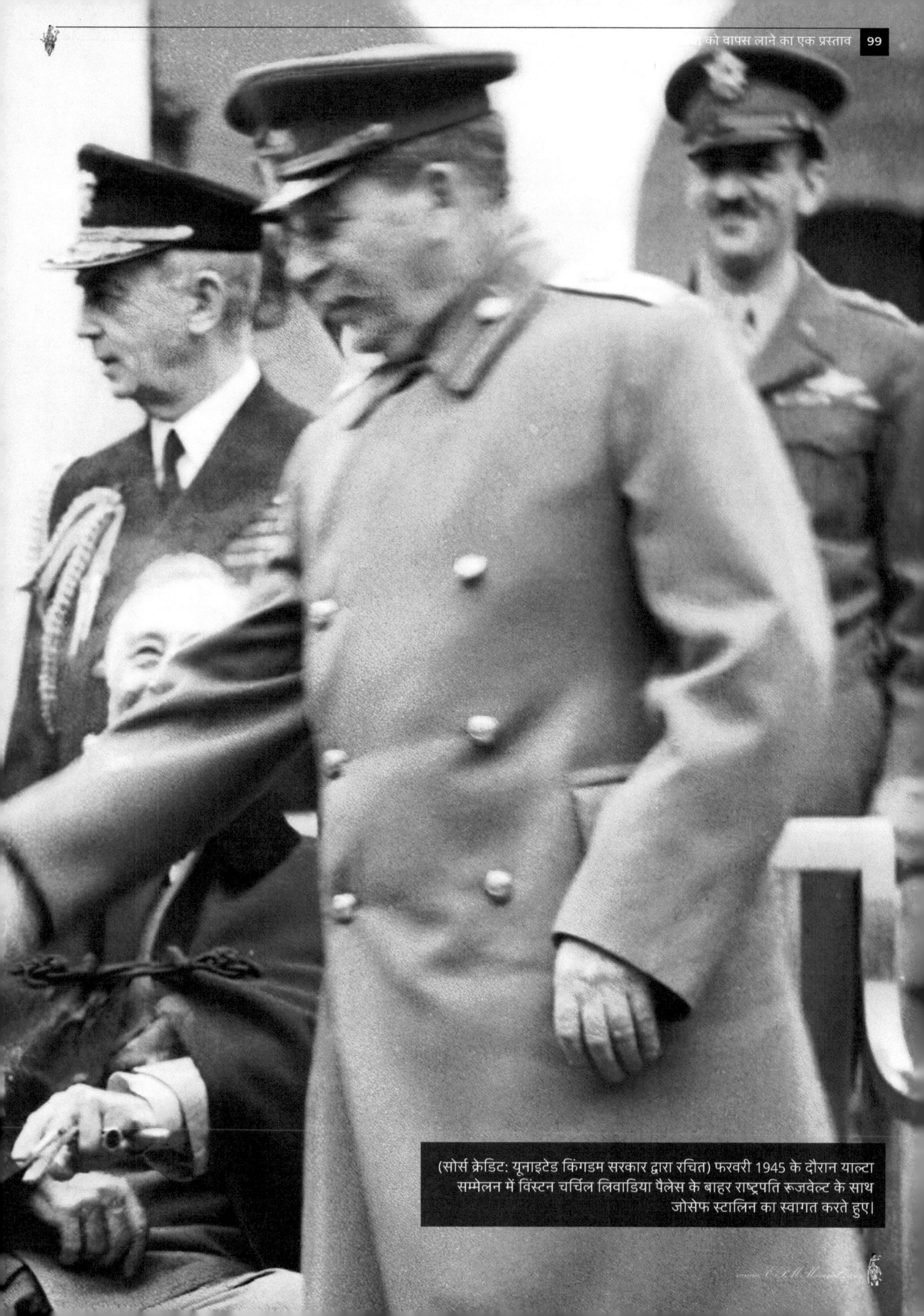

(सोर्स क्रेडिट: यूनाइटेड किंगडम सरकार द्वारा रचित) फरवरी 1945 के दौरान याल्टा सम्मेलन में विंस्टन चर्चिल लिवाडिया पैलेस के बाहर राष्ट्रपति रूजवेल्ट के साथ जोसेफ स्टालिन का स्वागत करते हुए।

आज जब क्लाइमेट क्राइसिस के कारण हमारे अस्तित्व को खतरा पैदा हो गया है, तो हमे थियोडोर रूजवेल्ट जैसे मसीहा की ज़रूरत है। उन्होंने इस बात को समझ लिया था कि पर्यावरण एक वरदान है और इसे संरक्षित करना अति महत्वपूर्ण है। TR ने 230 मिलियन एकड़ से अधिक सार्वजनिक भूमि पर 150 राष्ट्रीय वन, पांच राष्ट्रीय उद्यान, 51 फेडरल बर्ड रिजर्व, चार नेशनल गेम प्रिजर्व, और 18 राष्ट्रीय स्मारक बनाए।

आज जब हम 'अश्वेत जिंदगियाँ भी कीमती है' के दौर से गुजर रहे हैं, आइए "विश्व की प्रथम महिला" (एलेनोर रूजवेल्ट) से कुछ सीखते हैं, जिन्होंने सामाजिक न्याय के लिए संघर्ष करते हुए अपने मानवीय प्रयासों से हमारे राष्ट्र को एक नए रूप में ढाल दिया।

फ्रेंकलिन डी. रूजवेल्ट बाद में पोलियो की चपेट में आ गए थे, जिसने उन्हें कमर से नीचे तक अपाहिज बना दिया, फिर भी उन्होंने दुस्साहस, दृढ़ता और आशावाद के साथ इस बीमारी का सामना किया। कमांडर इन चीफ के रूप में, उन्होंने हमारे देश को महामंदी से बाहर निकला और बैंकिंग संकट के दौरान देश का ज़ोरदार नेतृत्व किया। जैसा कि महामंदी के दौरान हुआ था, हम अभी आर्थिक संकट से बाहर निकलने के लिए लाखों अलग-अलग खिलाड़ियों के जटिल फैसलों के भरोसे हैं। इनमें से अधिकतर लोगों का स्वयं का स्वार्थ शामिल हैं। जब लोगों का संस्थानों और सिस्टम्स पर से विश्वास उठ गया, तो FDR ने व्यवस्था में फिर से लोगो का विश्वास जगाकर वित्तीय संकट का समाधान किया।

हमारे डिप्लोमेट्स को इन भरोसेमंद लीडरों से सीखने की जरूरत है, जिन्होंने इतिहास के सबसे महत्वपूर्ण पल में सभी हितधारकों के साथ संबंधो के पुल बनाएं। FDR की दृढ़ता और नेतृत्व को देखते हुए कोंग्रेस ने उन्हे महामंदी और द्वितीय विश्व युद्ध के दौरान अभूतपूर्व सहयोग और समर्थन दिया। उन्होंने विंस्टन चर्चिल और दुनिया के दूसरे बड़े नेताओं के साथ मिलकर संयुक्त राष्ट्र और कई अन्य वैश्विक मंचों की नींव रखी, जिससे दुनिया में पचहत्तर वर्षों से ज्यादा तक शांति और समृद्धि रही। उन्होंने द्वितीय विश्व युद्ध के दौरान 'ध एक्सिस ऑफ़ इविल' के दुश्मन देशों पर विजय प्राप्त करने के लिए कम्युनिस्ट जोसेफ स्टालिन के साथ भी भागीदारी की। उन्होंने समझौता करने और कूटनीति की कला में महारत हासिल कर ली थी। आज इस गुण की कमी वाशिंगटन में और बाकी की दुनिया में बहुत खल रही है। उन्होंने फायरसाइड चैट कार्यक्रम के जरिए देशवासियों और सभी आम लोगों को आपस में जोड़ा।

जब हमारे साम्राज्य की नींव हिलने का खतरा सामने खड़ा हो और हमारे व्यापार का ढांचा बिखरने वाला हो तब हमें रूजवेल्ट जैसे लीडरों की आवश्यकता होती है, जो शिखर पर मौजूद जगमगाते शहर का पुनर्निर्माण करके हमें फिर से वहां निम्न प्रकार से करते हुए ले जाएं।

1. एक द्रष्टि और रणनीति अपनाते हुए हमें भविष्य का रास्ता साफ-साफ़ दिखाए और प्रेरित करें
2. भविष्य चाहे कितना अनिश्चित क्यों न हो, आशा और आत्मविश्वास के साथ हमारा नेतृत्व करें
3. दृढ़ संकल्प के साथ दुस्साहसिक कार्य करें
4. सभी भागीदारों को साथ ले कर चले और शत्रु से भी बातचीत का रास्ता तैयार करें
5. ऐसे कड़वे निर्णय ले सके जो भले ही राजनीतिक रूप से सही न हो, लेकिन अंत में सभी के लिए लाभप्रद हो

2. STEM शिक्षा (साइंस, टेक्नोलॉजी, इंजीनियरिंग, और मैथ्स)

> "गूढ़ ज्ञान वह है जिससे आप किसी उथल पुथल के आने से पहले उसे भांप ले, खतरे के आने से पहले खतरे से अवगत हो जाएं, विनाश से पहले विनाश के बारे में जागरूक हो जाएं, आपदा से पहले आपदा से अवगत हो जाएं। अपने शरीर के बोझ तले दबे बिना ही शरीर को प्रशिक्षित करना, दिमाग द्वारा काबू हुए बिना दिमाग से काम निकलवाना और, विश्व से प्रभावित हुए बिना विश्व में काम करना, काम से रुकावट पाए बिना, काम को पूरा करना मजबूत हौसले की पहचान है।"
>
> सन त्रु की द आर्ट ऑफ़ वॉर (476-221 ईसा पूर्व)

पूरे इतिहास में शिक्षा की गुणवत्ता ने साम्राज्यों की रीढ़ मजबूत करने का काम किया है। मजबूत शिक्षा विकास की भी रीढ़ होती है। 2015 के PISA टेस्ट स्कोर के आधार पर, संयुक्त राज्य अमेरिका विकसित देशों में 15 वें सबसे कम परसेंटाइल में आता है।

दुर्भाग्य से, जब बजट में कटौती करनी होती है, खासकर से COVID काल के बाद, तो सरकार की नज़र सबसे पहले जन शिक्षा और स्कूल फंडिंग पर ही जाती है। STEM शिक्षा सबसे महंगी होती है इसलिए बजट कटौती की सबसे स्वाभाविक शिकार बनती है। ऊपर से, वर्तमान आर्थिक स्थिति ने बेरोजगार दरें बहुत बढ़ा दी है, जिससे घर परिवार में अस्थिरता पैदा होती है, जिसके परिणामस्वरूप बच्चों के परिणाम खराब होते है। इसमें से गुजरकर उन्हें अवसर भी कम मिलते हैं और उनकी आय भी कम रहती हैं। इन सब से बना दुष्चक्र विश्व भर में सामाजिक, आर्थिक और भू- राजनीतिक अस्थिरता पैदा करता है।

वर्तमान राजनीतिक माहौल में, शिक्षा अंतिम प्राथमिकता बन गई है। पॉलिसी में बदलाव के अलावा, हमें इस प्रकार की चुनौतियों से निपटने के लिए सरकार, व्यापार के बीच भागीदारी और परोपकार जैसे रचनात्मक उपायों की ज़रूरत है। हमें पब्लिक और निजी संस्थानों की भागीदारी करवानी होगी जैसे जर्मन तकनीकी और व्यावसायिक शिक्षा और प्रशिक्षण (TVET) के बीच भागीदारी हुई है।

सिंगापुर, जर्मनी, चीन, जापान, दक्षिण कोरिया और भारत की तरह, सरकार को पब्लिक एजुकेशन में सक्रिय नेतृत्व करना चाहिए। सरकार को शिक्षकों को उनके प्रदर्शन के आधार पर पुरस्कार और सम्मान देना चाहिए। आज की तारीख में संयुक्त राज्य अमेरिका में ग्रेजुएट होने वाले इंजीनियरों की संख्या चीन और यहां तक कि भारत से भी कम है।

OECD (आर्थिक सहयोग और विकास संगठन) की 2018 की रिपोर्ट के अनुसार, अमेरिका लगभग किसी भी अन्य देश की तुलना में कॉलेजो पर अधिक खर्च करता है। "प्रति छात्र होने वाला खर्च बहुत ज़्यादा है, और छात्रों को होने वाले लाभ का इस से कोई संबंध नहीं है।"[60]

The Gods Must be Crazy!
The Future (Degrees) of Science & Enginering

Thousands (y-axis: 0, 200, 400, 600, 800, 1000, 1200, 1400, 1600, 1800, 2000)

—China —United States —EU top 6

Year

Source: Educational statistics of OECD, NBS (China)

★★★

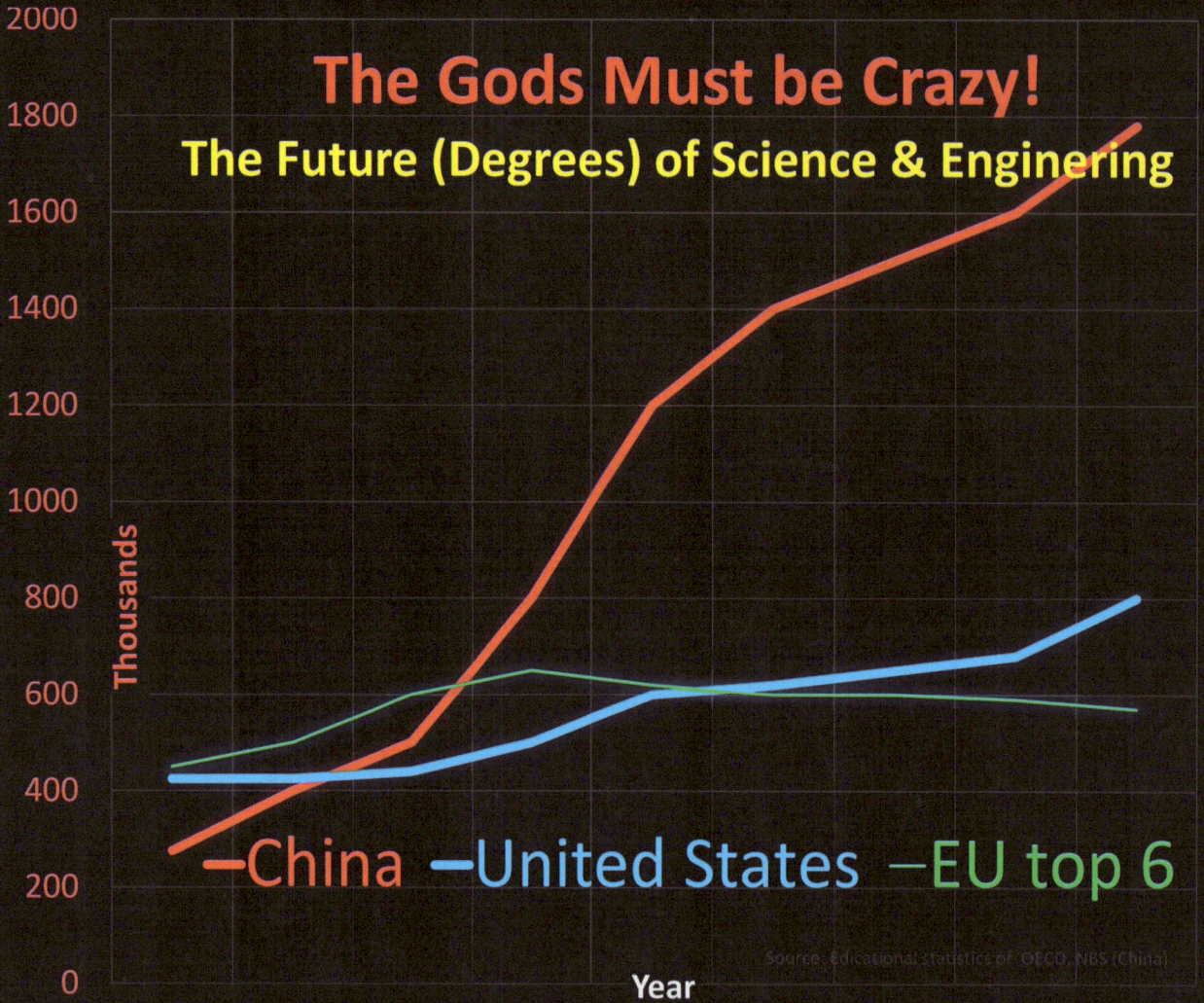

सारा पैसा विलासिता में जा रहा है - छात्रों के लिए फैंसी अपार्टमेंट, महंगा भोजन, और "एथलेटिक खेलों के लिए पागलपन।" हमें 22वीं सदी की वर्क फोर्स को ट्रेन करने और तैयार करने के लिए शिक्षा प्रणाली को बदलने की जरूरत है, जिसके लिए ब्लूमबर्ग और बिल गेट्स जैसे परोपकारी लोगों के साथ साझेदारी करने की आवश्यकता है। जैसे कि, IT में:

★ आईटी/बिजनेस सिस्टम इस प्रकार आगे बढना चाहिए: ट्रांजेक्शनल->ऑपरेशनल->प्रीडिक्टिव एनालिटिक्स AI BOTs (क्लाउड पर रोबोटिक ऑटोमेशन)।

★ ।Tके अलावा, पारंपरिक अकाउंटिंग और अधिकांश बिजनेस कार्य AI BOTs से क्लाउड पर स्वचालित होने वाले है (विशेष रूप से दोहराये जाने वाले काम)।

हमारी वर्क फोर्स AI के लिए तैयार होनी चाहिए, क्योंकि रोबोटिक्स ऑटोमेशन और AI से थोड़ी नौकरियां तो जाएंगी लेकिन ये उत्पादकता और आर्थिक विकास के लिए आवश्यक है। दुनिया भर में लाखों लोगों को या तो अपना व्यवसाय बदलना पड़ेगा या अपने स्किल्स को अपग्रेड करना पड़ेगा। मैकिन्सी का अनुमान है कि ऑटोमेशन की वजह से 2030 तक 40 करोड़ से 60 करोड़ लोगो की नौकरियां चली जायेंगी और उन्हे नई नौकरियां ढूंढनी पड़ेगी। कुल विस्थापितों में से साढ़े सात से साढ़े सैंतीस करोड़ लोगो को नए हुनर सीख कर अपना व्यवसाय ही बदलना पड़ेगा।

3. रीसर्च और रणनैतिक टेक्नोलॉजी

"यदि आप अपने शत्रु को जानते हैं और खुद को भी जानते हैं, तो आपको सौ युद्धों से घबराने की आवश्यकता नहीं है। अगर आप ख़ुद को जानते हैं लेकिन दुश्मन को नहीं, तो हर जीत के लिए आपको एक हार का सामना करना पड़ेगा। यदि आप न तो शत्रु को जानते हैं और न ही ख़ुद को, तो आप हर युद्ध में पराजित होंगे।"

सन त्सु की द आर्ट ऑफ़ वॉर (476-221 ईसा पूर्व)

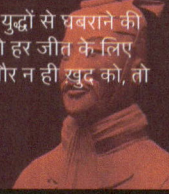

क्या अमेरिका की सबसे मूल्यवान कंपनी ने अपना जादू खो दिया है? ये सिर्फ स्टॉक बायबैक और पुराने बने आईफ़ोन के नाम से पैसे निचोड़े जा रही है। टेक्नोलॉजी के मामले में ये पूर्व के स्पर्धकों से कई पीढ़ियां पीछे रह गई है। पिछले एक दशक में आखिरकार एपल ने कौन सा इनोवेशन किया हैं? लगता है एपल स्टीव जॉब्स के साथ ही ख़त्म हो गई थी।

सिलिकॉन वैली में से हमारे जादुई घोड़े बाहर भाग रहे हैं, खासकर पूर्व की ओर। ऐसा लगता है कि सिलिकॉन वैली भी अपना रास्ता भटक चुकी है।

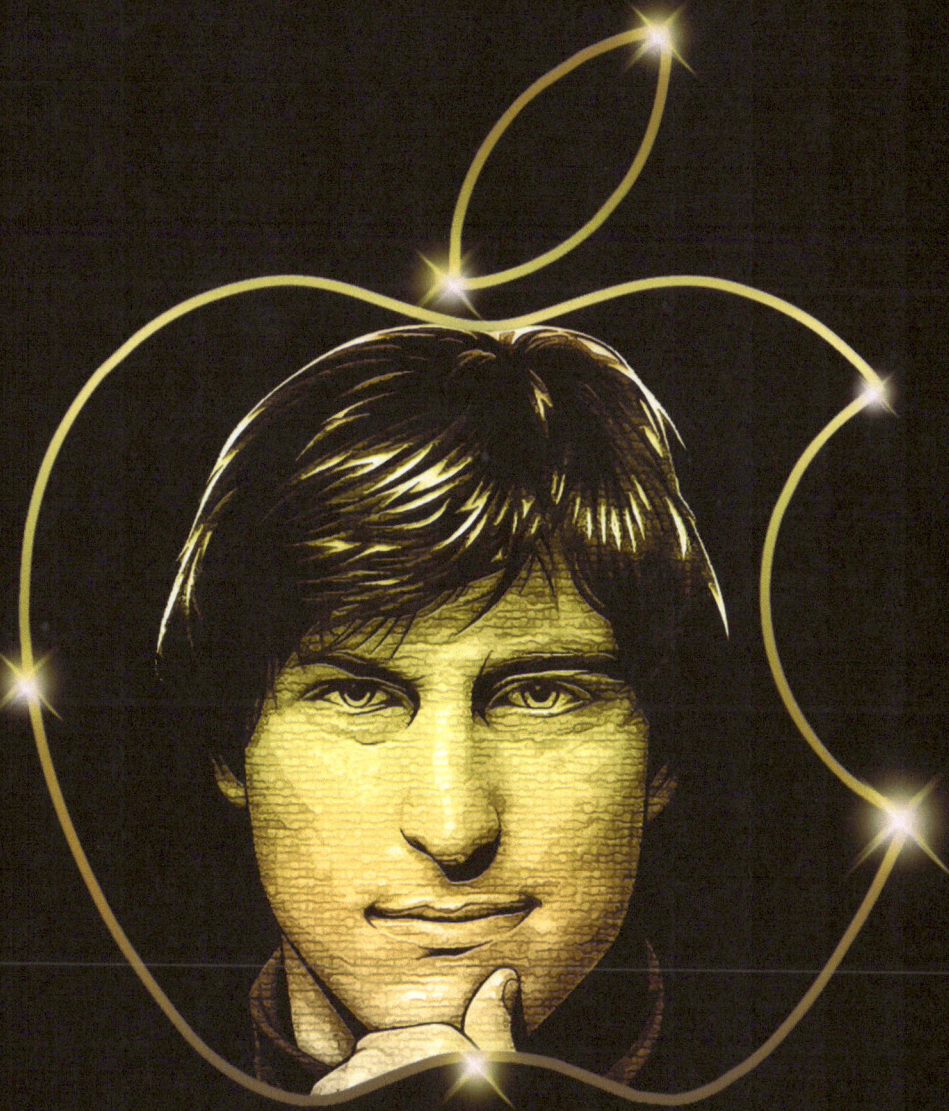

"वेंचर कैपिटल और टेक स्टार्ट अप मिल कर अर्थव्यवस्था में एक खतरनाक, "उच्च प्रकार की पोंजी योजना" और एक "विचित्र पोंजी गुब्बारा" बना रहे हैं।"

चमथ पालीहपतिया
(अरबपति निवेशक और फेसबुक में यूजर ग्रोथ के भूतपूर्व वाइस प्रेसिडेंट)

चीन सामान्य टेक्नोलॉजी वाले क्षेत्रों में सब से आगे है, जैसे कि इलेक्ट्रॉनिक्स, मशीनरी, ऑटोमोबाइल, हाई-स्पीड रेलवे और एविएशन। बल्कि वे उभरते हुए क्षेत्रों में भी नेतृत्व भी कर रहे है जैसे कि 5G, रिन्यूएबल एनर्जी, एडवांस्ड न्यूक्लियर एनर्जी, अगली पीढ़ी की टेली कम्युनिकेशन टेक्नोलॉजी, बिग डेटा और सुपर कंप्यूटर, AI, रोबोटिक्स, अंतरिक्ष टेक्नोलॉ-जी प्रौद्योगिकी और इलेक्ट्रॉनिक कॉमर्स।

2018 में, दुनिया भर के पेटेंट एप्लीकेशंस में से लगभग 50% चीनियों के थे जिसमे रिकॉर्ड 15.4 लाख हाई टेक्नोलॉजी में थे। अब इसकी तुलना संयुक्त राज्य अमेरिका से कीजिए, जिसने 6 लाख से कम पेटेंट फ़ाइल किए थे। 2014 में, चीन का आर्टिफिशियल इंटेलिजेंस में पेटेंट फाइल करने का स्तर अमेरिका से आगे जा चुका था, और तब से चीन ने ऊँची विकास दर कायम रखी है।

चीन के अधिकतर लीडर्स इंजीनियर है जो दूर तक की ठोस रणनीति बना कर लंबे लाभ की सोचते है। वे फाइनेंशियल इंजीनियरिंग का शॉर्ट कट ले कर सिर्फ आज का लाभ नही सोचते है। उनकी नज़र 22वीं सदी की टेक्नोलॉजी पर है और उन्ही को प्राथमिकता देते है, जैसे कि आर्टिफिशियल इंटेलिजेंस, क्लाउड कंप्यूटिंग, बिग डेटा एनालिटिक्स, ब्लॉकचेन और इन्फॉर्मेशन कम्युनिकेशन टेक्नोलॉजी (ICT)।

जैसे-जैसे चीन का डिजिटल सिल्क रोड फैलेगा, इसकी सरकारी साठगांठ वाली कंपनियों को विश्व स्तर पर डेटा की बेशकीमती जानकारी मिलेगी। ठीक उसी तरह जैसे FAANG (Facebook, Apple, Amazon, Netflix और Google) पश्चिम के ग्राहकों के व्यवहार का विश्लेषण करने के लिए रीयल-टाइम डेटा इकट्ठा करके उसका उपयोग करते हैं। चीनी सरकार से जुड़े होने के कारण, उन्हें मध्य साम्राज्य के आधीन सभी देशों में घुसने का विशेषाधिकार प्राप्त होगा। इनके पश्चिमी स्पर्धकों के पास ऐसे अधिकार नहीं है। इन अर्ध-चीनी उद्यमों को भविष्य की सबसे महत्त्वपूर्ण टेक्नोलॉजियों पर असाधारण विशेषाधिकार प्राप्त होंगे। ये है IoT (इंटरनेट ऑफ थिंग्स), AI (कृत्रिम बुद्धिमत्ता), और ऑटोनोमस गाड़ियां जिन्हे बेचने के लिए ये DSR प्लेटफॉर्म के सहारे दुनिया के कम से कम दो-तिहाई हिस्सों में पहुंच सकेंगे।

दुर्भाग्य से, पश्चिम में, आज के एंटरप्राइज़ आर्किटेक्चर और तकनीकियाँ WWW (वर्ल्ड वाइड वेब) से पहले की हैं। ये ऐसे फाइनेंशल इंजीनियरों द्वारा चलाई जा रही है जिनको लगता है कि वे बंदर का मेक अप कर के उसे सुंदर बना सकते है। उनके डिजाइनों का डिजिटल युग से कोई संबंध नहीं है। जो रूजवेल्ट के ज़माने में हुआ, वैसा अब होना चाहिए। सरकारी और प्राइवेट संस्थाओं के बीच भागीदारी के माध्यम से, विश्वविद्यालयों को मुख्य उद्योगों में निवेश और उनका पोषण करना चाहिए, जैसा कि हम चीन, जापान, दक्षिण कोरिया और जर्मनी में देख रहे हैं।

4. इंफ्रास्ट्रक्चर आर्किटेक्चर

"लड़ाई जीतने वाला सेनापति युद्ध लड़ने से पहले अपने मंदिर में कई गणनाएँ करता है। युद्ध हारने वाला सेनापति कुछ ही गणना करता है।

सन त्सु की द आर्ट ऑफ़ वॉर (476-221 ईसा पूर्व)

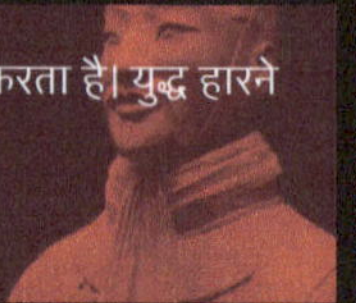

जीवित रहने के लिए, हमें उस 'न्यू डील' के एक आधुनिक वर्जन को तैयार करने की आवश्यकता है जिसे फ्रैंकलिन डी. रूजवेल्ट ने एक सदी पहले इसी तरह की परिस्थितियों में लागू किया था। बिल्कुल उनकी तरह ही हमें भी अपने जर्जर हो चुके बुनियादी ढांचे में अच्छा-खासा निवेश करना चाहिए।

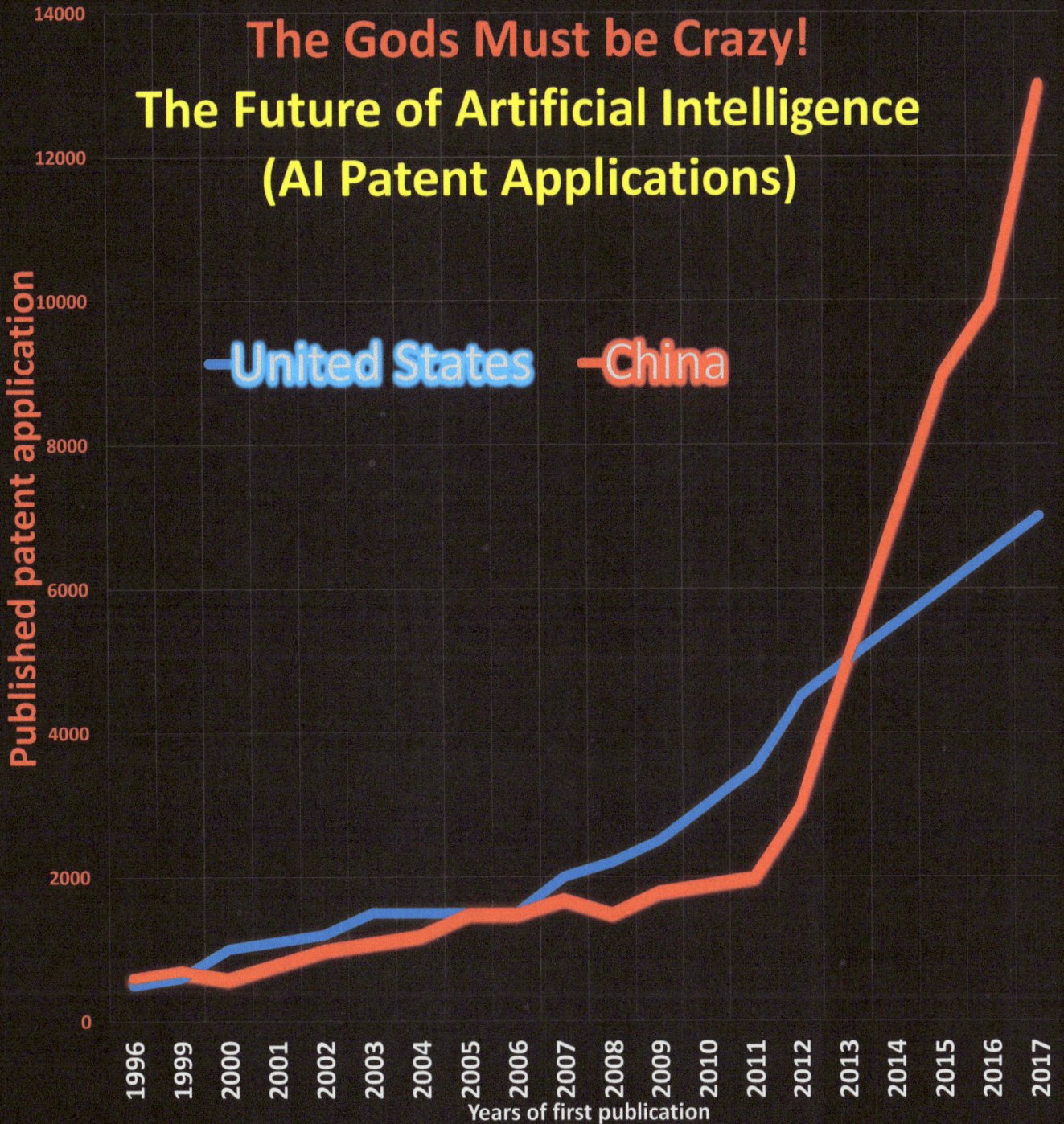

The Gods Must be Crazy!
The Future of Artificial Intelligence
(AI Patent Applications)
United States
China
Published patent application
14000
12000
10000
8000
6000
4000
2000
0
1996
1999
2000
2001
2002
2003
2004
2005
2006
2007
2008
2009
2010
2011
2012
2013
2014
2015
2016
2017
Years of first publication

Railroadlines Under Construction

Railroadlines Existing

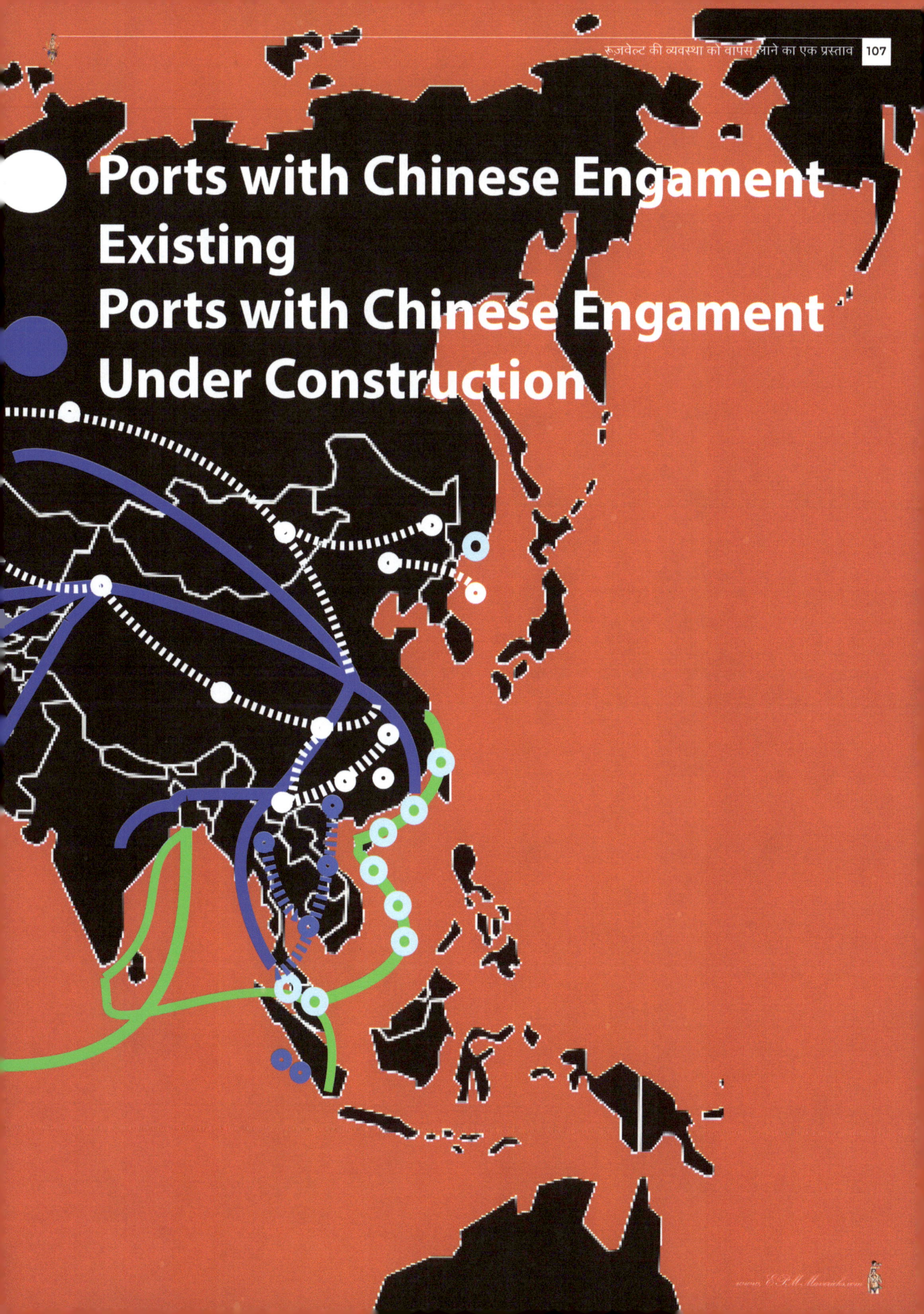

Ports with Chinese Engament Existing

Ports with Chinese Engament Under Construction

जैसे-जैसे चीन दूसरे देशों को आर्थिक रूप से अपना उपनिवेश बनाने की तरफ बढ़ रहा है, हमें उस के बेल्ट एंड रोड और तकनीकी बुनियादी ढांचे का मुकाबला करने के लिए अपने ग्लोबल मार्शल प्लान के आधुनिक रूप का इस्तेमाल करना चाहिए।

- ★ हमें सरकारी-निजी भागीदारी और विश्वविद्यालयों के माध्यम से उद्यमिता को फिर से मजबूत करने की जरूरत है।
- ★ सरकार को रणनीतिक उद्यमों में इक्विटी में निवेश करना चाहिए ताकि उन्हें सुधरने में सहायता मिल सके।
- ★ सरकार को विशेष रूप से सिलिकॉन वैली की महत्वपूर्ण इंडस्ट्रीज में निजी इक्विटी फर्मों और वेंचर कैपिटलिस्ट्स पर नजर रखना चाहिए। हमारे IP को चुराने के इरादे से चीन से काफ़ी बड़ी फ़ंडिंग आ रही है, जो हमारे राष्ट्रीय सुरक्षा हित के लिए एक ख़तरा है।
- ★ हमें घिसे-पिटे इमिग्रेशन सिस्टम को खत्म कर के सिर्फ योग्यता पर ध्यान देना चाहिए। हमारे कई इनोवेटिव हाई टेक लीडर्स हमें इमिग्रेशन के कारण ही मिले हैं।
- ★ जैसा कि रूजवेल्ट ने किया था, हमें मोनोपोली और बड़े सफेद हाथी जैसे कॉरपोरेट्स को खत्म कर देना चाहिए जो इनोवेशन में रोड़े अटकाते हैं।

"छोटे और मीडियम बिजनेस (SMEs) उन देशों के व्यवसायों में कुल 99% से अधिक हैं जहां हम काम करते हैं। वैल्यू बढाने में और रोजगार उत्पन्न करने में उनका बहुत बड़ा योगदान हैं।"

पुनर्निर्माण और विकास का यूरोपीय बैंक (EBRD)

5. डिजिटल आर्किटेक्चर

"पहले ऐसी योजनाएँ बनाओ जो जीत सुनिश्चित करें, और फिर अपनी सेना को युद्ध में ले जाओ; यदि शुरुआत रणनीति से करने के बजाय आप सिर्फ फौज की शक्ति पर भरोसा करेंगे, तो जीत सुनिश्चित नहीं होगी"

"अपनी योजनाओं को रात की तरह अँधेरी और अभेद्य बनाओं, और जब अपना कदम उठाओं तो बिजली की तरह गिरो।"

सन त्जु की द आर्ट ऑफ़ वॉर (476-221 ईसा पूर्व)

"हमें औद्योगिक डिजिटलीकरण और डिजिटल औद्योगीकरण द्वारा प्रदान किए गए अवसरों को भुनाना चाहिए, 5G नेटवर्क और डेटा सेंटर्स जैसे नए बुनियादी ढांचे के निर्माण में तेजी लाना चाहिए, और

उभरते हुए रणनीतिक उद्योगों और डिजिटल अर्थव्यवस्था, जीवन और स्वास्थ्य, और नए मटेरियल जैसे भविष्य के उद्योगों के लेआउट को आगे बढ़ाना चाहिए।

शी जिनपिंग, चीन की कम्युनिस्ट पार्टी के महासचिव

चीन पहले ही अपने बेल्ट एंड रोड इनिशिएटिव (BRI) के कई मौजूदा भागीदार देशों से डिजिटल सिल्क रोड (DSR) के विशिष्ट अनुबंध पर हस्ताक्षर करवा चुका है। DSR बीजिंग के लिए एक ऐसा ट्रोजन हॉर्स है जिससे वह बिना किसी स्पर्धा के दुनिया में अपना वर्चस्व बना सकता है। यह Huawei, Tencent और अलीबाबा जैसी चीनी टेक्नोलॉजी कंपनियों के लिए डिजिटल रूप से पिछले दरवाजे से घुस कर वैश्विक व्यापार में अपनी हिस्सेदारी बढ़ाने का और अपने पश्चिमी स्पर्धकों को ख़त्म करने एक तरीका है। एक तरफ हम 2G/3G/4G के झगड़ों में फंस गए हैं, और दूसरी तरफ चीन 5G का जाल फैला कर अब 6G की तैयारी में लगा हुआ है। एक साल पहले, चीन ने चाइना मोबाइल, चाइना यूनिकॉम और चाइना टेलीकॉम को ऑपरेटिंग लाइसेंस दिए थे। 2019 में, इन सरकारी टेलीकॉम कंपनियों ने देश भर के शहरों में 5G नेटवर्क बिछाना शुरू कर दिया था। 2019 में 50 हज़ार बेस स्टेशनों से शुरू करते हुए चीन अब 50 करोड़ 5G सब्सक्रिप्शन पार कर चुका है। अकेले 2021 की पहली छमाही में उसने कम से कम 190000 नए 5G बेस स्टेशन जोड़ दिए थे।[61]

Carrier	5G subs total (millions)	New 5G subs in 2021 (millions)	5G base stations	New 5G base stations 2021	Total subscribers (millions)
China Mobile	251	86	501,000	111,000	946
China Unicom	121	42.2	460,000	80,000	310
China Telecom	131	44.5	460,000	80,000	362
Totals	503	172.7	1,421,000*	271,000	1,618

स्रोत: https://www.theregister.com/2021/08/20/china_5g_progress/

चीन एशिया में मौजूद लगभग 30% केबल का या तो मालिक है या उसमें भागीदार है और उसका लक्ष्य जल्द ही 50 % शेयर का है। Huawei 5G पश्चिमी कॉम्पिटीटर नेटवर्क्स की तुलना में अधिक आधुनिक है और दुनिया के बाकी हिस्सों में सस्ते में इसकी मार्केटिंग कर रहा है। चीनी उपग्रह नेविगेशन सिस्टम में USA अलाइंड GPS नेविगेशन सिस्टम की तुलना में अधिक सैटेलाइट्स हैं। बेल्ट एंड रोड इनिशिएटिव (BRI) देशों में से कम से कम तीस ने BeiDou नेविगेशन नेटवर्क के लिए अनुबंध पर हस्ताक्षर कर दिए हैं।

आर्थिक कोलोनाइज़ेशन से भी एक कदम आगे जा कर जब चीन दूसरे देशों को डिजिटल रूप से गुलाम बनाने में लगा है तब उस के बेल्ट एंड रोड और तकनीकी बुनियादी ढांचे का मुकाबला करने के लिए हमें अपने ग्लोबल मार्शल प्लान के आधुनिक रूप का इस्तेमाल करना चाहिए। पश्चिमी कंपनियों के लिए अलीबाबा, Huawei, Tencent और ZTE जैसी सरकारी ताकत से चलने वाली विशाल कंपनियों की बराबरी करना बहुत मुश्किल है। सब्सिडी मिलने के कारण ये अत्याधुनिक प्रोडक्ट्स को कौड़ियों के दाम बेचती हैं।

6. नॉलेज मैनेजमेंट

"अपने सैनिकों को अपने बच्चों के समान रखो, और वे गहरी घाटियों में तुम्हारे साथ उतर जायेंगे; उन्हें अपने प्रिय पुत्रों की तरह पालो, और वे मरते दम तक तुम्हारे साथ खड़े रहेंगे। हालाँकि यदि आप लाड़ करते है लेकिन अपना अधिकार नहीं जता सकते; आप दयालु हैं लेकिन अपनी आज्ञाओं का पालन नहीं करवा पाते; और साथ ही अनुशासनहीनता पर काबू पाने में असमर्थ हैं: तब आपके सैनिक बिगड़ैल बच्चों के समान हो जायेंगे; वे किसी भी काम के नहीं रहेंगे।"

सन त्सु की द आर्ट ऑफ़ वॉर (476-221 ईसा पूर्व)C)

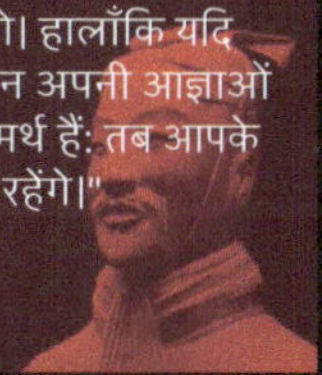

China's Global Infrastructure Footprint

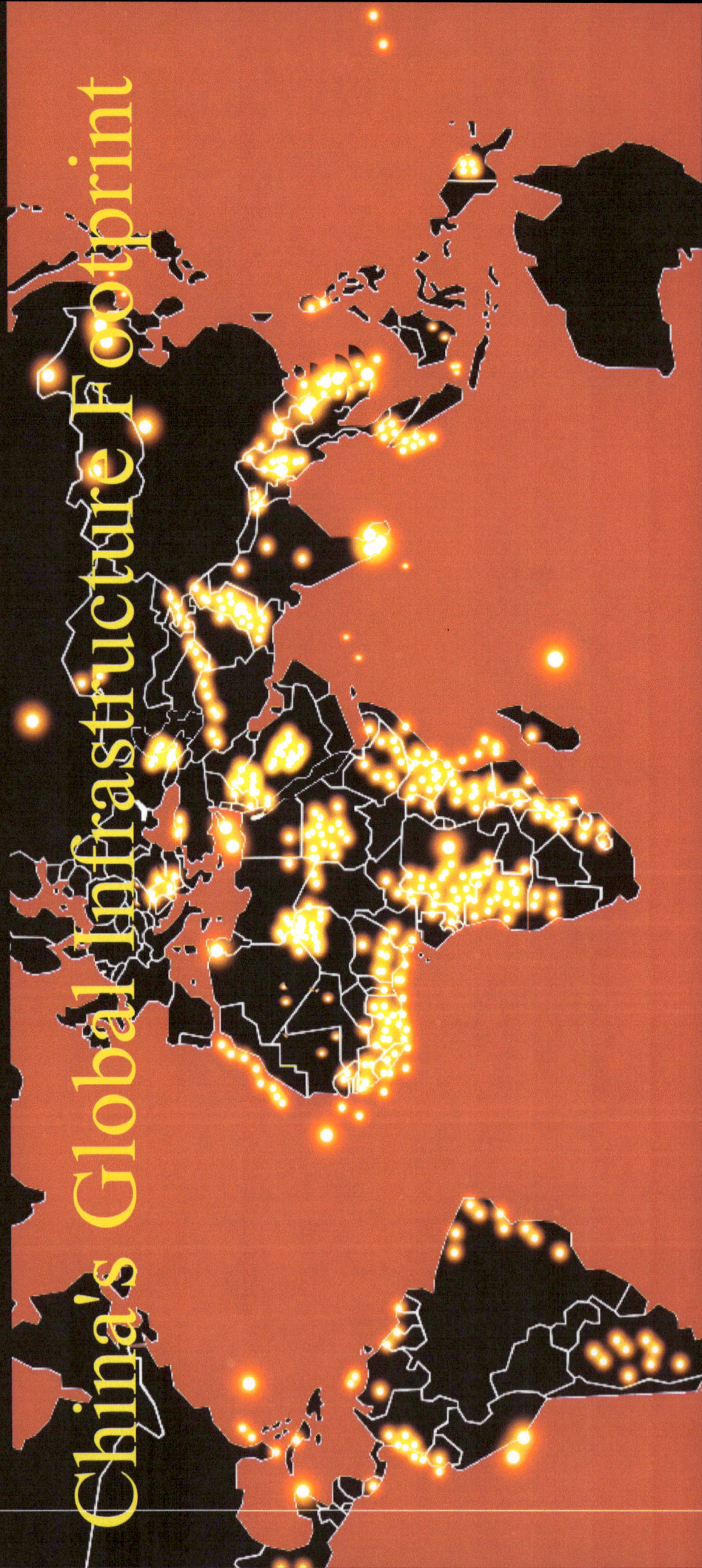

आज हमें जिस चीज की जरूरत है, वह है हाई-टेक और लचीली इंजीनियरिंग - न कि फाइनेंशल इंजीनियरिंग जो हमारी बनी बनाई व्यवस्था को केवल नष्ट करने का काम करती है। एक व्यवसाय के नॉलेज स्रोत और उसके कर्मचारियों की उत्पादकता, उसकी सफलता की कुंजी है। नॉलेज मैनेजमेंट जो चीजों से नियंत्रित होती हैं वह है टीम वर्क, लर्निंग और आविष्कार की संस्कृति। टीम सशक्तिकरण से नॉलेज एंटरप्राइज पैदा होता है, जो संगठन के भविष्य की नींव है। दुख की बात है कि आज के परिवेश में, नॉलेज स्रोत में सबसे पहले कटौती की जाती है। उनको 'कॉस्ट सेंटर' की तरह एक बोझ के रूप में देखा जाता है। इसी का नतीजा है कि वर्तमान बेरोजगारी का आंकड़ा लगभग चालीस मिलियन हो चुका है।

नॉलेज स्रोत किसी भी कंपनी की रीढ़ की हड्डी होते हैं, उन पर बोझ नहीं।

> "एक बुद्धिमान मालिक चार तरह के लोगो को कार्य पर रखेगा - बुद्धिमान को, शूरवीर को, लोभी को और मुर्ख को। क्योंकि बुद्धिमान व्यक्ति अपनी योग्यता को साबित करने में प्रसन्न होता है, शूरवीर व्यक्ति कार्य में अपना साहस दिखाना पसंद करता है, लोभी व्यक्ति लाभ लेने में तेज होता है, और मूर्ख व्यक्ति को मृत्यु का कोई भय नहीं होता है।"
>
> **सन ज़्नु की द आर्ट ऑफ़ वॉर (476-221 ईसा पूर्व)**

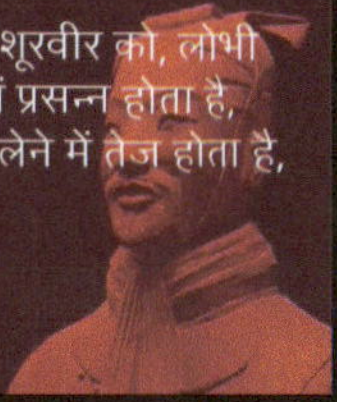

मेकिन्सी की मॉडलिंग बताती है कि 2030 तक, विकसित देशों के सभी वर्करों में से 30 से 40 प्रतिशत तक को नए रोजगार ढूंढने की या अपने स्किल सेट को महत्वपूर्ण रूप से अपग्रेड करने की जरूरत है[62]। लगभग 60% नौकरियों में भूकम्प जैसा बदलाव आएगा; इन से संबंधित 30% गतिविधियां स्वचालित हो जाएंगी। सौभाग्य से, वह यह भी कहती है कि जिन हुनर वाले वर्करों की कमी है उनकी डिमांड और बढ़ जाएगी। COVID-19 महामारी ने डिजिटाइजेशन और ऑटोमेशन को और तेज कर दिया है।

★★★

Evolution of Knowledge Enterprise

"90% of the knowledge in the organization is in the heads of the people. Management spends75 % of their time on the knowledge that is written down."
- Bob Buckman

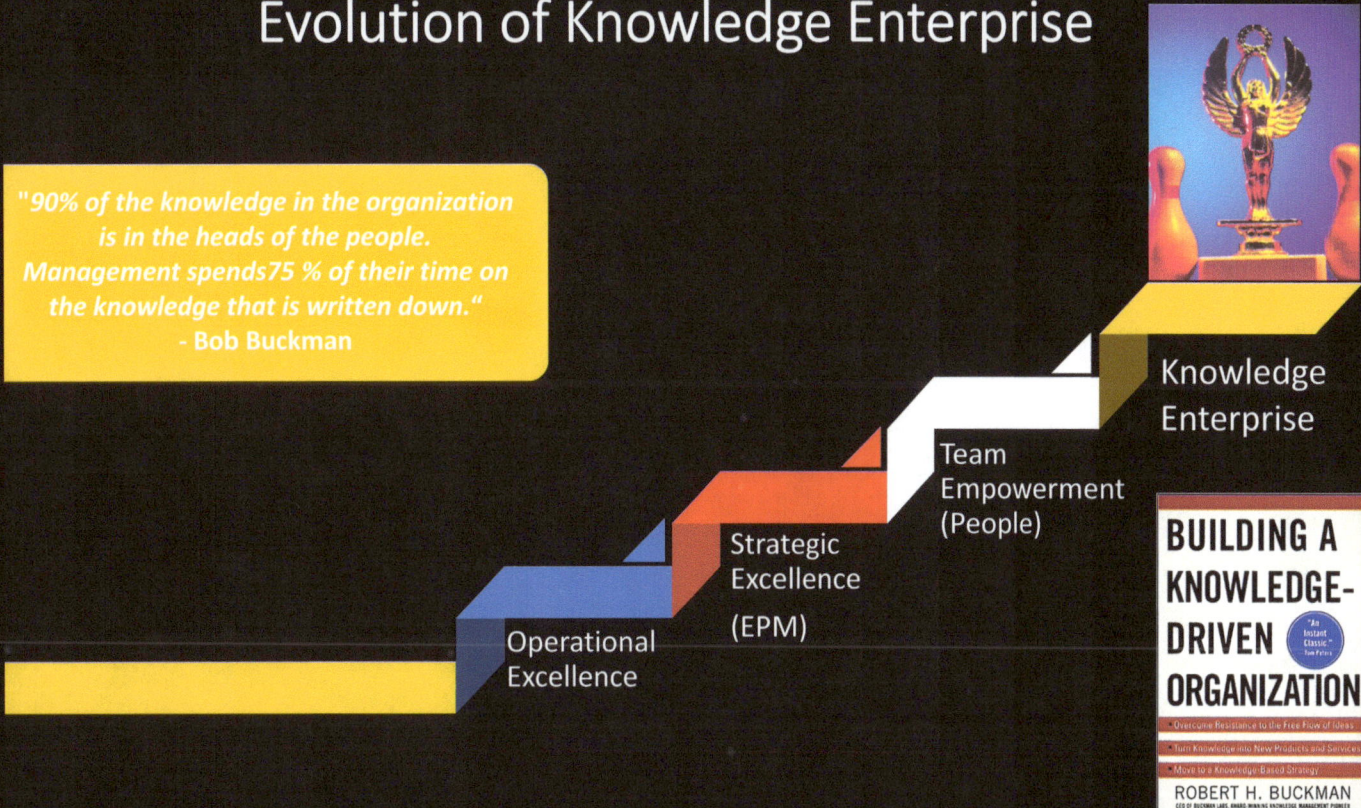

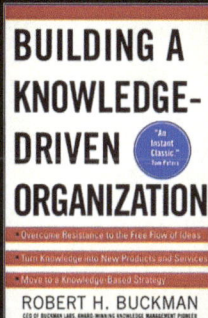

Knowledge Enterprise

Team Empowerment (People)

Strategic Excellence (EPM)

Operational Excellence

BUILDING A KNOWLEDGE-DRIVEN ORGANIZATION

"An Instant Classic" Tom Peters

- Overcome Resistance to the Free Flow of Ideas
- Turn Knowledge into New Products and Services
- Move to a Knowledge-Based Strategy

ROBERT H. BUCKMAN
CEO OF BUCKMAN LABS, AWARD-WINNING KNOWLEDGE MANAGEMENT PIONEER

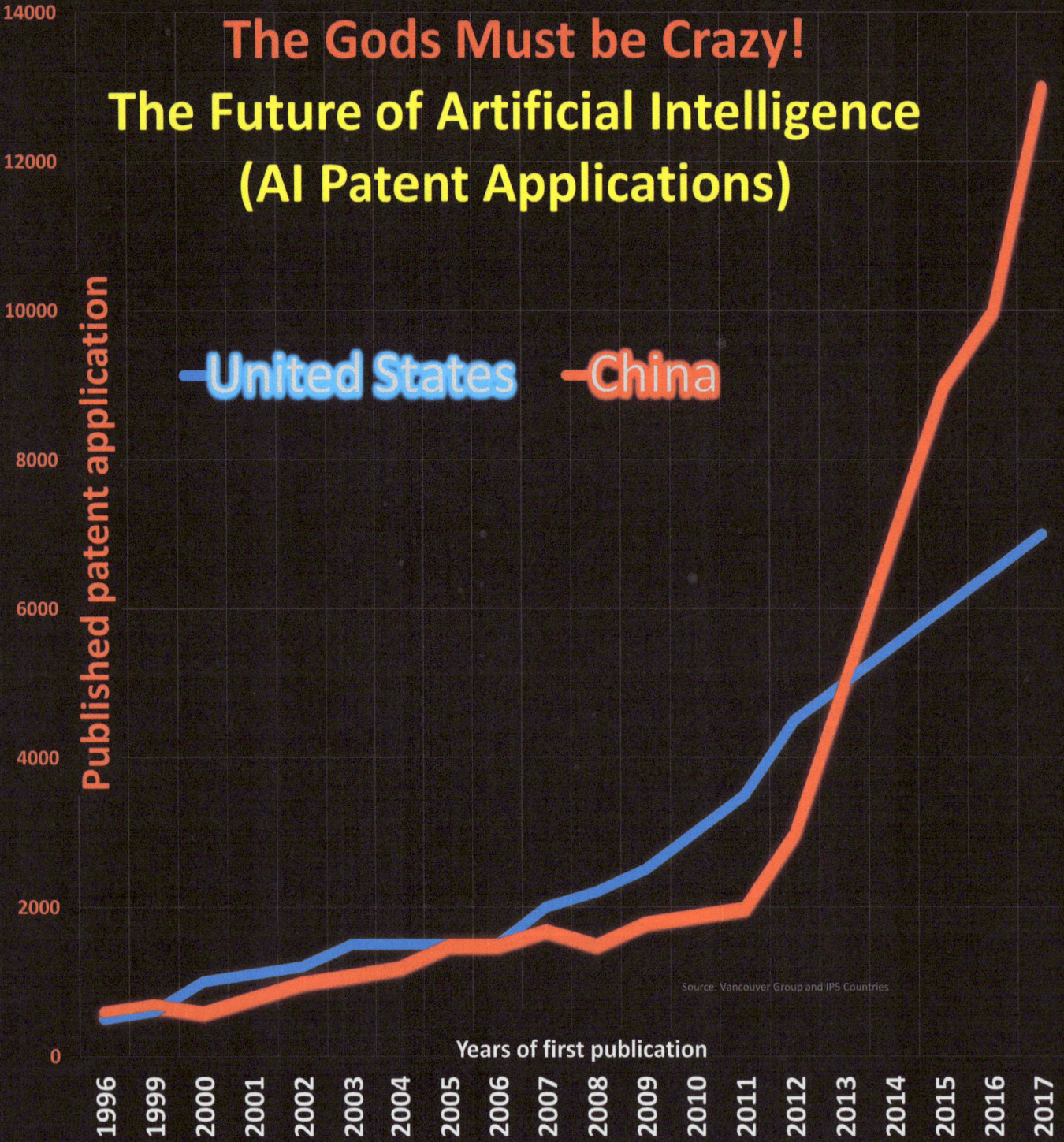

The Gods Must be Crazy!
The Future of Artificial Intelligence
(AI Patent Applications)

एक समय अमेरिका हर क्षेत्र में कृषि से लेकर स्वास्थ्य, डिफेंस, एनर्जी और कई दूसरे क्षेत्रों में दुनिया का 'नॉलेज नेता' हुआ करता था। दुर्भाग्य से, जैसा कि नीचे दिए गए ग्राफ़ में दिखाया गया है, फेडरल इन्वेस्टमेंट की GDP के सन्दर्भ में लम्बे समय तक लगातार गिरावट हुई है। अमेरिकी निवेश के इस तरह से खत्म होने से, आर्थिक और रणनीतिक गिरावट आना निश्चित है। इस बीच, चीन अपने कमिटमेंट तेज़ी से बढ़ा रहा है और उसके फल खा रहा है।

7. कूटनीति

"अपने मित्रों को पास रखो और शत्रुओं को और भी ज़्यादा पास।"

सन त्ज़ु की द आर्ट ऑफ़ वॉर (476-221 ईसा पूर्व)

आज हमें कूटनीति द्वारा देशों के बीच पुल बनाने की जरूरत है और दीवारों को बनाने के बजाए उन्हे तोड़ने की जरूरत है। हम चुप बैठ गए तो ये मौका चीन हथिया लेगा। इसलिए चीन को नेतृत्व करने देने के बजाय हमें पहल कर के उन सारे व्यापार गठबंधनों में नई जान फूंकना है जिन्हे रूजवेल्ट ने द्वितीय विश्व युद्ध के तुरंत बाद स्थापित किए थे। इनमे शामिल हैं WTO, विश्व बैंक, IMF, UN और WHO। हमें ट्रांस-पैसिफिक पार्टनरशिप (TPP) के हमारे नेतृत्व को बचा के रखना है, और इसे चीन का मुकाबला करने के लिए सक्षम बनाना है। ट्रांस-पैसिफिक पार्टनरशिप एक प्रस्तावित व्यापार समझौता था जो 2016 में हस्ताक्षर कर के लागू किया गया था। ये अनुबंध ऑस्ट्रेलिया, ब्रुनेई, कनाडा, चिली, जापान, मलेशिया, मैक्सिको, न्यूज़ीलैंड, पेरू, सिंगापुर, वियतनाम और संयुक्त राज्य अमेरिका के बीच था। दुर्भाग्य से, पिछले राष्ट्रपति ट्रम्प के प्रशासन में 2017 में अमेरिका इस भागीदारी से बाहर आ गया, और चीन ने अमेरिका के हट जाने का फायदा उठाया।

रूजवेल्ट के ज़माने में, अमेरिका सबसे अधिक नेट अंतरराष्ट्रीय निवेश की स्थिति (GDP के प्रतिशत के संदर्भ में) रखने के कारण विश्व स्तर पर सबसे सम्मानित देश था। 1980 के दशक तक, संयुक्त राज्य अमेरिका के पास विदेश में इतनी संपत्ति थी जितनी खुद विदेशियों के पास भी नहीं थी। 1990 के दशक से, अपनी विलास भरी और खर्चीली जीवन शैली के कारण, अमेरिका अपनी बेशकीमती संपत्तियां विदेशियों को बेच रहा है।

2016 तक, चीन अधिकांश देशों (124) का सबसे बड़ा व्यापार भागीदार बन चुका है। यह संख्या अमेरिका (56) से दोगुने से भी अधिक है। चिंता की बात यह है कि चंदे में भारी रकम देने वाले अमीर लोग अमेरिकी राजदूत का पद भी खरीद सकते हैं। एक औसत राष्ट्रपति चुनाव कैंपेन में अरबों डॉलर खर्च हो जाते हैं, और अमीर तथा शक्तिशाली लोग कुछ भी खरीद सकते हैं। हम विदेश विभाग की तुलना में रक्षा बजट पर लगभग 5,000% अधिक खर्च करते हैं। रॉबर्ट गेट्स (पूर्व रक्षा सचिव) ने कहा था, "संपूर्ण अमेरिकी विदेश सेवा में जितने लोग काम करते है, उससे ज्यादा अमेरिकी सेना के पास मार्चिंग बैंड हैं।"

"अवसरवादी संबंध कभी भी टिकते नही है। सम्माननीय लोग जब मिलते है, तो चाहे वो दूर से हो, उन संबंधों में गर्मियों में न तो फूल आते है ना सर्दियों में उनकी पत्तियां बदलती है। वो सभी मौसमों में एक जैसा रहता है। यह जितना ज्यादा खुशियों और कठिनाइयों से गुजरता है, उतना मज़बूत और टिकाऊ होता जाता है।"

सन त्ज़ु की द आर्ट ऑफ़ वॉर (476-221 ईसा पूर्व)

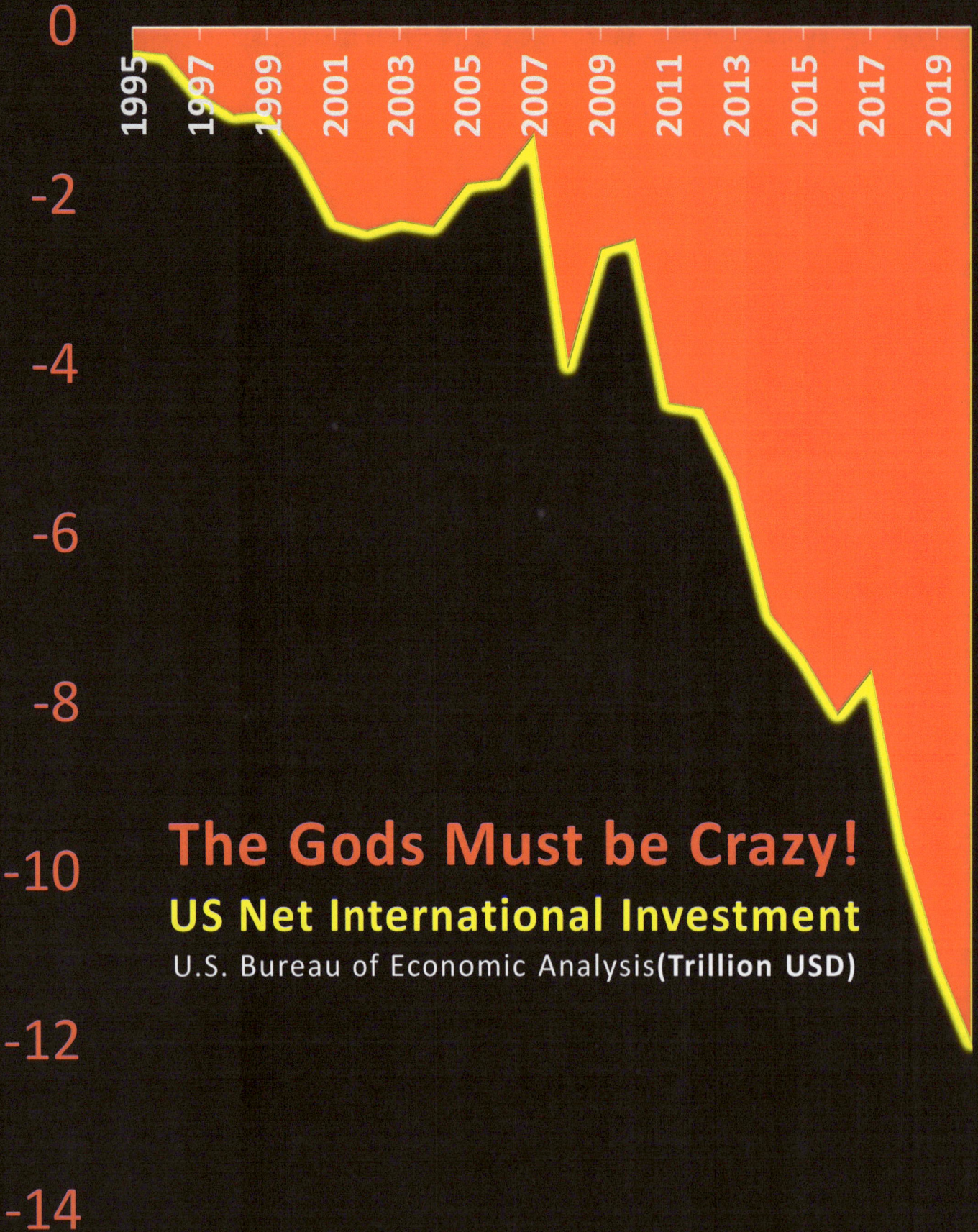

The Gods Must be Crazy!
US Net International Investment
U.S. Bureau of Economic Analysis(Trillion USD)
0
-2
-4
-6
-8
-10
-12
-14
1995
1997
1999
2001
2003
2005
2007
2009
2011
2013
2015
2017
2019

अमेरिका बहुत शक्तिशाली हुआ करता था क्योंकि बाकी दुनिया को भरोसा था कि हम व्यापार संबंधों को सुरक्षित रखेंगे। इसलिए उन्होने हमें रिजर्व करेंसी प्रिंटिंग प्रेस रखने का विशेषाधिकार दिया। यदि हम उन व्यापारिक संबंधों को ख़त्म कर देते हैं, तो मध्य साम्राज्य शीघ्र ही उस विशेषाधिकार पर कब्जा कर लेगा।

1970 के दशक तक अमेरिका के सभी से बेहतर संबंध थे और उसके उत्पाद और सेवाओं का निर्यात अधिक और आयात कम होता था। दुख की बात है कि पिछले दो दशकों में हमने अपनी व्यापार डिप्लोमेसी का जादू खो दिया है। हम एक डंपिंग ग्राउंड बन गए है, विशेष रूप से चीन के लिए, जैसा कि नीचे दिए गए ग्राफ में दर्शाया गया है।

8. वर्ल्ड करंसी गोल्ड स्टेंडर्ड

"एक विजयी युद्ध की रचना करना सोने के सिक्के को चांदी के सिक्के के विरुद्ध संतुलित करने जैसा है।
एक हारे हुए युद्ध का निर्माण करना सोने के सिक्के के खिलाफ चांदी के सिक्के को संतुलित करने जैसा है।"

सन त्सु की द आर्ट ऑफ़ वॉर (476-221 ईसा पूर्व)

रिजर्व करंसी हमारे उद्यमों को एक दिव्य विशेषाधिकार देती है क्योंकि हम कम कीमत पर अधिक से अधिक राशि उधार ले सकते हैं। यह हमें ग्लोबल स्तर पर हो रही हर उन वित्तीय गतिविधियों को नियंत्रित करने की असीमित शक्ति देती है जहां अमेरिकी डॉलर का उपयोग हो रहा है, जैसे कि ईरान, वेनेज़ुएला और उत्तर कोरिया के शासन। सारा श्रेय रूजवेल्ट को जाता है, जिनकी वजह से 1944 में अमेरिकी डॉलर विश्व की रिजर्व करेंसी बन गया। उस समय, अमेरिका आर्थिक, वाणिज्यिक और सैन्य रूप से सबसे शक्तिशाली देश था। हालांकि, रिजर्व करेंसी की शक्ति के साथ उस से अधिक जिम्मे-दारियां आती है। पचहत्तर साल पहले, अमेरिकी अर्थव्यवस्था दुनिया के सकल घरेलू उत्पाद (GDP) का लगभग 40% थी। दुख की बात है कि पीपीपी के हिसाब से आज यह 15% से भी कम है। इस बीच, चीन की 20% से भी ऊपर चली गई है। रिजर्व करंसी के विशेषाधिकार का दुरुपयोग करके हमने अपनी साख को ख़त्म किया है। हमें अपने हाल के तरीकों पर गहन चिंतन करना चाहिए, नहीं तो हमारे साम्राज्य के दिन गिनती के रह जाएंगे।

सौभाग्य से, विश्व का 79.5% व्यापार अभी भी अमेरिकी डॉलर में होता है, जिसके लिए उसका आरक्षित स्टेटस[63] उत्तर-दाई है। आरक्षित मुद्रा का दुरुपयोग एक राजनीतिक हथियार के तौर पर करके और बिना सीमा के इसे प्रिंट करते रहने के बजाए हमें लोगों का विश्वास एक आरक्षित मुद्रा के रूप में इसमें फिर से जगाना होगा। नही तो बहुत शीघ्र रेनमिंबी और उसकी क्रिप्टोकरेंसी अमरीकन डॉलर का स्थान ले लेगी। हमे IMF, विश्व बैंक और हमारे बैंकिंग सिस्टम को आधुनिक बनाने की जरूरत है ताकि वे उभरते हुए चीनी वित्तीय केंद्र और उनकी क्रिप्टोकरेंसी की बराबरी कर सकें। जैसे दुनिया की यूनिवर्सल भाषा अंग्रेजी बनी हुई है, वैसे ही आरक्षित मुद्रा में लम्बे समय तक टिके रहने की शक्ति होती है क्योंकि लोगो की मानसिकता और आदतें सरलता से नहीं बदलती हैं। लेकिन दुनिया जब चीनी युआन में लेन देन करने की आदी हो जाएगी तब डॉलर की चमक फीकी पड़ने लगेगी। फेसबुक स्वयं भी अपने इलेक्ट्रो-डॉलर (लिब्रा क्रिप्टोकरेंसी) द्वारा अपने चाहने वालों को डिजिटल रूप से कोलोनाइज़ करने के लिए आस लगाए बैठा है।

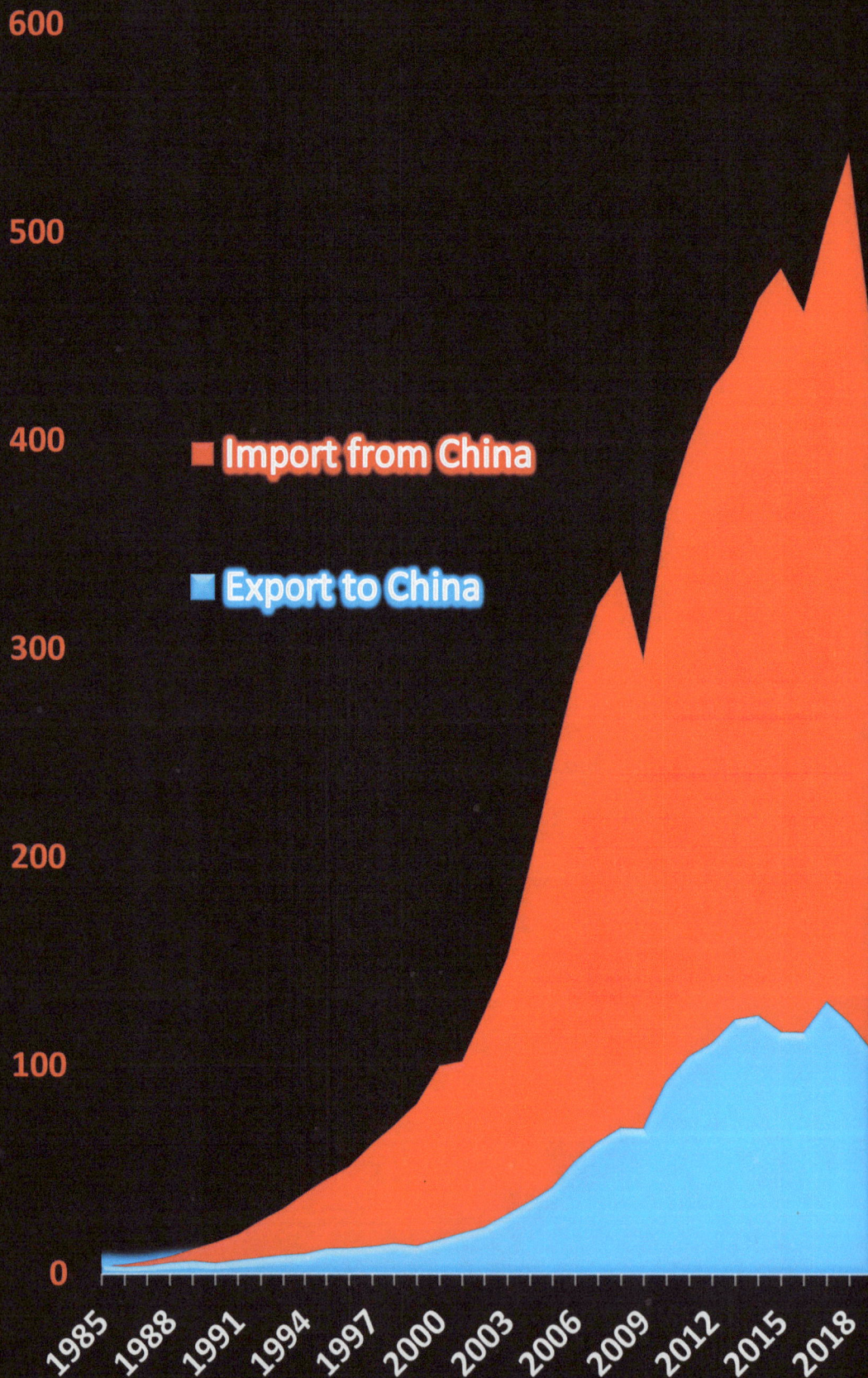

The Gods Must Be Crazy!
US Trade In Goods With China
U.S. Department of Commerce (Billion USD)
600
500
400
300
200
100
0
Import from China
Export to China
1985
1988
1991
1994
1997
2000
2003
2006
2009
2012
2015
2018

9. इलेक्ट्रो-डॉलर

अराजकता के बीच, अवसर भी रहते है।"

- सन त्सु की द आर्ट ऑफ़ वॉर (476-221 ईसा पूर्व)

75 से भी अधिक वर्षों से, संयुक्त राज्य अमेरिका ने विश्व के अधिकांश वित्त को प्रत्यक्ष और अप्रत्यक्ष रूप से नियंत्रित किया है। हमारा इतना दबदबा इसलिए है क्योंकि डॉलर का आरक्षित स्टेटस है और हमारे हाथ में कुछ महत्त्वपूर्ण संस्थाओं की लगाम है जैसे कि सोसाइटी फॉर वर्ल्डवाइड इंटरबैंक फाइनेंशियल टेलीकम्युनिकेशन (SWIFT)।

2019 में, यूरोपीय स्पेशल पर्पस व्हीकल (SPV) ने ट्रेड एक्सचेंज (INSTEX) की स्थापना की ताकि यूरोपीय देश ईरान के साथ बिना अमेरिकी डॉलर के और बिना SWIFT के लेनदेन कर सके। ये ईरान के खिलाफ अमेरिकी प्रतिबंधों को तोड़ने से बचने का एक चालाक तरीका है। INSTEX एक तरह का बार्टर सिस्टम है जिससे यूरोपीय संघ की और बाकी विश्व की कंपनियां अमेरिकी फाइनेंशियल सिस्टम को चकमा दे कर विदेशी कंपनियों से किये गए लेन देन में SWIFT को बीच से हटा सकें। यदि अमेरिका के लम्बे समय से चले आ रहे तीन बड़े सहयोगी देश (जर्मनी, फ्रांस और यूके) ईरान के साथ व्यापार करने के लिए ऐसा कर रहे हैं, तो यह एक खतरे की बड़ी घंटी है। हमें समझ लेना चाहिए कि यह न केवल अमेरिकी नीतियों के लिए एक खतरा है बल्कि हमारे रिज़र्व स्टेटस के लिए भी मौत का सन्देश है। चीन और ईरान के बीच का व्यापार भी रेनमिनबी में तय किया जा सकता है, और भारत जैसे कई अन्य देश भी इस चलन को जल्द ही पकड़ लेंगे। हालांकि चीन एक बंद समाज है, लेकिन व्यापार के मामले में ये खुले दिमाग से सोचता है, और यह अपने रणनीतिक कदम उठाने से पहले अमेरिकी सिस्टम का गहरा अध्ययन करता है। दूसरी तरफ ऐसा लगता है कि हमारा खुले दिमाग का पूंजीवादी समाज एकदम बंद मानसिकता की ओर बढ़ रहा है। हमारा यह सोचना कि हम ख़ास है और हमारा कुछ नहीं बिगड़ सकता, एक मुर्खता है। हमारे पास लम्बे समय की कोई रणनीतिक सोच नहीं है जो बड़ा गैर ज़िम्मेदाराना है। यही वह समय है जब हमें अपने रणनीतिक साझेदारी वाले उन मित्र देशों से सम्बन्ध बना कर रखना चाहिए जिन्होंने हमें एक महाशक्ति बनने में मदद की थी।

2008 की आर्थिक सुनामी के बाद से, चीन ने पश्चिमी संस्थानों में विश्वास खो दिया है और वैकल्पिक समाधानों की ख़ोज शुरू कर दी है। उन्होंने क्रॉस-बॉर्डर इंटरबैंक पेमेंट सिस्टम (CIPS) बनाया। चीन ने अमेरिका द्वारा स्थापित IMF और विश्व बैंक के विकल्प के रूप में चीन-आधारित विशाल वित्तीय संस्थानों की स्थापना की, जैसे कि एशिया इंफ्रास्ट्रक्चर इन्वेस्टमेंट बैंक (AIIB) और न्यू डेवलपमेंट बैंक (NDB, जिसे पहले BRICS बैंक के नाम से जाना जाता था)। चीनियों ने WeChat और Alipay जैसे ज़्यादा एडवांस्ड डिजिटल पेमेंट सिस्टम विकसित किये हैं, जिसके लगभग दो अरब सक्रिय यूज़र्स है और डिजिटल सिल्क रोड (DSR) प्लेटफॉर्म शुरू होने के बाद कई गुना बढ़ जाएंगे।

जब हम COVID-19 और दंगों से जूझ रहे थे तब चीनियों ने ब्लॉकचेन सर्विस नेटवर्क (BSN) लॉन्च कर दिया। यह "डिजिटल युआन" दुनिया का सबसे बड़ा ब्लॉकचेन इको सिस्टम है, जिसने चीन को राष्ट्रीय इलेक्ट्रो-युआन (डिजिटल मुद्रा) जारी करने वाली पहली बड़ी अर्थव्यवस्था बना दिया है। ब्लॉकचैन सर्विस नेटवर्क (BSN) को इन्फ्रास्ट्रक्चरों के भी इंफ्रास्ट्रक्चर के रूप में जाना जाता है। इस ब्लॉकचैन इकोसिस्टम में किसी की भी अनुमति की ज़रूरत नहीं है और यह बिग डेटा, 5G कम्युनिकेशन, इंडस्ट्रियल IoT, क्लाउड कंप्यूटिंग और आर्टिफिशियल इंटेलिजेंस के वर्टीकल इंटीग्रेशन में सहायता करता है। यह फाइनेंशियल टेक्नोलॉजी बहुत सी दूसरी एप्लिकेशन सेवाएं भी देगी। ब्लॉकचैन सर्विस नेटवर्क (BSN) चीन को अपने सभी बेल्ट एंड रोड इनिशिएटिव भागीदारों के साथ जोडने के लिए एक मंच स्थापित करके डिजिटल सिल्क रोड (DSR) की एक आर्थिक तंत्रिका के रूप में काम करेगा।

जेपी मॉर्गन की एक रिपोर्ट के अनुसार," डिजिटल मुद्रा की विस्फोटक क्षमता की वजह से संयुक्त राज्य अमेरिका की तुलना में और कोई देश इतना नुकसान नहीं उठाएगा।" दुर्भाग्य से, वॉल स्ट्रीट द्वारा संचालित हमारा पुराना फाइनेंशियल प्लेटफार्म डिजिटल हमले का सबसे पहला शिकार बन सकता है। यदि हम तुरंत कोई कदम नहीं उठाते हैं तो 75 साल पहले बनाये गए हमारे इस आउटडेटेड सिस्टम पर चीनी बेरहमी से चढ़ाई कर देंगे।

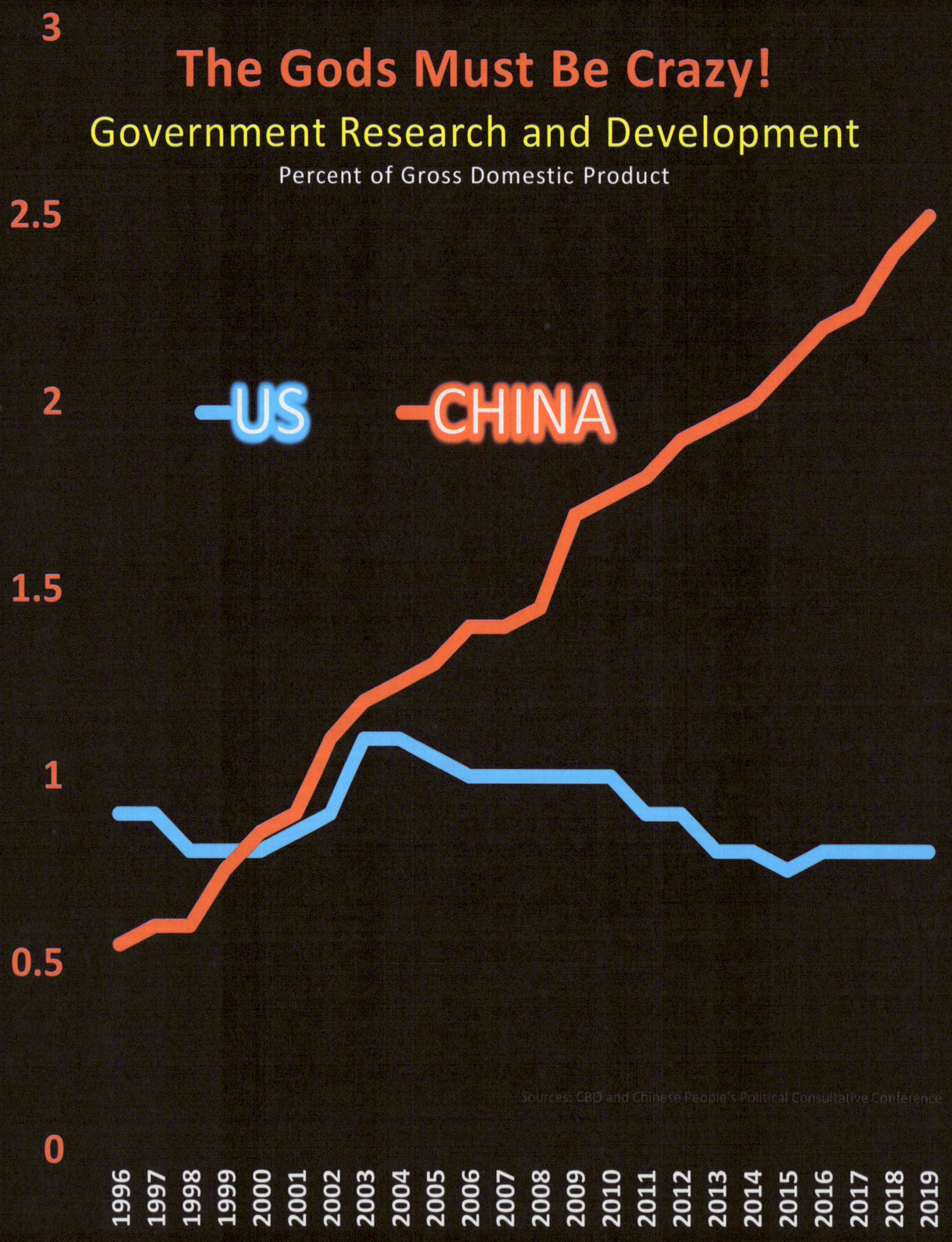

The Gods Must Be Crazy!
Government Research and Development
Percent of Gross Domestic Product
3
2.5
2
1.5
1
0.5
0
US
CHINA
Sources: CBO and Chinese People's Political Consultative Conference
1996
1997
1998
1999
2000
2001
2002
2003
2004
2005
2006
2007
2008
2009
2010
2011
2012
2013
2014
2015
2016
2017
2018
2019

The Gods Must be Crazy!
Global Reserve Currencies since 1400

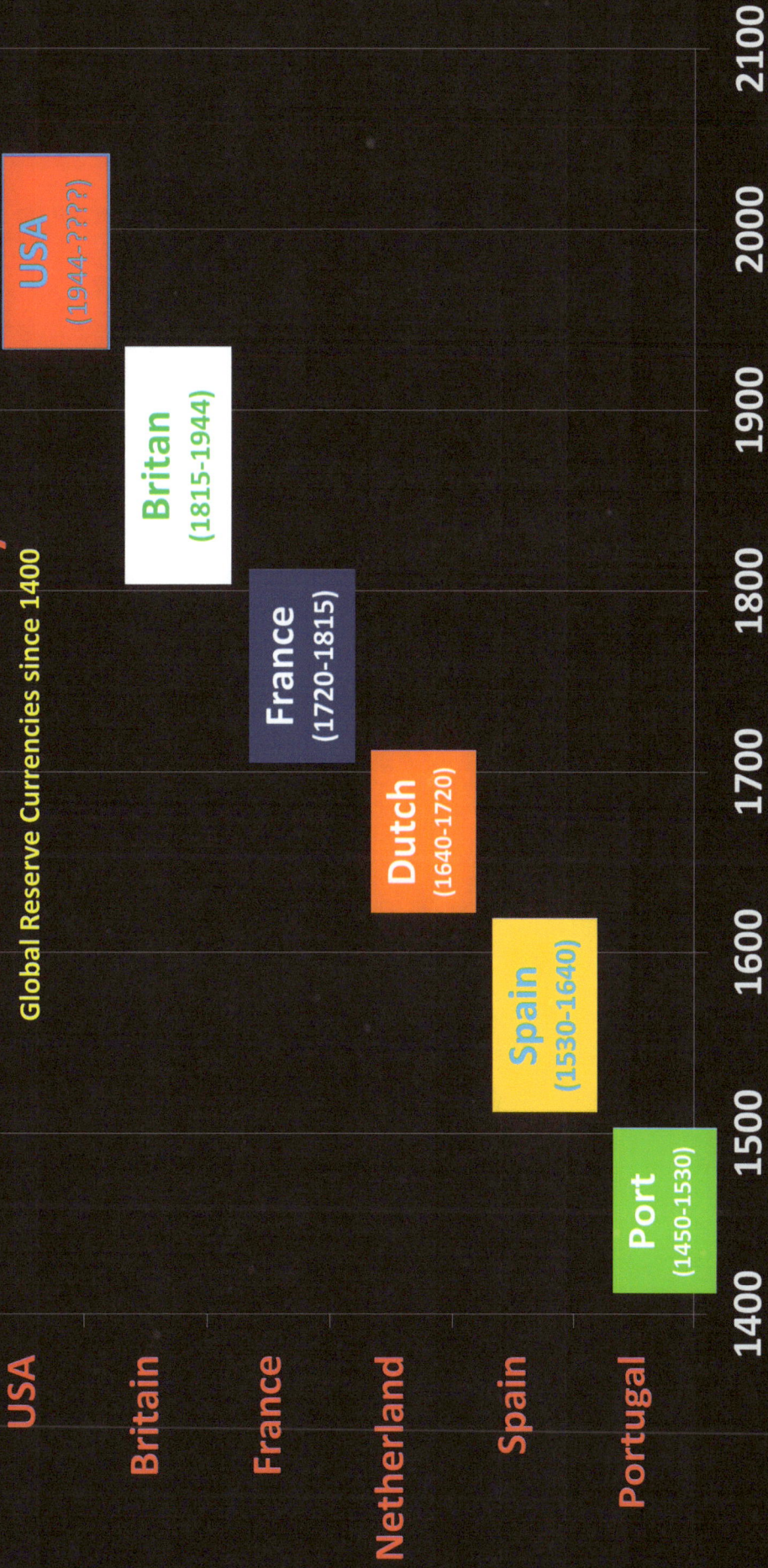

	1400	1500	1600	1700	1800	1900	2000	2100
USA							USA (1944-????)	
Britain						Britan (1815-1944)		
France					France (1720-1815)			
Netherland				Dutch (1640-1720)				
Spain			Spain (1530-1640)					
Portugal		Port (1450-1530)						

10. फाइनेंशियल केपिटल

> जो लड़ना चाहता है, उसे पहले इसकी कीमत का अंदाज़ा लगा लेना चाहिए।"
>
> सन त्सु की द आर्ट ऑफ़ वॉर (476-221 ईसा पूर्व)

न्यूयॉर्क कभी दुनिया का फाइनेंशल केंद्र हुआ करता था, और स्वतंत्र देशों को एक इंजीनियर की जिम्मेदार सेवा दे रहा था। दुर्भाग्य से, अत्यधिक वित्तीय इंजीनियरिंग के कारण, न्यूयॉर्क पूंजीवाद का तहखाना बनता जा रहा है।

दूसरी ओर, चीन शंघाई को तेजी से अपना फाइनेंशियल सेंटर बना रहा है। इससे अमेरिका का प्रभाव लगातार गिर रहा है। अमेरिका में पब्लिक कंपनियों की संख्या 90 के दशक के उत्तरार्ध में अपने चरम पर पहुंचने के बाद से लगातार घट रही है। यह संख्या आज 7,000 से गिर कर 3,000[64] से भी कम रह गई है। यहां पर भी ये गिरावट प्राइवेट इक्विटी, मर्जर एंड एक्विजिशन, और कैपिटल आउटफ्लो द्वारा की गई हमारी फाइनेंशल इंजीनियरिंग का ही नतीजा है।

इसी बीच दूसरी तरफ चीन का शेयर बाजार शुन्य से बढ़कर 5,000 कंपनियों के करीब पहुंच गया हैं। अमेरिका में, यह आंकड़ा 50% से अधिक गिर गया है। वहां चीन में पिछले 25 वर्षों में 1000% की विकास दर दर्ज हुई है।

> "मेरे पास तीन तरह की दौलत हैं जो मेरी सबसे प्रिय हैं: एक है दयालुता, दूसरी है किफ़ायत, और तीसरी है दूसरों के बारे में पूर्वाग्रह रख कर उन पर हावी न होना। जो दयालु है वो बहादुर है, जो किफ़ायत बरतता है वो आगे बढ़ सकता है, और पूर्वाग्रह न रखने वाला प्रभावी ढंग से जीवित रह सकता है। यदि कोई दया और साहस छोड़ देता है, किफ़ायत और विस्तार छोड़ देता है, और आक्रामकता के लिए विनम्रता छोड़ देता है, तो वह मर जाएगा। युद्ध में दयालुता से विजय प्राप्त होती है, रक्षा में दया का उपयोग करने से सुरक्षा प्राप्त होती है।"
>
> सन त्सु की द आर्ट ऑफ़ वॉर (476-221 ईसा पूर्व)

वर्तमान निर्दयी और स्वार्थी पूंजीवादी प्रणाली ने जो गड़बड़ियां की है उसका मलबा वाशिंगटन में बैठे पैरवी करने वालों और पोलिटिकल एक्शन कमेटियों के चरणों में पड़ा है। कई निजी इक्विटी कंपनियों को और निवेश के अन्य माध्यमों को चीन और दूसरी विदेशी शक्तियों द्वारा फंड मिलता है, उनका हमारे हितों से कोई सरोकार नहीं है। कॉरपोरेट रेडर और गॉर्डन गेको प्रकार के गिद्ध शीघ्र से शीघ्र पैसा बनाने के जुगाड़ में रहते हैं। इनमें से अधिकांश ट्रेड कम्प्यूटरों के बीच होता है और व्यापार के बुनियादी सिद्धांतों को ताक पर रख कर सिर्फ एल्गोरिदम पर आधारित होता हैं। ये शर्मसार करने वाली बातें हैं। व्यापार को बचाने के लिए, प्रथम तो हमें PACs (पोलिटिकल एक्शन कमेटियां) पर प्रतिबंध लगा देना चाहिए। वाशिंगटन DC के दलदल में नेताओं और पैरवी करने वालों के बीच मौजूद लोगों की जांच होनी चाहिए जो सिस्टम को भ्रष्ट करते हैं और उसका दुरुपयोग करते हैं।

★ हमें एशियन इन्फ्रास्ट्रक्चर इन्वेस्टमेंट बैंक (AIIB) जैसे बहु-आयामी फाइनेंशियल संस्थान खड़े करने की पहल करना चाहिए ताकि हम इन चीज़ों में चीन के 10 ट्रिलियन डॉलर के क़र्ज़-जाल की कूटनीति, अगली पीढ़ी के बेल्ट एंड सिल्क रोड, और अन्य हाईटेक-इंफ्रास्ट्रक्चर प्रोजेक्ट का मुकाबला कर सकें। यदि हमें ज़िंदा रहना है तो हमें सिर्फ अंदरूनी मामलो पर ध्यान देने के बजाय अपने हवा महलों के आरामगृह से बाहर निकल कर चीनी कंपनियों की तरह दूर-दराज़ के क्षेत्रों में, खासकर नए उभरते देशों में जा कर काम करना होगा।

★ हमें वॉल स्ट्रीट के क्वार्टरली परिणामों, शेयर बायबैक, और गॉर्डन गेको प्रवत्ति की इन्वेस्टमेंट बैंकिंग और प्राइवेट इक्विटी सौदों के प्रभाव का अध्ययन करना चाहिए। सरकार को इस प्रकार की बिमारी पैदा करने वाली गतिविधियों पर कड़ी निगरानी रखनी चाहिए।

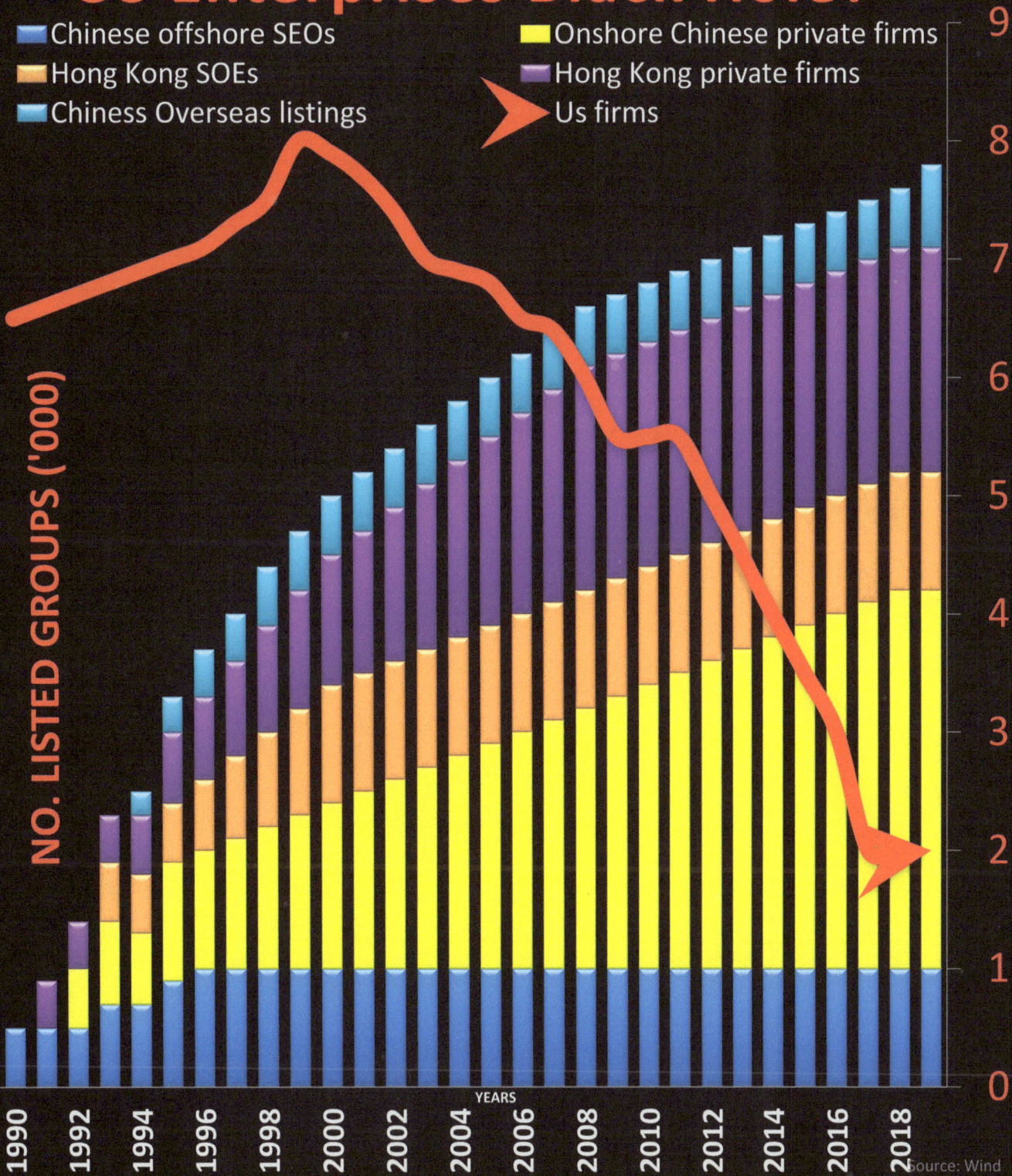

The Gods Must be Crazy!
Catacomb of Capitalism?
US Enterprises Black Hole?
Chinese offshore SEOs
Hong Kong SOEs
Chiness Overseas listings
Onshore Chinese private firms
Hong Kong private firms
Us firms
NO. LISTED GROUPS ('000)
0
1
2
3
4
5
6
7
8
9
YEARS
1990
1992
1994
1996
1998
2000
2002
2004
2006
2008
2010
2012
2014
2016
2018
Source: Wind

- ★ हमें अधिकारियों के बोनस लंबे समय के परिणामों के आधार पर निर्धारित करने चाहिए, ना कि शॉर्ट-टर्म शेयर के बाजार मूल्य को देख कर। अन्यथा ये एक शक्तिशाली बैलेंस शीट की नींव को नष्ट कर देता है।
- ★ इसके अलावा, हमें गिद्ध जैसे प्राइवेट इक्विटी, और सॉवरेन वेल्थ फंड पर प्रतिबंध लगा देना चाहिए। वे अपने छोटे से फायदे के लिए अपने ग्राहकों की सुन्दर बैलेंस शीट का सत्यानाश कर देते हैं।

11. सुरक्षा

जीत के लिए पांच बाते आवश्यक होती हैं:
1 वही जीतेगा जो यह जानता है कि कब लड़ना है और कब नहीं लड़ना है।
2 वही जीतेगा जो जानता है कि बड़ी और छोटी, दोनों शक्तियों को कैसे संभालना है।
3 वही जीतेगा जिसकी सेना में ऊपर से नीचे तक एक ही जस्बा दौड़ता है।
4 वही जीतेगा, जो पूरी तरह तैयार है और शत्रु को बिना तैयारी के होने की बाट जोहता है ताकि उस पर हमला कर सके।
5 वही जीतेगा जिसके पास सैन्य क्षमता है और जिसमें कोई और ताकत दखलंदाजी नही करती है।"

सन त्सु की द आर्ट ऑफ़ वॉर (476-221 ईसा पूर्व)

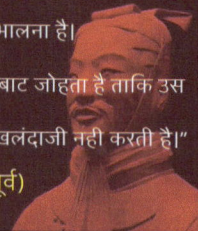

हम अभी भी आदिवासियों के एक ऐसे झुंड की तरह है जिन्होने फैंसी सूट और चमकदार जूते पहने हुए है लेकिन युद्ध कर रहे हैं। 195 देशों के बीच सुचारु रूप से शासन का चलना चुनौतीपूर्ण है, और UN और WTO जैसे संगठन सिर्फ प्रतीकात्मक हैं। असली शक्ति उसके पास है जिसके पास बंदूक की ताकत है। हमारा सुपर पावर होने का दर्जा और हमारे मिलिट्री इंडस्ट्रियल कॉम्प्लेक्स हमारे व्यापार मार्गों और उद्यमों को विदेशी बदनीयती से बचाते है। यहां तक कि अंतरिक्ष में भी ये हमारे रक्षक हैं। अमेरिकी सेना के ठिकाने 70 देशों में हैं। ये हमारे व्यापारिक हितों की सुरक्षा के लिए भी आवश्यक है।

चार सदियों से भी ज़्यादा तक, डच और ब्रिटिश ईस्ट इंडिया कंपनियों ने अपने छोटे देशो से निकल कर बंदूक की नोक पर दुनिया पर राज किया।

"पश्चिम ने दुनिया को अपने विचारों से या मूल्यों से या धर्म की श्रेष्ठता से नहीं जीता ...
बल्कि संगठित हिंसा में महारत हासिल करने की वजह से जीता है ।
पश्चिमी लोग अक्सर इस तथ्य को भूल जाते हैं;
गैर-पश्चिमी लोग कभी नहीं भूल पाते हैं।"

सैमुअल पी. हटिंगटन
द क्लैश ऑफ़ सिविलाइज़ेशन्स एंड द रीमेकिंग ऑफ़ वर्ल्ड ऑर्डर।

हालाँकि मैं कोई मिलिट्री एक्सपर्ट नहीं हूं, लेकिन मैं पिछले कई वर्षों से एयरोस्पेस डिफेंस सेक्टर में सलाहकार रहा हूं। ब्राउन यूनिवर्सिटी के अध्ययन (युद्ध के फ़ायदे:9/11 के बाद पेंटागन के खर्च में बढ़ोतरी से मुनाफा कमाने वाले कॉर्पोरेट्स)[65] के अनुसार 9/11 के बाद से पेंटागन द्वारा खर्च किए गए $14 ट्रिलियन का लगभग आधा हिस्सा मिलिट्री इंडस्ट्रियल काम्प्लेक्स के ठेकेदरों की जेब में चला गया। इन ठेकेदारों में से हर एक किसी न किसी कांग्रेस सदस्य (लगभग 700 लॉबिस्ट) के लिए काम करता था और कुल 2.5 बिलियन डॉलर खर्च किए गए। इस चलन की शुरुआत तत्कालीन उपराष्ट्रपति डिक चेनी के साथ हुई थी जो हैलीबर्टन के सीईओ रह चुके थे। इराक और अफगानिस्तान में बेसेस स्थापित करने और चलाने के लिए, सैनिकों को खिलाने और अन्य काम करने में मदद करने के लिए हैलीबर्टन को 2008 तक अरबों डॉलर मिल चुके थे। पेंटागन के इस ठेके का लगभग एक-तिहाई हिस्सा सिर्फ पांच प्रमुख कंपनियों को दिया गया था (लॉकहीड मार्टिन, बोइंग, जनरल डायनेमिक्स, रेथियॉन, और नोर्थरोप ग्रुमेन)। इनमें से कुछ कम्पनियाँ ऐसे फंड्स से चल रही है जो सऊदी अरब[66] सरकार के है, वह देश जिसका संभवत: 9/11 हमलों[67] में हाथ था। इराक और अफगानिस्तान में युद्धकालीन कॉन्ट्रैक्ट पर बैठाये गए आयोग ने अनुमान लगाया है कि अकेले 2011 में 30 अरब से 60 अरब डॉलर उड़ा लिए गए, दुरूपयोग किये

The Gods Must Be Crazy!
US Defense Budget/Spending
Billions of US $ (Source: SIPRI)
$900
$800
$700
$600
$500
$400
$300
$200
$100
$0
1960 1962 1964 1966 1968 1970 1972 1974 1976 1978 1980 1982 1984 1986 1988 1990 1992 1994 1996 1998 2000 2002 2004 2006 2008 2010 2012 2014 2016 2018 2020

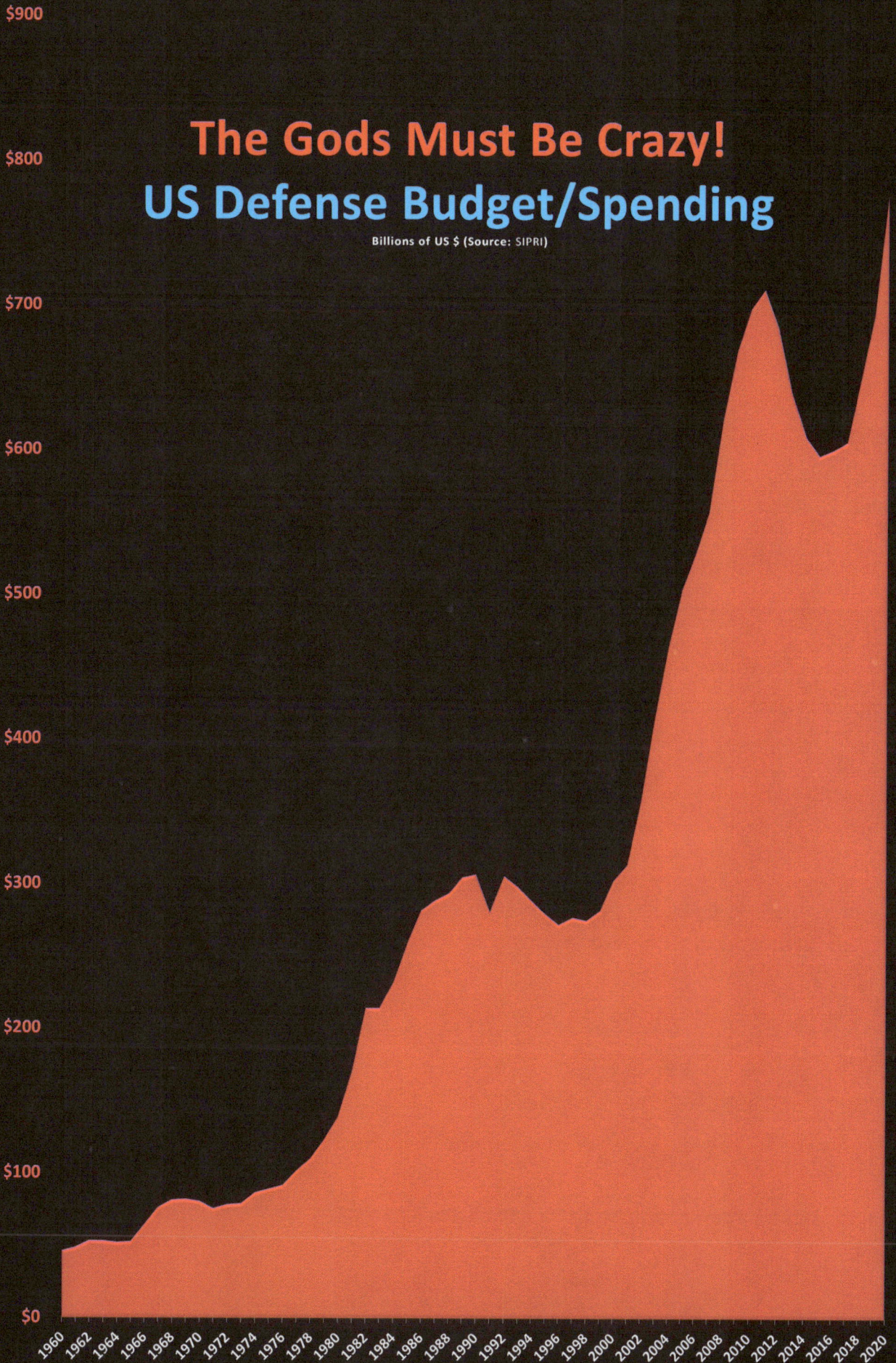

गए या फिर धोखाधड़ी का हिस्सा बने। चूंकि अमेरिकी सेना इराक और अफगानिस्तान से वापिस आ रही है, अब उनको हर साल अमेरिकी रक्षा पर लगभग एक ट्रिलियन डॉलर खर्च का लक्ष्य पूरा करने के लिए चीन मिल गया है। इस रिपोर्ट के अनुसार, "कांग्रेस का कोई भी सदस्य जो इस देश की रक्षा के लिए आवश्यक फंड्स के लिए वोट नहीं करता है, उसको नवंबर के बाद एक नई नौकरी की तलाश करनी पड़ेगी।"

हर साल, अमेरिकी सरकार रक्षा पर लगभग एक ट्रिलियन डॉलर खर्च करती है, जो संयुक्त रूप से उसके पीछे आने वाले दस देशों से भी अधिक है। लेकिन हमारे बहुत सी रक्षा प्रणालियाँ बहुत पुरानी हो चुकी हैं और कुछ तो बेकार पड़ी हैं। उदाहरण के लिए, यदि हज़ारों नहीं तो सैकड़ों वायु सेना के पायलट ऐसे विमान उड़ा रहे हैं जो उनके जन्म से पहले बनाए गए थे, और जिनमें से कई उड़ने के लिए सुरक्षित तक नहीं हैं।

"अमेरिकी बेड़े का बादशाह, और दुनियाभर की नौसेना का अब तक का सबसे शक्तिशाली जहाज़, एयरक्राफ्ट केरियर, उन युद्धपोतों की तरह बनने के खतरे में है, जिन्हें सहारा देने के लिए इसे डिज़ाइन किया गया था:
बड़ा, महंगा [>$10B], असुरक्षित
और आश्चर्यजनक रूप से वर्तमान समय के संघर्षों के लिए अप्रासंगिक।"
....
"इन्हे संचालित करने के लिए लगभग 6,700 लोगों का चालक दल लगता है, और प्रत्येक स्ट्राइक ग्रुप का प्रतिदिन का खर्चा लगभग $6.5 मिलियन है।"

कैप्टन हेनरी जे. हेंड्रिक्स, USN (Ph.D.), मार्च 2013

दूसरी तरफ चीन अपने कीमती मुद्रा भंडार को अत्याधुनिक हाइपरसोनिक मिसाइलों पर खर्च करता है। इनकी मार के सामने अमेरिका के फैंसी खिलौने टिक नहीं सकते हैं। केवल एक लाख डॉलर की लागत से बनी चीनी DF-26 बैलिस्टिक मिसाइलें दिखने में विशाल उन अमेरिकी जंगी जहाजों को डुबो सकती है जो 10 अरब डॉलर से ज्यादा कीमत के है।

अमेरिका सोवियत संघ की तरह ही एक काल्पनिक परमाणु हमले की तैयारी करते हुए नासमझी भरे कदम उठा रहा है। असल में इसकी डोर उस $2 ट्रिलियन इंडस्ट्री के कुछ लोभी ग्रुप्स और सऊदी अरब के कट्टरपंथी बेद्विन पंथ[68] के हाथ में है। अमेरिकी रक्षा में किए जाने वाले खर्च का अमेरिकी नागरिकों के हितों से कुछ खास लेना देना नही है और ये एक तर्कसंगत रणनीति पर आधारित नही है। इसके बजाय ये कई रक्षा ठेकेदारों द्वारा लॉबिंग करने का परिणाम हो सकते हैं। ये ठेकेदार सांसदों को उनके जिलों में डिफेंस मैन्युफैक्चरिंग प्लांट लगा कर रिश्वत देते हैं, जिससे वहां रोजगार बढ़ता है। चीनी हम पर हंस रहे होंगे क्योंकि हम उनसे उधार लिए पैसों को फिजूल खर्च में बर्बाद कर देते हैं, जो की खुद को जहर देने जैसा है। और बड़ी बात यह है कि इसके लिए हमें चीनियों को ही हमारी जनता के सामने सबसे बड़ा शत्रु घोषित करना पड़ता है, जबकि ये पैसा शायद उनके खिलाफ कभी खर्च नही होगा। चीन के सरकारी सांठगांठ वाले इंस्टीट्यूशनल इन्वेस्टर्स कई प्राइवेट इक्विटी फर्मों और निवेश के दूसरे जरियों में अच्छा खासा पैसा लगाते हैं और डिफेंस ठेकेदार इन संस्थानों के काबू में होते हैं। विडंबना यह है कि हमारे खिलाफ खड़े कुछ देशों के वेल्थ फंड्स ने भी कुछ प्राथमिक रक्षा ठेकेदारों[69] को गुलाम बनाया हुआ है।

"जब हम पूंजीवादियो को फांसी देंगे
तो वे हमें लटकाने के लिए उपयोग की जाने वाली रस्सी बेच देंगे।"

जोसेफ स्टालिन

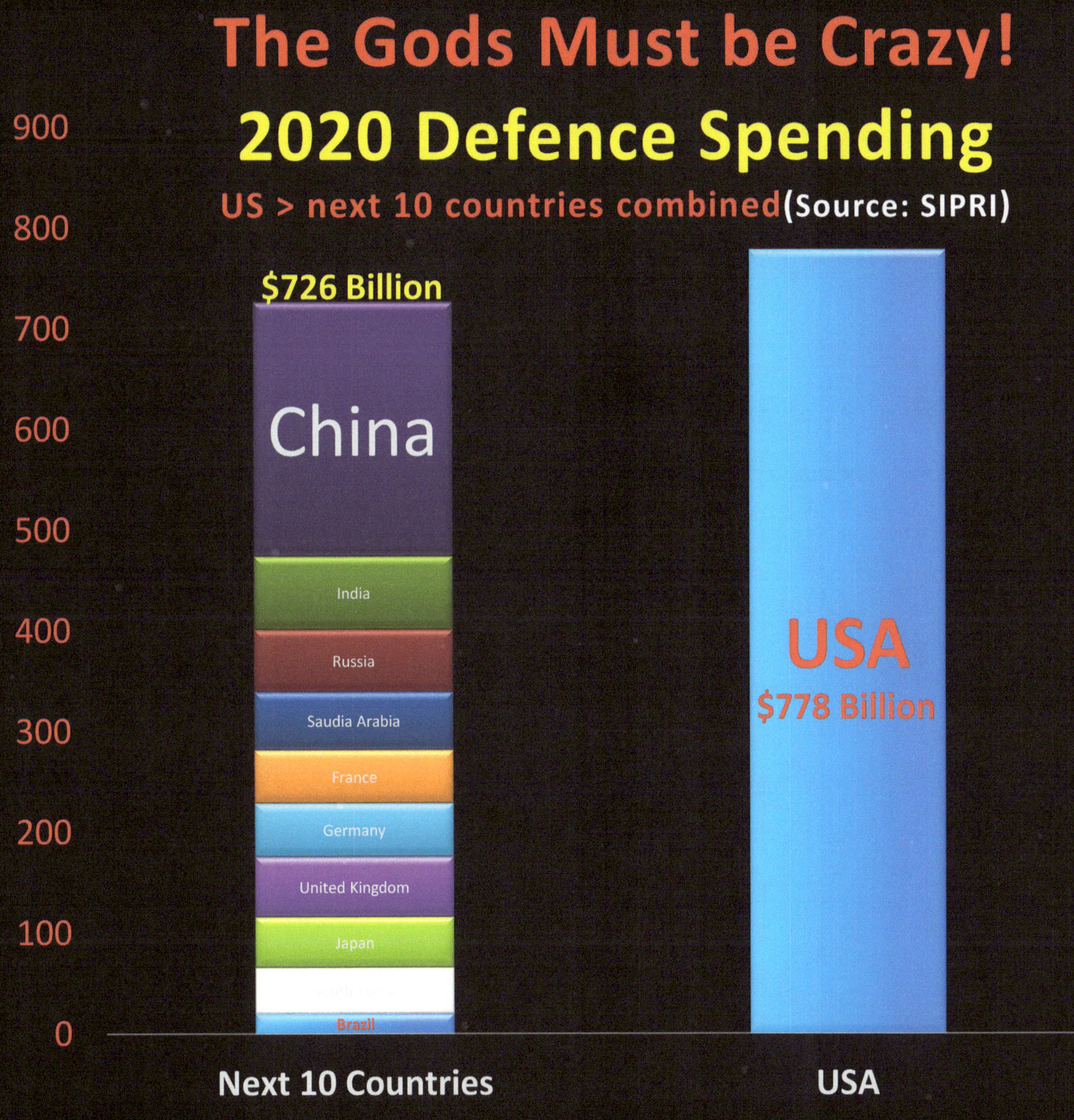

The Gods Must be Crazy!
2020 Defence Spending
US > next 10 countries combined(Source: SIPRI)
900
800
700
600
500
400
300
200
100
0
$726 Billion
China
India
Russia
Saudia Arabia
France
Germany
United Kingdom
Japan
Brazil
USA
$778 Billion
Next 10 Countries
USA

जिस तरह सोवियत संघ ने राजनीतिक संघर्षों में खुद को एकतरफा उलझाकर अपने साम्राज्य का विनाश कर दिया, उसी तरह हम भी अपना कीमती खून और पैसा बहा रहे हैं। विडंबना यह है कि वास्तव में हम नकलची हैं। हम अफगानिस्तान में वही गलतियाँ कर रहे हैं जो रूस ने की थी। अफगान लोगों पर विजय पाना असंभव है; फारसी, सिकंदर महान, चंगेज खान, ब्रिटेन और रूस, सभी इसमें विफल रहे हैं। अभी हाल ही में, मध्य पूर्व के युद्धग्रस्त रेगिस्तानों में, हमने बेद्विन कबाइलियों के आपसी युद्धों में शामिल होकर $5 ट्रिलियन धुएं में उड़ा दिए।

हमारे इस तरह के मुर्खताभरे कारनामें चीन की झोली में एक तोहफे की तरह गिरते हैं। चीन अपनी रणनीती के मामले में अडिग है और जब हम अपनी मूर्खताओं के कारण फिसल रहे थे, वे शानदार ढंग से ऊपर उठ रहे थे। चूंकि अमेरिका के पास इतना तेल है कि वह इसे निर्यात करता है, इसलिए मध्य पूर्व के मामलो में अपने को उलझाने का कोई रणनीतिक फायदा नहीं है। हम वहां बिना कारण खून और पैसा बहा रहे हैं। संक्षेप में, हम सिर्फ चीन को होने वाली तेल की सप्लाई की रक्षा कर रहे हैं, जैसा कि अफगानिस्तान और पाकिस्तान में हुआ था। वहां चीन को उनके वाणिज्यिक हितों को जीतने में मदद मिली थी।

★★★★★★★★★★★★★★★★★★★★★★★★★★★★★★★★★★★★★★

The Gods Must be Crazy!

2020 US Defense Spending

Catacomb of Capitalism: Little R&D?

Source: OMB (Office of Management and Budget)

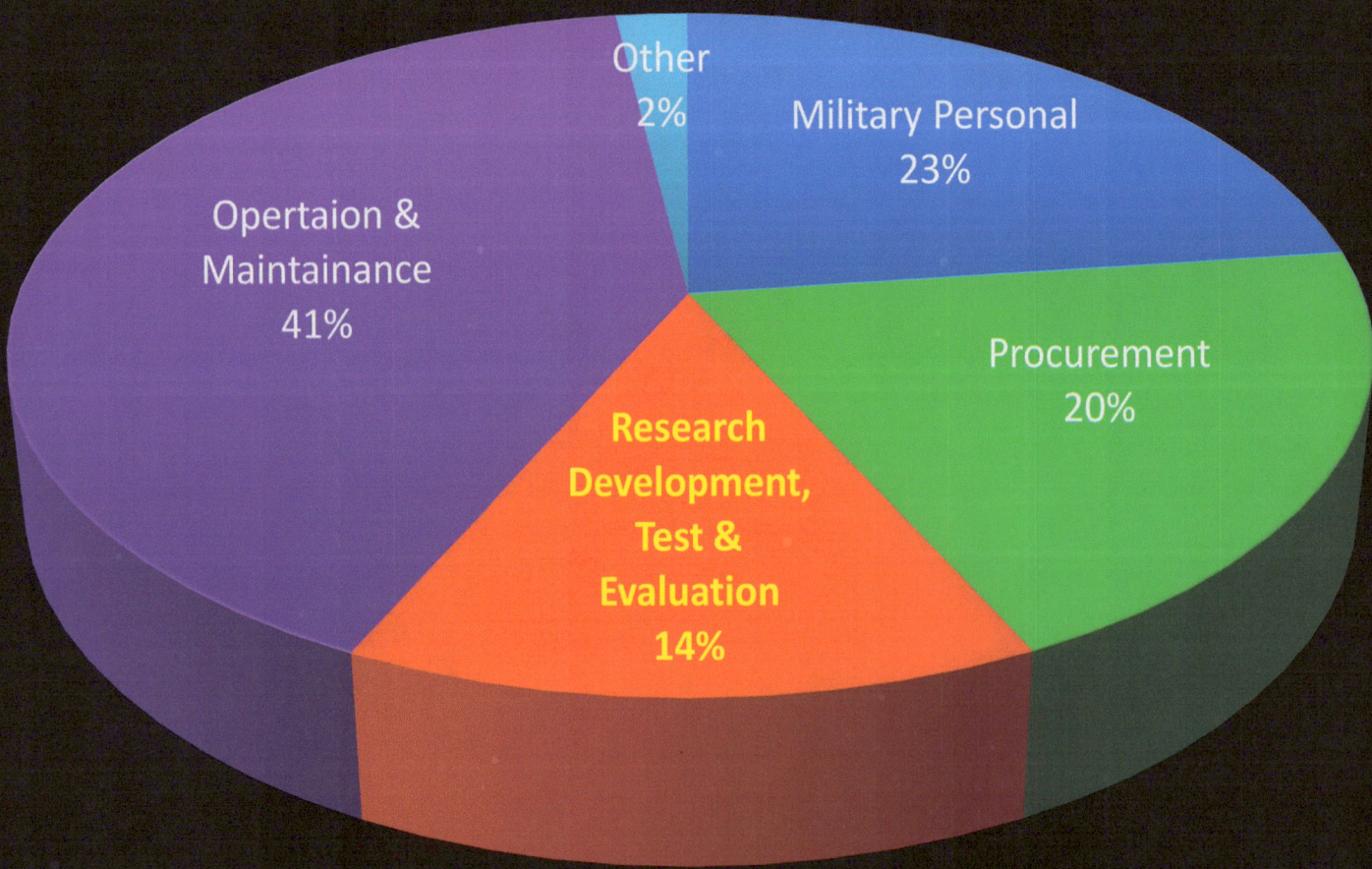

Other
2%
Military Personal
23%
Maintainance
41%
Procurement
20%
Research
Development,
Evaluation
14%

इस बीच, चीन तर्कसंगत तरीके से और बुद्धिमानी से काम कर रहा है जैसा कि अमेरिका ने रूजवेल्ट के दिनों में (या शीत युद्ध के समय) वैश्विक गठबंधनों को आगे बढ़ा कर किया था। चीन में कोई दलाल नहीं होते हैं, और वे अपनी दीर्घकालिक सुरक्षा और व्यापारिक हितों के लिए सूझ-बूझ से निर्णय लेते हैं।

हमें भविष्य के युद्धों के लिए फ्रैंकलिन रूजवेल्ट की तरह सरकारी और निजी भागीदारी द्वारा सेना का पूरी तरह से आधुनिकीकरण करना चाहिए। ये इतिहास में लड़े गए पारम्परिक युद्धों के लिए बनी थी। हमें तीसरे विश्व युद्ध की तैयारी करने और जीतने के लिए FDR जैसे दूरदर्शी लोगों की आवश्यकता है। इस युद्ध का माहौल बन चुका है। FDR ने 1942 में इसी तरह अपनी दूरद्रष्टि से द्वितीय विश्व युद्ध जीता था।

यदि हम रणनीतिक और बुद्धिमान नहीं हैं, तो हम आधुनिक चीनी रक्षा प्रतिष्ठानों के खिलाफ नहीं टिक पाएंगे। नीचे दिए गए चार्ट से पता चलता है कि ड्रैगन से बचने के लिए ज़रूरी रिसर्च एंड डेवलपमेंट पर अमेरिका मुश्किल से कोई पैसा खर्च कर रहा है। यदि हम सावधान और रणनीतिक नहीं हैं, तो हमारा गुरुर और आक्रामक सैन्य दुस्साहस हमें मध्य साम्राज्य के हाथों शिकस्त दिलवाएगा। यह दुख की बात है कि हम भविष्य का युद्ध पुरानी रणनीति और हथियारों से लड़ रहे हैं।

12. डिजिटल रणनीति और परिवर्तनकारी मार्ग:

"सफल होने के लिए, हमें एक भव्य रणनीति की भावना से काम करने की आवश्यकता है।"
भव्य रणनीति में शामिल है नैतिक मानदंडो (नैतिक न्यायपूर्णता) को सर्वोपरि रखना, स्वर्ग, पृथ्वी, नेतृत्व, और अंत में, विधि और अनुशासन (सैन्य क्षमता का आकलन, सापेक्ष शक्ति क्षमता)। एक बार जब सभी तत्व एक साथ आ जाते हैं, तो एक राज्य सफलता के लिए एक भव्य रणनीति से लाभान्वित हो सकता है।

सन त्ज़ू की द आर्ट ऑफ़ वॉर (476-221 ईसा पूर्व) से अनुकूलित

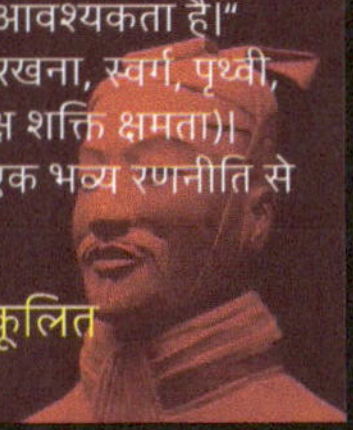

रूजवेल्ट ने ऑफिस संभालने के अपने पहले 100 दिनों के अंदर, अल्फाबेट एजेंसियां बनाई थी जिन्हें 'न्यू डील' एजेंसियों के नाम से भी जाना जाता है। रूजवेल्ट की कई शर्तों के मुताबिक "नई डील" के तहत कम से कम 69 ऑफिस बनाए गए थे। सरकार की तीन शाखाएँ होती हैं, और कार्यकारी शाखा अधिकतर फेडरल एजेंसियों को नियंत्रित करती है। कार्यकारी शाखा के अंतर्गत 15 कार्यकारी विभाग और लगभग 254 उप-एजेंसियाँ हैं। उनके सेवाकाल में संसद ने लगभग 67 स्वतंत्र एजेंसियों और एक दर्जन से अधिक छोटे बोर्डों, आयोगों और समितियों की भी स्थापना की थी।

कोई भी पेड़ जड़ से सड़ना शुरू होता है। अमेरिकी सरकार की उन शाखाओं को और उनमे शामिल 19वीं शताब्दी की एजेंसियों को अब भ्रष्टाचार की दीमक खोखला कर रही हैं। एनालिस्ट जेम्स ए थर्बर ने अनुमान लगाया था कि कुल 100,000 के आसपास पेशेवर दलाल काम में लगे हुए थे और इस भ्रष्ट उद्योग से सालाना 9 अरब डॉलर[70] की कमाई होती थी। यह संयुक्त राष्ट्र में शामिल 50 से भी अधिक देशों की GDP (2018) से ज़्यादा है। आजकल ये लॉबीइंग (दलाली) और भी बड़े पैमाने पर हो रही है और "अंडरग्राउंड" हो रही है क्योंकि लॉबीइस्ट अपनी गतिविधियों को छुपाने के लिए अधिक से अधिक परिष्कृत तरीकों का उपयोग कर रहें हैं। यहां तक कि अदालत का न्याय भी बिक रहा है क्योंकि चुनाव प्रचार काल में काले धन के करोड़ों डॉलर चंदे में दिए गए थे[71]। जनवरी 2010 के सुप्रीम कोर्ट सिटीजन्स यूनाइटेड के फैसले ने चुनाव प्रचार पर हुए भयानक खर्च को उजागर किया था जो हर मायनों में असाधारण रूप से अनैतिक और भ्रष्ट था। वॉल स्ट्रीट ने 2016 के अमेरिकी राष्ट्रपति चुनाव को प्रभावित करने की कोशिश में रिकॉर्ड $2 बिलियन खर्च कर डाले। लॉबिंग असल में रिश्वतखोरी या जबरन वसूली का एक फैंसी लीगल स्वरूप है, और हमारे अलावा दुनिया के हर देश में इसे भ्रष्टाचार कहा जाता है।

वर्तमान नौकरशाही प्रणाली जिस काम के लिए बनाई गई थी वो काम, खास कर एक सदी पहले रूजवेल्ट्स के अच्छी नीयत वाले शासन में उसने हमेशा किया है। दुर्भाग्य से, कई अच्छी संस्थाएं भी अब वाशिंगटन D.C के भ्रष्टाचार (स्नेक आयल[72]) के रंग में रंग कर काली स्याही बन कर रह गई हैं। यह देखते हुए कि हाल ही की जियोपोलिटिकल और आर्थिक आपदाओं ने इनमें से कई प्रणाली को जड़ से कमजोर कर दिया है, हमारी रणनीतियां और नीतियाँ किस हाल में हैं? क्या इस बदलती हुई विश्व व्यवस्था का सामना करने के लिए हमारे पास कोई दूरदृष्टि और रणनीतिक रोडमैप है? हम एक नए बहुआयामी युगमें जी रहे हैं जहां कई पुराने दकियानूसी नियमों को 22वीं सदी की डिजिटल विश्व व्यवस्था के अनुरूप बदलने की आवश्यकता है।

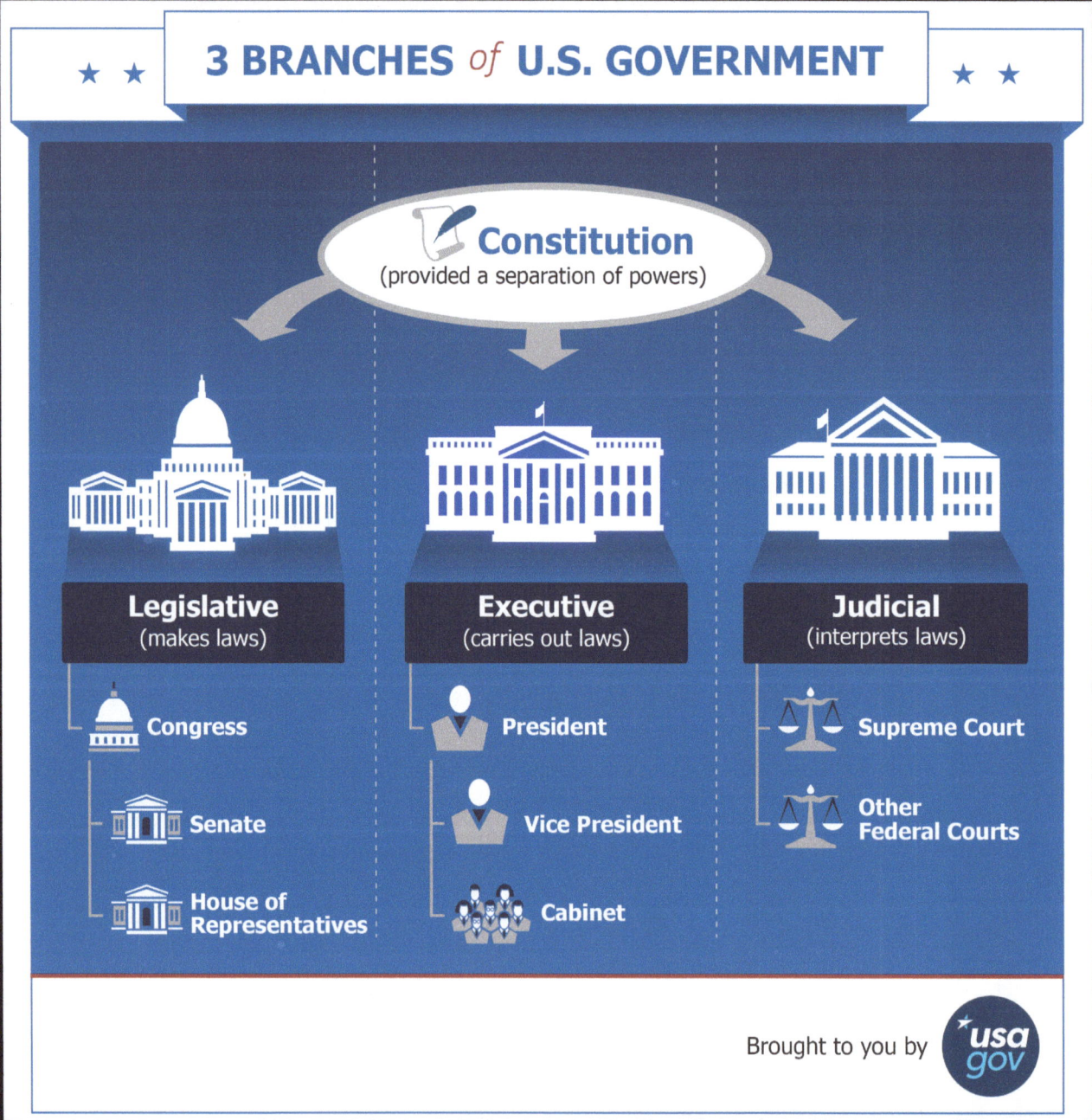

★ ★

3 BRANCHES *of* U.S. GOVERNMENT

★ ★   ★ ★

Constitution
(provided a separation of powers)

Legislative
(makes laws)

Executive
(carries out laws)

Judicial
(interprets laws)

Congress

Senate

House of Representatives

President

Vice President

Cabinet

Supreme Court

Other Federal Courts

Brought to you by **usa gov**

"यदि आपका दुश्मन हर जगह से सुरक्षित है, तो उसके लिए तैयार रहो। यदि वह ज्यादा ताकतवर है, तो उससे बचो। यदि वह आपा खोता है, तो उसे चिढ़ाने की कोशिश करो। कमजोर होने का नाटक करो ताकि वह अहंकारी हो जाए। यदि वह सांस लेने के लिए रुके तो उसे बिल्कुल आराम मत करने दो। अगर उसकी सेना एकजुट है, तो उसे बांट दो। उस पर वहां हमला करो जहां वह तैयार नहीं है, वहां प्रकट हो जाओ जहा वह सोच भी नही सकता।"

सन त्ज़ु की द आर्ट ऑफ़ वॉर (476-221 ईसा पूर्व)

चीनी सभ्यता एकमात्र ऐसी जुझारू प्राचीन सभ्यता है जो चार बार ख़त्म हुई लेकिन हर बार फिर से अपने पैरो पर खड़ी हो गई। प्रथम अफीम युद्ध (1839 से 1842) के बाद उनके राज्य का पतन और घोर अपमान होने के बाद से, प्रत्येक चीनी नेता ने देश में और विश्व भर में अपनी खोई हुई गरिमा को फिर से हासिल करने की कोशिश की है। चीनी कम्युनिस्ट पार्टी (CCP) का हेतु किसी से छिपा नहीं है: शी जिनपिंग मध्य साम्राज्य को फिर से महान बनाने के लिए दृढ़ हैं। CCP "जिओ टेक्नोलॉजिकल" रणनीतियों और नीतियों का उपयोग कर रही है। चीन खरबों डॉलर के न्यू सिल्क रोड (बेल्ट एंड रोड इनिशिएटिव (BRI) और डिजिटल सिल्क रोड (DSR) के माध्यम से वैश्विक श्रेष्ठता का मार्ग प्रशस्त कर रहा है, जो एशिया, मध्य पूर्व, अफ्रीका और यूरोप को अपनी कॉलोनी बनाने का इरादा रखता है। चीनी उत्पादों के लिए एक व्यापक व्यापार ढांचे को तैयार करते हुए, BRI उन्नत तकनीक और सैन्य हितों के आसपास चीन के लिए दीर्घकालिक रणनीतिक बदलाव की पेशकश करता है। यह जिन विकसित टेक्नोलॉजी पर केंद्रित है उसमे 5G टेलीकम्युनिकेशन, रोबोटिक्स, आर्टिफिशियल इंटेलिजेंस (AI), और सैन्य सुरक्षा के लिए समुद्री इंजीनियरिंग शामिल हैं।

अत्यधिक फाइनेंशियल इंजीनियरिंग की रणनीति बनाने के बजाय, हमें लंबे समय की ऐसी वैल्यू इंजीनियरिंग रणनीतियों पर ध्यान देना चाहिए जिससे कम खर्चे में अधिक लाभ हो सके। वैल्यू इंजीनियरिंग द्वारा हमें "पहाड़ी पर चमचमाते शहर" की आकांक्षा होनी चाहिए। धन तो उस से पैदा हो ही जाएगा। मेरी पीढ़ी ने आज के युवाओं को हानि पहुंचाई है। वे डिजिटल युग के लिए तैयार नहीं हो पाएं हैं और STEM क्षमता भी विकसित नही कर पाएं हैं। हमें शतुरमुर्ग की तरह अपने सिर रेत में घुसाने के बजाय दुनिया की बदलती हुई हवा और नई व्यवस्था को समझने की जरूरत है। यदि हम कोई कदम नहीं उठाएंगे तो Huawei, अलीबाबा, Tencent और Baidu जैसे डिजिटल ड्रैगन दुनिया को चलाएंगे। चीन यह सुनिश्चित करेगा कि ये ड्रेगन आर्थिक रूप से मध्य साम्राज्य द्वारा गुलाम बनाए गए देशों में अपने कदमों के निशान छोड़ दें।

आजकल वोटबैंक की राजनीति के माहौल में, रूज़वेल्ट जैसे नेताओं को खोज निकालना अमेरिका के लिए चुनौतीपूर्ण होगा। वही पतन को रोक सकते हैं। मुझे आशा है कि यह कम पीड़ाजनक होगा, अन्धकार में खो जाने के बजाय हम वास्तविकताओं को उतनी ही शालीनता से स्वीकार कर लें जिस तरह अंग्रेजों ने हमें कार्यभार सौपते हुए किया था।

**"स्टीव हिल्टन: बहुत से लोग कहते हैं कि चीन स्वयं सुपर पावर बन कर अमेरिका की जगह लेना चाहता है...,
क्या आप मानते हैं कि उनका यही इरादा है?"
ट्रम्प: "हाँ, मैं मानता हूँ। आखिर ऐसा क्यों नहीं होगा?
वे बहुत महत्वाकांक्षी लोग हैं। वे बहुत होशियार हैं।
वे महान लोग हैं। यह एक महान संस्कृति है।"**

फॉक्स न्यूज इंटरव्यू (05-19-19)

उपसंहार

"सबसे ऊँची उत्कृष्टता बिना लड़े जीतने में होती है, न कि आपसे टकराने वाले हर विरोधी को धूल में मिलाने में। क्योंकि यह बात साफ है कि आपका लक्ष्य विनाश करना नहीं है बल्कि जीतना है, इसलिए चीजों को ज्यों का त्यों रहने देंगे तो आपका ज़्यादा लाभ होगा और आपको अपने विरोधी से सम्बन्ध सुधारने में मदद मिलेगी।"

सुन त्सु द्वारा द आर्ट ऑफ़ वॉर (ईसा पूर्व 476-221)

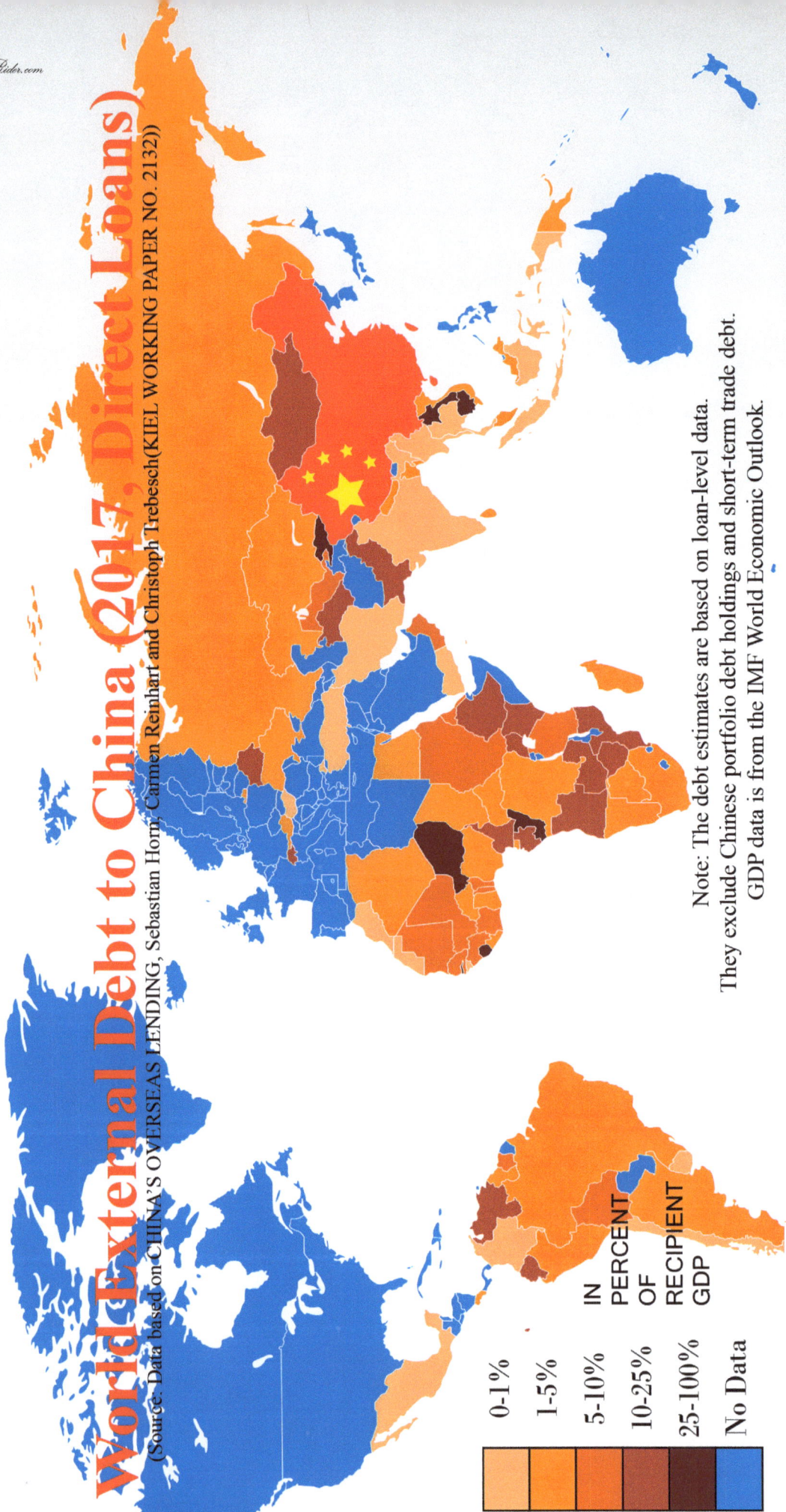

World External Debt to China (2017, Direct Loans)

(Source: Data based on CHINA'S OVERSEAS LENDING, Sebastian Horn, Carmen Reinhart and Christoph Trebesch(KIEL WORKING PAPER NO. 2132))

www.Tiger-Rider.com

Note: The debt estimates are based on loan-level data.
They exclude Chinese portfolio debt holdings and short-term trade debt.
GDP data is from the IMF World Economic Outlook.

IN
PERCENT
OF
RECIPIENT
GDP

0-1%
1-5%
5-10%
10-25%
25-100%
No Data

पत्ते चले जा चुके है, और यदि हम शीघ्र ही अपना तुरुप का पत्ता नही खेल पाए, तो चीन अपने भाड़े के टट्टुओं को भेजकर अमेरिका और करीब 100 और ऐसे देशों से टोल वसूलेगा जिन्हें उसने 2008 की वित्तीय सुनामी के बाद से आर्थिक और डिजिटल रूप से गुलाम बनाया हुआ है।

COVID-19 ने हमारी कमजोरियों को उजागर कर दिया है। राष्ट्रपति के रक्षा उत्पादन अधिनियम के होने के बावजूद भी हम 3M-निर्मित फेसमास्क और आवश्यक व्यक्तिगत सुरक्षा उपकरण (PPE) के लिए चीन पर निर्भर है।

रूजवेल्ट ने अमेरिका की जो अर्थव्यवस्था खड़ी की थी वो 1960 में दुनिया की GDP (सकल घरेलू उत्पाद) का लगभग 40% थी। अब PPP (पर्चेसिंग पावर पैरिटी) के सन्दर्भमें यह गिरकर 15% से भी कम हो गई है, जबकि चीन ने इसे अपनी भागीदारी तेजी से बढ़ाते हुए 20% कर ली है। श्रेय जाता है डॉलर को मिले हुए आरक्षित मुद्रा स्टेटस को जिस कारण विश्व का 79.5% व्यापार अभी भी अमेरिकी डॉलर में ही होता है। इतनी अधिक फाइनेंशियल इंजीनियरिंग के साथ, हमारी साख बर्बाद हो चुकी है। यदि हम शीघ्र ही इसे सुधारने के लिए कुछ नहीं करते है तो पुरे विश्व में हमारा साम्राज्य और उद्यम दोनो ही खतरे में पड़ जाएंगे।

अभी यदि हम दुनिया से और कट जाते हैं और दीवारें खड़ी कर लेते हैं तो बहुत कुछ गिरवी रख कर गंवाना पड़ सकता है। अभी हालात ऐसे बन गए है कि कोई भी अप्रत्याशित घटना अचानक कई तरह की चुनौतियां खड़ी कर देती है और हम गर्त में फिसलने लग जाते है। इससे निपटना किसी मनमानी करने वाले नेता के बस की बात नही है। अब दुनिया पर एकतरफा अपनी मर्ज़ी थोपने का समय गया। हमें विनम्रता से और अपनी व्यवहार कुशलता से दुनिया की बाकी 96% आबादी का विश्वास जीतना होगा और रूजवेल्ट की तरह हमारी व्यापार और एंटरप्राइज की कूटनीति को नए सिरे से गढ़ना होगा। एक सदी पहले इन्हीं तौर तरीको को अपनाकर हम एक सुपर पावर बने थे।

यदि हम इसमें विफल हो जाते हैं, तो कुछ चरम वामपंथी लोग जनता को लुभाने के लिए सभी में धन को बराबर बांट देने जैसी साम्यवादी नीतियां ले आयेंगे जबकि अत्यंत दक्षिणपंथी लोग फ़ासिस्ट लड़ाके (सरकारी मालिकी वाला निरंकुश पूंजीवाद) बन जाएंगे। अमेरिकी उद्यम का पालनहार है अमेरिकी साम्राज्य जिसके उठने और गिरने से व्यापार का भाग्य जुड़ा हुआ है। हमने पिछली चार शताब्दियों में ये बात डच (~$10T) और ब्रिटिश (~$5T) ईस्ट इंडिया कंपनियों जैसे सबसे बड़ेउद्यमों के साथ होते हुए देखी है। दुर्भाग्य से, पुराने विचार के हमारे कई उद्यमी जो सीमा से अधिक फाइनेंशियल इंजीनियरिंग का सहारा लेते है, वे इंटेलेक्चुअल प्रोपर्टी चुराने वाले गिद्धों का शिकार बन जायेंगे जो अधिकांशत: चीन से होते है।

हमें रूजवेल्ट और उनके सहयोगियों से प्रेरणा लेने की ज़रूरत है, जिन्होंने हमारे लिए पूंजीवादी की ऐसी शक्तिशाली नींव रखी जो लगभग पचहत्तर सालों से कायम है। इससे पहले कि बहुत देर हो जाये, हमें विभिन्न देशों के एक गठबंधन का नेतृत्व कर नए "मार्शल प्लान्स" कोलागू कर के उन देशों को बचाना है जिन्हें चीन ने आर्थिक और डिजिटल रूप से गुलाम बना लिया है।

इसकी नींव और ढांचा निम्नलिखित बातों पर आधारित होना चाहिए:

1. नेतृत्व
2. साइंस, टेक्नोलॉजी , इंजीनियरिंग और मैथेमेटिक्स (STEM) की शिक्षा
3. रीसर्च और स्ट्रेटेजिक टेक्नोलॉजी
4. इंफ्रास्ट्रक्चर आर्किटेक्चर
5. डिजिटल आर्किटेक्चर
6. नॉलेज मैनेजमेंट
7. डिप्लोमेसी
8. वर्ल्ड करेंसी गोल्ड स्टैण्डर्ड
9. इलेक्ट्रो-डॉलर
10. फाइनेंशियल कैपिटल
11. सिक्योरिटी
12. परिवर्तनकारी विराट डिजिटल रणनीतियाँ और नियमन

मैं विपरीत बात करने वाला व्यक्ति हूँ जिसने 2008 की आर्थिक सूनामी की भविष्यवाणी की थी। हालाँकि यह इतनी भीषण नहीं थी क्योंकि इसका नुकसान अधिकतर अमेरिका तक सीमित रहा। इस बार, COVID-19 और नागरिकों में आक्रोश की

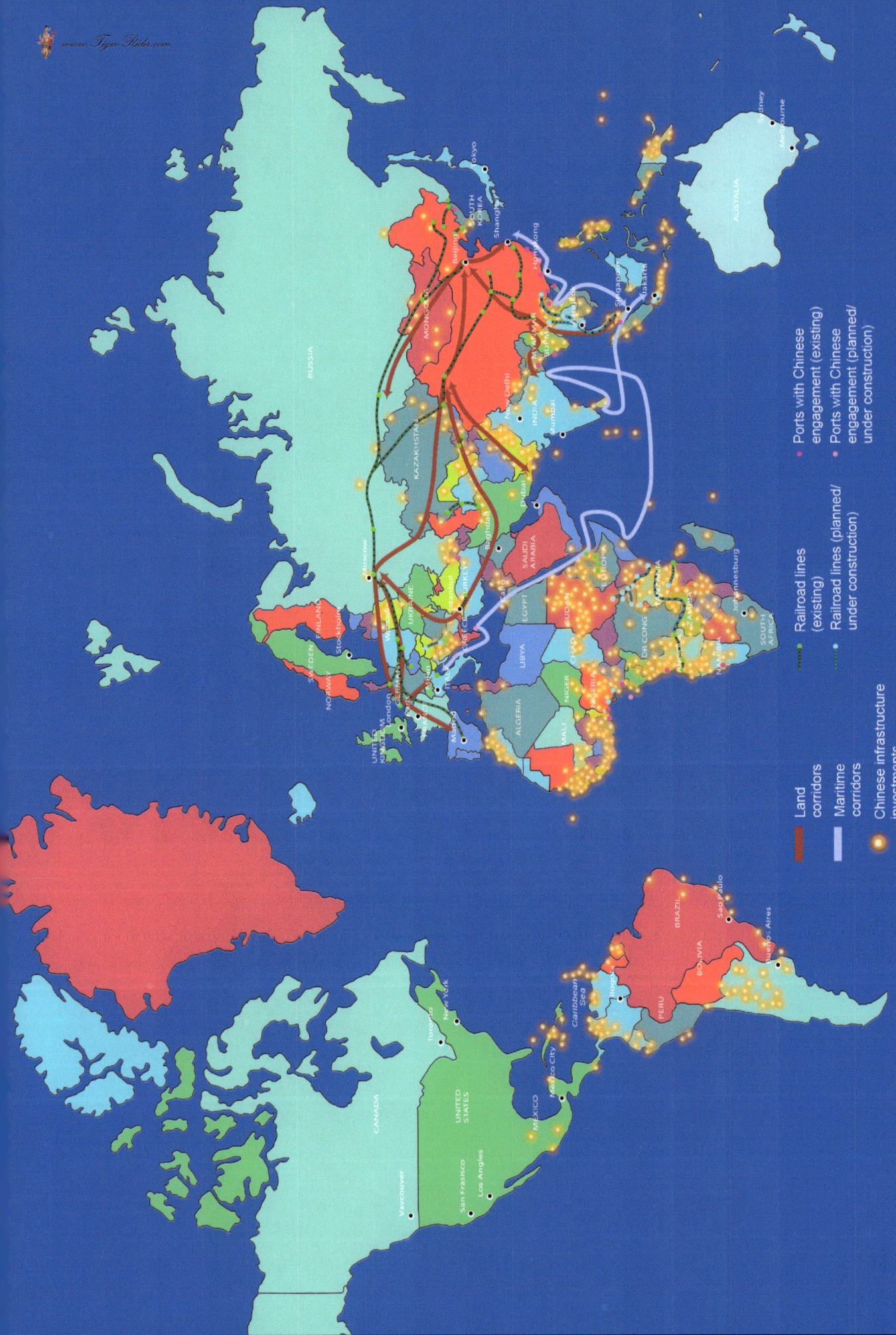

RUSSIA

MONGOLIA

Beijing
SOUTH KOREA
Tokyo
Shanghai
Hong Kong
Singapore
Jakarta

KAZAKHSTAN

New Delhi
INDIA
Mumbai
Dubai

SAUDI ARABIA
EGYPT
LIBYA
ALGERIA
MALI
NIGER
NIGERIA
SUDAN
CHAD
DR CONGO
ETHIOPIA
KENYA
ZAMBIA
NAMIBIA
SOUTH AFRICA
Johannesburg

TURKEY
GREECE
Moscow
SWEDEN
NORWAY
FINLAND
Stockholm
UKRAINE
London
UNITED KINGDOM
Madrid

AUSTRALIA
Sydney
Melbourne

CANADA
UNITED STATES
New York
Toronto
Vancouver
San Francisco
Los Angeles
MEXICO
Mexico City
Caribbean Sea
Bogota

BRAZIL
Sao Paulo
Buenos Aires
PERU
BOLIVIA

Legend

- Ports with Chinese engagement (existing)
- Ports with Chinese engagement (planned/ under construction)
- Railroad lines (existing)
- Railroad lines (planned/ under construction)

Land corridors	
Maritime corridors	
Chinese infrastructure investments	

वजह से स्थिति अधिक भयावह है और इसके कई जटिल पहलू है जिस की वजह से इस अचानक आई हुई आपदा को समझना बहुत मुश्किल है, लेकिन ये बहुत कुछ बदल सकती है। मैं तो बस आशा कर रहा हूँ कि इस बार मेरा विश्लेषण गलत हो। मैं अपनी इस रिसर्च और एनालिसिस को आपके हवाले करता हूँ ताकि आप इसको कठिन से कठिन कसौटी पर परख सकें और मेरे इस अनूठे दृष्टिकोण को चुनौती दे सके।

अभी तक तो अमेरिका ने मिडल किंगडम की झोली में दो शानदार उपहार डाल दिए है - पहला, फाइनेंशिअल इंजीनियरिंग की सारी हदें पार कर दी है और दूसरा, सोने के अंडे देने वाली मुर्गी को मार डाला है - और ये सब कुछ बोनस में चंद डॉलर हासिल करने के लिए अपने ही लाभकारी उद्यमों की पीठ में छुरा घोंप कर किया है। यदि हम 22nd Century Digital Age New Normal Noah's Enterprise Ark के समान कोई योजना नहीं बनाते है तो मुझे एक ऐसा भविष्य दिखाई देता है जो 'मेन इन घ हाई केसल[73] में दिखाए गए एक गुलाम जैसा व्यवहार करता, जो नेटफ्लिक्स वृत्तचित्र अमेरिकन फेक्ट्री[74] की याद दिलाता नाजी साम्राज्य चौथे रीक [75]जैसा होगा,

हाँ अमेरिका के लोगों, ये तुम्हारे मैच का हाफ टाइम है![76]

The Gods Must be Crazy!
US vs China Competitiveness Dashboard
(Representative Example scores)

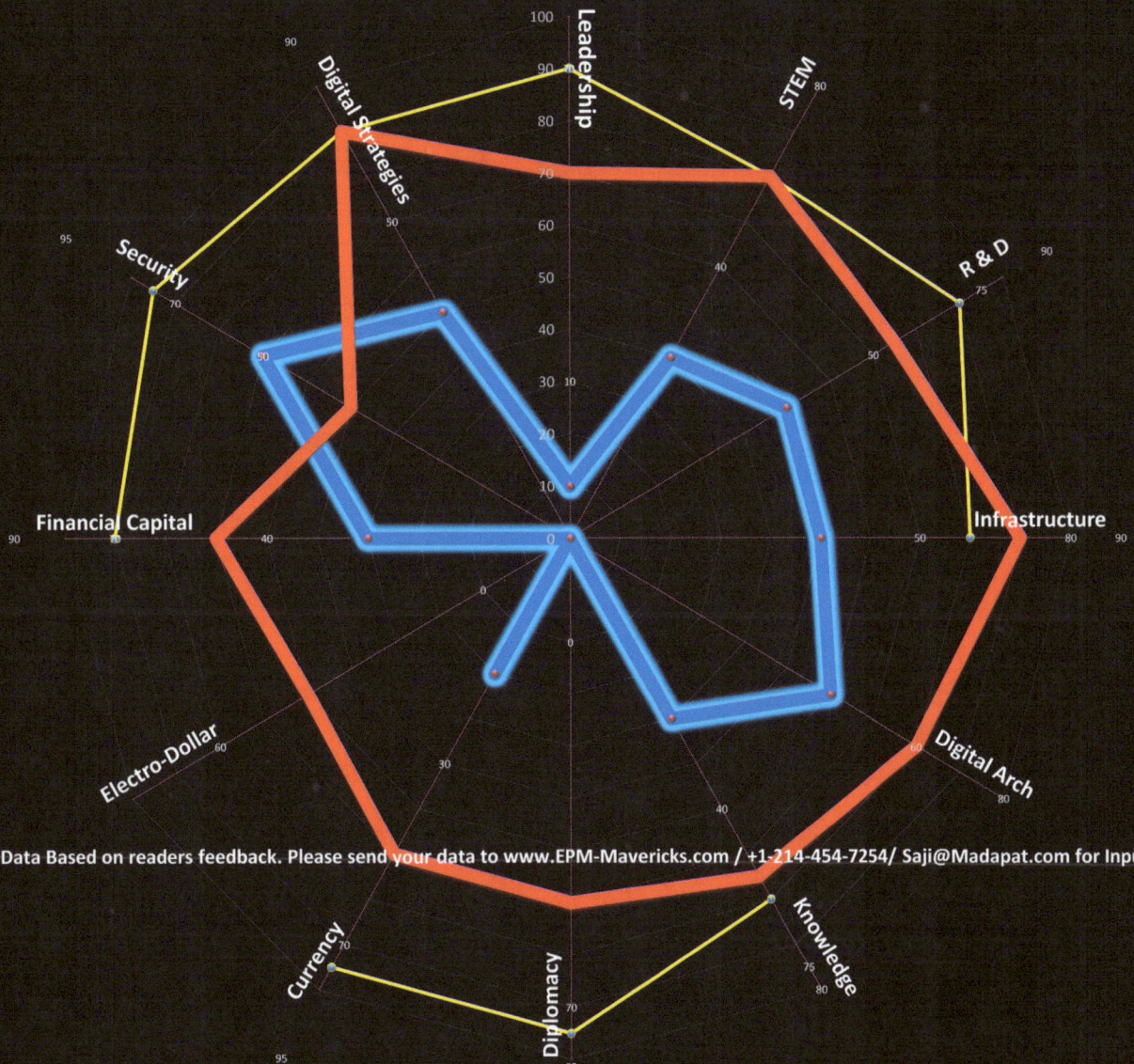

Roosevelt's USA · Current USA · CHINA

Data Based on readers feedback. Please send your data to www.EPM-Mavericks.com / +1-214-454-7254/ Saji@Madapat.com for Input

हाँ अमेरिका के लोगों,
ये तुम्हारे मैच का हाफ टाइम है!

Ay Yi Yai Yi! We are in the middle of The New World Order!

लेखक के विषय में

खानाबदोश के रूप में मेरे अवतारों की कहानी

★★★★★★★★★★★★★★★★★★★★★★★★★★★★★★★★★★★★★★

> "सभी लड़ाइयों को लड़ना और जीत लेना सर्वोच्च उत्कृष्टता नहीं है; बिना लड़े दुश्मन के प्रतिरोध को तोड़ देने में ही सर्वोच्च उत्कृष्टता है।"
>
> सन त्ज़ु द्वारा द आर्ट ऑफ़ वॉर (476-221 ईसा पूर्व)

मेरा जन्म भारत में 'प्रभु का देश' कहे जाने वाले केरल में हुआ था और वहीं मैं पला बड़ा हुआ। ये हरियाली से भरा एक स्वर्ग है। केरल में, हम लोग सेंट थॉमस, द एपोस्टल के अनुयायी हैं। हमारी शिक्षा ईसाई मिशनरी द्वारा होती है जो पुर्तगाल, फ्रांस और ब्रिटेन के कॉलोनाइजर्स के साथ यहां आए थे। केरल में 100% साक्षरता दर और एजुकेशन के ऊंचे स्टैंडर्ड के कारण यहां कई प्रगतिशील आंदोलनों ने जन्म लिया, जिसमें कम्युनिज्म शामिल है। केरल ने कई अनोखे रिकॉर्ड कायम किए हैं, जैसे कि यहां का मॉडल COVID-19 रिकवरी रेट कई पश्चिमी देशों की तुलना में ज्यादा है। यह विश्व इतिहास की पहली जगह है जहां कम्युनिस्ट चुनाव लड़ कर लोकतांत्रिक रूप से सत्ता में आए और 1957 से इसी तरह शासन कर रहे हैं। इसका नतीजा यह हुआ कि यहां उद्यम पनप नहीं सकें और क्योंकि मैंने इंडस्ट्रियल इंजीनियरिंग में डिग्री ली थी (टोटल क्वालिटी मैनेजमेंट में विशेषता के साथ) मुझे अपना बोरिया-बिस्तर समेट कर मुंबई (भारत की कमर्शियल राजधानी) में नौकरी ढूंढने पर मजबूर होना पड़ा।

मुझे शीघ्र ही एहसास हो गया कि फैक्ट्री फ्लोर पर काम करने के अलावा मेरे पास ज्यादा संभावनाएं नहीं है क्योंकि मेरा रंग सांवला है (मैं एक लुंगी पहना हुआ काला मद्रासी हूं)। अपने भविष्य की चिंता में मैं भाग कर दक्षिण भारत चला गया ताकि नस्लवादी भेदभाव के कारण मेरी प्रगति में रुकावट न आये। मैंने राष्ट्रीय एकीकरण के लिए एक उम्मीदवार के रूप में फाइनेंस में MBA किया। मेरी किस्मत रही कि 1990 में पूरी भारतीय अर्थव्यवस्था 50 साल पुराने शक्तिशाली लाइसेंस राज के बोझ तले दब कर बिखर गई। इसका नतीजा यह हुआ कि भारतीय अर्थव्यवस्था मुक्त हो गई। ये सब बड़े शानदार समय पर हुआ क्योंकि इसने मुझे एक इन्वेस्टमेंट बैंकिंग एनालिस्ट के तौर पर अपना करियर शुरू करने का मौका दिया। किस्मत ने एक बार फिर साथ दिया जब भारत में 1996 में शेयर बाजार की मंदी ने मुझे अपने इन्वेस्टमेंट बैंकिंग करियर से बाहर निकलने में मदद की।

भारत ने समाजवादी रास्ता अपनाया हुआ था और 1970 के दशक में पाकिस्तान से मुठभेड़ के दौरान इमरजेंसी की घोषणा कर दी गई थी। पाकिस्तान युद्ध और गुटनिरपेक्ष नीति के कारण, अमेरिका और भारत के संबंधों में खटास आ गई और आईबीएम भारत छोड़ कर चला गया। धन्य हो उस खाली हुए स्थान का जिसे तुरंत भरने की ज़रूरत के कारण TCS और दूसरी बड़ी भारतीय IT कंपनियों का जन्म हुआ। उन्होंने हम जैसे लोगो को IT की कोडिंग सिखाई ताकि हम लोग IBM द्वारा छोड़े गए पुराने कंप्यूटरों और मेनफ्रेम की धरोहर को किक स्टार्ट कर के काम जारी रखें । फिर आई बिजनेस के इतिहास की सबसे बड़ी गलती - Y2K जिस से होने वाले तथाकथित प्रलय से बचने के लिए कोड को ठीक करने की जरूरत थी। IBM और अन्य पश्चिमी कम्पनियों ने हम जैसे सस्ते साइबर कुलियों को इस काम के लिए उपयुक्त समझा।

इस दौरान मुझे कॉर्पोरेट फाइनेंस छोड़ कर ERP (एंटरप्राइज रिसोर्स प्लानिंग) में काम करने का मौका मिल गया और मुझे पूंजीवाद के प्रतीक, यूएसए जाने का पासपोर्ट मिल गया। लेकिन 2000 में नीदरलैंड स्थित BaaN ब्रदर्स, डच स्कैंडल में फंस गई, दुनिया का यह #तीन ERP सिस्टम अब बर्बाद हो चुका था।

तब से मैंने एक दशक से ज्यादा PMI के लिए वॉलंटियर के तौर पर काम करने में बिता दिया। PMI के प्रमुख स्टैंडर्ड्स मानकों (जिसमे PMBOK, OPM3, PP&PM, इत्यादि शामिल है) पर मैंने अपने नाम की मोहर लगा दी थी, श्रेय जाता है मेरे PMI पेपर्स, प्रकाशनों और किताबों को (विशेष रूप से प्रोजेक्ट पोर्टफोलियो मैनेजमेंट स्टैंडर्ड को)। मैं गार्टनर के PPM बोर्ड रूम के पैनल में भी रह चुका हूं और बाद में E&Y में तीन PM मेथोडोलॉजी SMES में से एक था। 2008 में, आर्थिक सुनामी के बीच, मैंने सीएफओ कार्यालय में एक सलाहकार के रूप में काम किया, दुनिया की सबसे प्रशंसित कंपनी फॉर्च्यून 10 के लिए एक परियोजना पोर्टफोलियो प्रबंधन कार्यालय की स्थापना की। मैंने उन्हें लगभग पचास करोड़ डॉलर की बचत करवाई, लेकिन मैं अपनी ही शॉर्ट टर्म फाइनेंशियल इंजीनियरिंग का शिकार हो गया। मैं 90 के दशक के हाइपरियन उद्यम को भुनाने में कामयाब रहा और BIG4 परामर्श की दुनिया में अधिक अग्रणी वित्तीय इंजीनियरिंग के लिए उत्पादों के CFO सूट की फैंसी दुनिया में चला गया।

2009 में मैंने बोरिया बिस्तर बांधा और कंबोडिया के जंगलों के लिए निकल पड़ा, कुछ ऐसे सवालों के जवाब ढूंढने जो समाज के सबसे निचले स्तर पर मिल सकते थे। ये चीन के GIFT (ग्लोबल इंस्टीट्यूट फॉर टुमॉरो) के तहत था जो क्लिंटन ग्लोबल यंग एक्जीक्यूटिव लीडरशिप प्रोग्राम (YLP) का हिस्सा था। मैंने पश्चिमी फाइनेंस की दुनिया को जितना करीब से देखा, उतना ही इससे मेरा मोहभंग हुआ। मैंने फ्लैश बाजारों के उतार चढ़ाव में विश्वास खो दिया। आज का 90% स्टॉक मार्केट लम्बी अवधि के नैतिक मूल्यों की नींव रखे बिना सिर्फ - स्टॉक बायबैक, ट्वीट्स, QE[77], हॉट डॉलर और बोट्स के बनाए हुए एल्गोरिथम द्वारा संचालित लगातार चल रहे सट्टे के पीछे भाग रहा है। हर्नांडो डी सोटो की पुस्तक 'द मिस्ट्री ऑफ कैपिटल' की जय हो जिसने मुझे एक दिव्य ज्ञान दिया। 9/11 के बाद से मैंने पश्चिमी बाजार के पारंपरिक चलन के खिलाफ जा कर पेट्रो चाइना[78] और टोटल[79] पर दांव खेला और कुछ डॉलर कमाए।

कंबोडिया में हत्याओं के गढ़ बने जंगलों[80] से लौटने के बाद, मैंने अपने करियर को एक बार फिर से तराशना शुरू किया। 2008 में BIG4 की दुनिया में आई आर्थिक सुनामी की मदद से में एक EPM (एंटरप्राइज परफॉर्मेंस मैनेजमेंट) सलाहकार बन गया। मैंने लोगो की सलाह के खिलाफ जा कर अपने दांव खेले और 2008 से 2011 के बीच अपनी कुल संपत्ति का 95% पैसा कमा लिया। जब पूरी दुनिया अपना उधार चुकाने के लिए प्रॉपर्टी बेच रही थी तब मैंने लोन ले कर दुनिया के कुछ बेहतरीन रियल एस्टेट में दिल खोल कर इन्वेस्ट किया। ये सब मजबूरी में बेची जा रही थी। हालांकि अंधाधुंध EPM फाइनेंशियल इंजिनियरिंग कर के मैंने भी बहुत सारे पाप किए है। इसके लिए मैंने कई लुभावने शब्दों जैसे कि कॉस्ट कटिंग (बचत), टैक्स इफेक्टिव सप्लाई चेन मैनेजमेंट (TESCM), बिजनेस/फाइनेंस/आईटी ट्रांसफॉर्मेशन, BPR, सिक्स सिग्मा और प्राइसिंग एंड प्रॉफिटेबिलिटी स्ट्रेटजी का जाल बिछाया।

अपनी गलतियों के प्रायश्चित के लिए मैंने एक दशक से ऊपर तक सबसे बड़ी नॉन प्रॉफिट लेकिन प्रोफेशनल संस्था PMI (प्रोजेक्ट मैनेजमेंट इंस्टीट्यूट) के लिए वॉलंटीयरिंग की। यह लगभग 30 लाख पेशेवर लोगों की सेवा करती है जिसमे 208 देशों में बसे इसके 500,000 सदस्य भी शामिल है। मैंने लगभग आधा दर्जन किताबों को लिखने में और 50 पब्लिकेशन्स/प्रेसेंटेशन्स में योगदान दिया है। मैंने अर्न्स्ट एंड यंग में कई एंटरप्रेन्योर ऑफ द ईयर (EOY) अवाड्र्स में हिस्सा लिया है।

दो दशक से ऊपर बीत चुके है, अफसोस की बात है कि शायद मुझे उस तूफानी रास्ते से वापस लौटना होगा जिस पर मेड मेक्स चला था और रूजवेल्ट के सुनहरे पूंजीवाद के युग की बर्बादी के मलबे को चढ़ कर पार करना होगा।

मेरी पुस्तक की समीक्षा करने का विनम्र अनुरोध

★★★★★★★★★★★★★★★★★★★★★★★★★★★★★★★★★★★★★★

मैं समझता हूँ कि आपको यह पुस्तक पढ़ने में आनंद आया होगा। मैं आप के विचार जानना चाहता हूँ और विनम्रतापूर्वक अनुरोध करता हूं कि आप अपने कीमती मिनट निकाल कर एमेज़ॅन पर इसका रिव्यु पोस्ट करें। आपकी प्रतिक्रिया और समर्थन मेरी आने वाली किताबों के लिए मेरे लेखन कौशल में काफी सुधार करेंगे और इस पुस्तक को और भी अधिक प्रशंसनीय बना देंगे। यह एक जीवित पांडुलिपि है और आपके रचनात्मक ज्ञान (direct contact details @ www.Epm-Mavericks.com) के आधार पर लगातार विकसित होती रहेगी। आपका अग्रिम में बहुत धन्यवाद!

संक्षिप्त रूप

★ Intellectual property (IP)
★ Belt and Road Initiative (BRI)
★ Digital Silk Road (DSR)
★ Internet of Things (IoT)
★ The Middle Kingdom (China)
★ One Belt, One Road (OBOR)
★ Asian Infrastructure Investment Bank (AIIB)
★ Purchasing Power Parity (PPP)
★ Gross domestic product (GDP)
★ Black Lives Matter (BLM)
★ George Floyd riots (FLOYD)
★ Political Action Committee (PAC)
★ Swamp (Washington DC)
★ Mergers and Acquisitions (M&A)
★ Facebook, Amazon, Apple, Netflix, and Google (FAANG)
★ Global Institute for Tomorrow (GIFT - https://global-inst.com/learn/)
★ Science, Technology, Engineering, and Mathematics (STEM)
★ Tax Effective Supply Chain Management (TESCM)
★ Robotic Automation in Cloud (BOTs)
★ Business Process Outsourcing (BPO)
★ Chinese Communist Party (CCP)
★ Franklin D. Roosevelt (FDR)
★ Theodore Roosevelt (TR)
★ Organization for Economic Cooperation and Development (OECD)
★ Artificial Intelligence (AI)
★ The Trans-Pacific Partnership (TPP)
★ Society for Worldwide Interbank Financial Telecommunication (SWIFT)
★ Special-Purpose Vehicle (SPV)
★ Blockchain Service Network (BSN)
★ New Development Bank (NDB)
★ Cross-Border Interbank Payment System (CIPS)

पुस्तक में उपयोग किए गए कला चित्र

थेय्यम, 'डांस ऑफ गॉड्स': केरल के उल्लास भरे राज्य में दुनिया के किसी भी हिस्से की तुलना में सांस्कृतिक परंपराओं का बहुत बड़ा खजाना है। थेय्यम 'देवताओं का नृत्य' है। इस तेजतर्रार नृत्य में प्राचीन काल के तत्वों और अनुष्ठानों को शामिल किया गया है। लगभग 456 प्रकार के थेय्यम (थेयक्कोलम) हैं और भारत के उत्तरी मालाबार क्षेत्र में इनका प्रदर्शन किया जाता है, जो मेरा गृह क्षेत्र है।

https://www.tiger-rider.com/Client-Galleries/Rhodes/
https://en.wikipedia.org/wiki/Theyam

Thrissur Puram
The Festival of Festival's in God's own Country

पुरम, त्योहारों का त्योहार: त्रिशूर (भारत की सांस्कृतिक राजधानी) में मेरा गृहनगर है - यहीं पर मैंने अपनी इंजीनियरिंग करते समय 4 पुरम बिताए थे। मेरा हमेशा पुरम को करीब से देखने का सपना देखा था - लेकिन हर साल लाखों लोगों के बीच यह एक असंभव सपना हुआ करता था। अंत में, प्रभु की महिमा से मुझे इस दिव्य दरबार में जीवन का एकमात्र प्रवेश मिल गया (त्रिचूर कलेक्टर द्वारा जारी अतिथि पास से), साथ ही तिरुवंबाडी और परममेक्कावु देवस्वोम में भी बिना रोक टोक के स्वछन्द घूमने की अनुमति (मीडिया पास द्वारा) मिल गई।..

https://www.tiger-rider.com/Client-Galleries/Puram/
http://en.wikipedia.org/wiki/Thrissur_Pooram

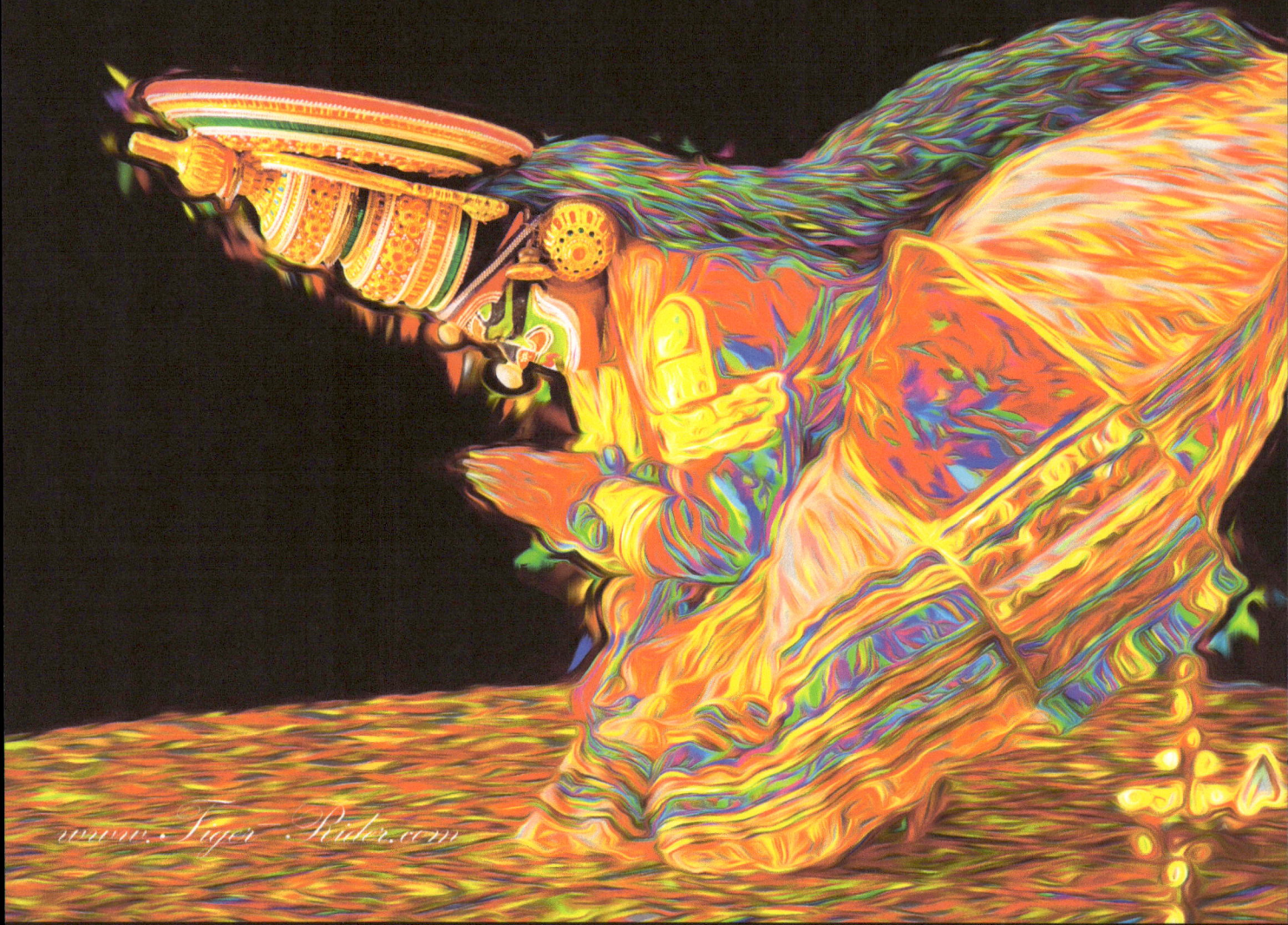

Kathakali कथकली, कहानी सुनाने की कला: कथकली (मलयालम:കഥകളി) शास्त्रीय भारतीय नृत्य का एक प्रमुख रूप है। यह कला की एक "कहानी" शैली है, लेकिन पारंपरिक रूप से पुरुष अभिनेता-नर्तकियों द्वारा पहने जाने वाले विस्तृत रंगीन मेकअप, वेशभूषा और चेहरे के मुखौटे पहनते है। कथकली भारत के मलयालम भाषी दक्षिण-पश्चिमी क्षेत्र (केरल) में एक हिंदू प्रदर्शन कला है।

https://www.tiger-rider.com/Client-Galleries/KathakaliICCT/
https://en.wikipedia.org/wiki/Kathakali

(ओरिजिनल फ्रंट कवर इमेज सोर्स: एफडीआर पोर्ट्रेट और राष्ट्रपति डोनाल्ड जे. ट्रम्प बुधवार, 5 जून, 2019 को पोर्ट्स-माउथ, इंग्लैंड में साउथसी कॉमन में एक डी-डे नेशनल स्मारक कार्यक्रम के दौरान संबोधित हुए। (शीला क्रेगहेड द्वारा आधिकारिक व्हाइट हाउस फोटो))

(बैक कवर इमेज सोर्स: राष्ट्रपति डोनाल्ड जे. ट्रम्प 2020 नेशनल प्रेयर ब्रेकफास्ट के दौरान वाशिंगटन पोस्ट की एक प्रति गुरुवार, 6 फरवरी, 2020 को वाशिंगटन डीसी के वाशिंगटन हिल्टन में दिखाते हुए (जॉइस एन. बोघोसियन आधिकारिक व्हाइट हाउस फोटो))

ENDNOTES

1 चि-राक शिकागो, इलिनोइस का एक उपनाम है। यह शिकागो और इराक शब्दों को मिलाकर बनाया गया है और शिकागो के कुछ हिंसा भरे इलाकों को युद्ध क्षेत्र के समान बताने के लिए किया जाता है।
https://www.dictionary.com/e/slang/chiraq/#:~:text=Chiraq%20is%20a%20nickname%20for,likening%20them%20to%20a%20warzone

2 राजनीति विज्ञान में, बनाना रिपब्लिक एक राजनीतिक रूप से अस्थिर देश को कहा जाता है जिसकी सारी अर्थव्यवस्था एक सीमित संसाधन, जैसे कि बनाना (केला) या खनिजों के निर्यात पर निर्भर होती है।
https://www.theatlantic.com/politics/archive/2013/01/is-the-us-on-the-verge-of-becoming-a-banana-republic/267048/

3 बोर्डिंग अप एक ईमारत की खिड़कियों और दरवाजों पर बोर्ड लगाने की प्रक्रिया है, ताकि इसे तूफान से होने वाले नुकसान से बचाया जा सके, अप्रयुक्त, खाली, या परित्यक्त संपत्ति की रक्षा की जा सके, और/या इसके अनाधिकृत उपयोग को अवैध लोगों, लुटेरों या बर्बरों से बचाया जा सके।

https://www.wbez.org/stories/protest-art-has-covered-boarded-up-businesses-will-it-be-preserved/e3db8017-a6ba-4dde-9bc3-3d17f6ee5392

4 पिछले 5000 वर्षों के दौरान, चीन को कई अलग-अलग नामों से जाना जाता रहा है, लेकिन चीन ने जिस सबसे पारंपरिक नाम का इस्तेमाल किया है, वह है झोंगगौ जिसका अर्थ है मिडल किंगडम यानी मध्य साम्राज्य (या कभी-कभी इसे सेंट्रल किंगडम भी कहा जाता है)।

http://www.learnmartialartsinchina.com/kung-fu-school-blog/why-is-china-called-the-middle-kingdom/#:~:text=Throughout%20the%20last%205000%20years,sometimes%20translated%20as%20Central%20Kingdom)

5 https://www.britannica.com/place/Third-Reich

6 डच ईस्ट इंडिया कंपनी, यूनाइटेड ईस्ट इंडिया कंपनी के नाम से, डच वेरेनिगडे ओस्ट-इंडिस्चे कॉम्पैनी, एक व्यापारिक कंपनी है जिसकी स्थापना 1602 में डच गणराज्य (वर्तमान नीदरलैंड्स) में हिंद महासागर में उस राज्य के व्यापार की रक्षा करने और स्पेन से स्वतंत्रता के युद्ध में सहायता करने के लिए की गई थी।
https://www.pbs.org/wgbh/roadshow/stories/articles/2013/1/7/dutch-east-india-company-worlds-first-multinational/

7 ईस्ट इंडिया कंपनी एक अंग्रेजी कंपनी थी जिसका गठन पूर्व और दक्षिण पूर्व एशिया और भारत के साथ व्यापार करने के लिए किया गया था। 31 दिसंबर, 1600 को शाही चार्टर द्वारा स्थापित की गई इस कंपनी को एक मोनोपोली के रूप में शुरू किया गया था ताकि इंग्लैंड ईस्ट इंडिया के मसालों के व्यापार में शामिल हो सके।
https://www.bbc.co.uk/programmes/n3csxl34

8 द न्यू डील 1933 और 1939 के बीच संयुक्त राज्य अमेरिका में राष्ट्रपति फ्रैंकलिन डी रूजवेल्ट द्वारा अधिनियमित कार्यक्रमों, सार्वजनिक कार्य परियोजनाओं, वित्तीय सुधारों और विनियमों की एक श्रृंखला थी। इसमें महामंदी से राहत, सुधार और पुनर्प्राप्ति की जरूरतों का समाधान था।
https://www.fdrlibrary.org/great-depression-new-deal

9 https://www.npr.org/sections/codeswitch/2013/08/26/215761377/a-history-of-snake-oil-salesmen

10 2008 का वैश्विक वित्तीय संकट आर्थिक सुनामी के सबसे प्रचलित हालिया उदाहरणों में से एक है। यू.एस. में सबप्राइम मॉर्गेज मार्केट ने इस मामले में एक ट्रिगर के रूप में काम किया, जिसमें बड़े निवेश बैंकों ने (IB) कुछ संपार्श्विक ऋण साधनों में जोखिम की मात्रा का गलत अनुमान लगा लिया।
https://www.investopedia.com/terms/e/economictsunami.asp#:~:text=The%202008%20global%20financial%20crisis,in%20certain%20collateralized%20debt%20instruments.

11 डेब्ट ट्रैप डिप्लोमेसी या ऋण-जाल कूटनीति अक्सर कथित नकारात्मक इरादों के साथ देशों के बीच द्विपक्षीय संबंधों में किए गए ऋण पर आधारित कूटनीति का वर्णन करती है। यद्यपि यह शब्द कई देशों और अंतर्राष्ट्रीय मुद्रा कोष की उधार प्रथाओं पर लागू किया गया है, यह वर्तमान में चीन के जनवादी गणराज्य के साथ सबसे अधिक जुड़ा हुआ है।
https://foreignpolicy.com/2020/03/23/china-coronavirus-belt-and-road-bri-boost-debt-diplomacy/

12 बेल्ट एंड रोड इनिशिएटिव, जिसे पहले वन बेल्ट वन रोड या संक्षेप में OBOR के रूप में जाना जाता था, विभिन्न देशों और अंतर्राष्ट्रीय संगठनों में निवेश करने के लिए 2013 में चीनी सरकार द्वारा अपनाई गई एक वैश्विक बुनियादी ढांचे के विकास की रणनीति है।
https://www.oecd.org/finance/Chinas-Belt-and-Road-Initiative-in-the-global-trade-investment-and-finance-landscape.pdf

13 मार्शल प्लान (आधिकारिक तौर पर यूरोपीय रिकवरी प्रोग्राम, ERP) पश्चिमी यूरोप को विदेशी सहायता देने हेतु 1948 में पारित की गई एक अमेरिकी पहल थी।
https://history.state.gov/milestones/1945-1952/marshall-plan

14 "डिजिटल सिल्क रोड" (DSR) 2015 में चीन की सरकार के एक आधिकारिक श्वेत पत्र द्वारा पेश किया गया था, और यह बीजिंग के बेल्ट एंड रोड इनिशिएटिव (BRI) का एक हिस्सा था। वर्षों से, यह प्रोजेक्ट्स के रूप में कम लेकिन टेलीकम्यूनिकेशन या डेटा सम्बंधित चीन की कंपनियों के ब्रांड के तौर पर ज़्यादा देखा गया है। ये कम्पनियां अपने प्रोडक्ट्स अफ्रीका, एशिया, यूरोप, लैटिन अमेरिका, या कैरेबियन में बेचती आ रही है जहां 100 से ज़्यादा "BRI देश" मौजूद है। https://carnegieendowment.org/2020/05/08/will-china-control-global-internet-via-its-digital-silk-road-pub-81857

15 थाउजेंड टैलेंट प्लान (TTP) (चीनी: 千人计划; पिनयिन: कियान रेन जोहु) या थाउजेंड टैलेंट कार्यक्रम (चीनी: 海外高层次人才引进计划; पिनयिन: हिवी गाओ सेंगसी रेंकाई यिनजुन जिहु) की स्थापना 2008 में केंद्रीय सरकार द्वारा की गई थी। यह साइंटिफिक रिसर्च, इनोवेशन और उद्यमिता में चोटी के अंतरराष्ट्रीय विशेषज्ञों को पहचानने और उन्हें रिक्रूट करने के लिए थी। https://www.hsgac.senate.gov/imo/media/doc/2019-11-18%20PSI%20Staff%20Report%20-%20China's%20Talent%20Recruitment%20Plans.pdf

16 एक एक्सपैट या प्रवासी वह व्यक्ति होता है जो अपने वतन से बाहर किसी अन्य देश में रहता है। https://www.merriam-webster.com/dictionary/expatriate

17 https://itif.org/publications/2020/06/22/new-report-shows-unfair-chinese-government-support-huawei-and-zte-has-harmed

18 रूसी संस्कृति में kompromat का अर्थ होता है , "शर्मसार करने वाला मटेरियल" यह एक राजनेता, व्यवसायी, या किसी अन्य सार्वजनिक हस्ती के बारे में हानिकारक जानकारी है, जिसका उपयोग नकारात्मक प्रचार के साथ-साथ ब्लैकमेल और जबरन वसूली के लिए किया जाता है। https://www.newyorker.com/news/swamp-chronicles/a-theory-of-trump-kompromat

19 एशिया, यूरोप और अफ्रीका में छावनी स्थापित करने के बाद, चीन की AI कंपनियां अब लैटिन अमेरिका में प्रवेश कर रही हैं, यह एक ऐसा क्षेत्र है जिसे चीनी सरकार "मुख्य आर्थिक हित" के रूप में वर्णित करती है। वेनेजुएला ने हाल ही में एक नया राष्ट्रीय ID-कार्ड सिस्टम शुरू किया है जो ZTE द्वारा बनाए गए डेटाबेस में नागरिकों के राजनीतिक झुकाव को रिकॉर्ड करता है। यह एक घोर विडंबना है कि उइगरों के गृह प्रांत शिनजियांग में लगने वाले एक डिफेंस एक्सपो में चीनी कंपनियों ने वर्षों तक इनमें से कई निगरानी उत्पाद बेचे हैं। https://www.theatlantic.com/magazine/archive/2020/09/china-ai-surveillance/614197/

20 https://www.theatlantic.com/magazine/archive/2020/09/china-ai-surveillance/614197/

21 https://www.brookings.edu/opinions/the-aiib-and-the-one-belt-one-road/

22 https://en.wikipedia.org/wiki/List_of_countries_by_GDP_(PPP)

23 https://www.heritage.org/defense/commentary/chinas-defense-spending-larger-it-looks

24 https://youtu.be/2J9y6s_ukBQ

25 https://www.nytimes.com/2018/01/18/us/politics/trump-border-wall-immigration.html

26 https://fee.org/articles/the-medical-cartel-is-keeping-health-care-costs-high/#:~:text=Though%20few%20Americans%20realize%20it%2C%20health%20care%20is%20a%20monopoly.,-Cartels%20Protecting%20Doctors&text=Cartels%20Protecting%20Doctors-,Both%20directly%20or%20indirectly%2C%20the%20AMA%20also%20controls%20the%20prices,payment%20policies%20of%20insurance%20companies.

27 https://www.oecd-ilibrary.org/education/education-at-a-glance-2018_eag-2018-en

28 https://educationdata.org/international-student-enrollment-statistics/

29 https://www.oecd.org/pisa/pisa-2015-results-in-focus.pdf

30 https://www.sentencingproject.org/wp-content/uploads/2015/11/Americans-with-Criminal-Records-Poverty-and-Opportunity-Profile.pdf

31 https://www.brennancenter.org/our-work/research-reports/citizens-united-explained

32 https://www.marketwatch.com/story/airlines-and-boeing-want-a-bailout-but-look-how-much-theyve-spent-on-stock-buybacks-2020-03-18

33 https://www.marketwatch.com/story/airlines-and-boeing-want-a-bailout-but-look-how-much-theyve-spent-on-stock-buybacks-2020-03-18

34 https://www.imf.org/external/pubs/ft/fandd/2019/09/tackling-global-tax-havens-shaxon.htm

35 सामंतवाद का भारतीय रूप। भारतीय उपमहाद्वीप में एक जमींदार, राज्य का एक स्वायत्त या अर्ध-स्वायत्त शासक था जिसने हिंदुस्तान के सम्राट का आधिपत्य स्वीकार कर लिया था। फारसी में इस शब्द का अर्थ जमींदार होता है। आमतौर पर, वंशानुगत, ज़मींदारों के पास भूमि के बड़े हिस्से होते थे और किसानों पर उनका नियंत्रण होता था, जिनसे वे शाही अदालतों की ओर से या सैन्य उद्देश्यों के लिए कर वसूल करने का अधिकार अपने पास रखते थे। https://www.britannica.com/topic/zamindar

36 एक डार्क साइंस फिक्शन थ्रिलर फिल्म जो आज के वर्तमान समाज और मौजूदा सामाजिक और आर्थिक असमानताओं को बखूबी दर्शाती है। https://www.sonypictures.com/movies/elysium

41 https://www.cnn.com/2020/01/07/tech/boz-trump-facebook/index.html

42 https://www.swift.com/sites/default/files/documents/swift_bi_currency_evolution_infopaper_57128.pdf

43 https://www.thebalance.com/black-wednesday-george-soros-bet-against-britain-1978944

44 https://en.wikipedia.org/wiki/1997_Asian_financial_crisis#:~:text=Malaysian%20Prime%20Minister%20Mahathir%20Mohamad,sold%20it%20short%20in%201997.

45 https://www.rottentomatoes.com/m/american_factory

46 https://www.rottentomatoes.com/tv/the_man_in_the_high_castle/s01

47 https://en.wikipedia.org/wiki/Snake_oil

48 https://www.imf.org/en/Publications/GFSR/Issues/2019/10/01/global-financial-stability-report-october-2019

49 इस पुस्तक का नाम 1980 की कॉमेडी फिल्म "द गॉड्स मस्ट बी क्रेजी" से प्रेरित हो कर रखा गया है। उस फिल्म मे कोका कोला की एक खाली बोतल को हवाई जहाज़ से फेंका जाता है जो अफ्रीका के आदिवासियों के गांव में गिरती है। गांव वालो को लगता है कि बोतल के अंदर देवताओं की ओर से एक भेंट है, और उस के लिए उनमे लड़ाई छिड़ जाती है। इससे तंग आकर आदिवासी नेता उस बोतल को देवताओं को लौटाने के लिए दुनिया के अंतिम छोर तक की तीर्थ यात्रा करता है। मेरे पास भी कोक की बोतल का एक रूपक है जिससे मैं एक नए साम्राज्य की शुरुआत देख पा रहा हूँ। इससे पहले कि बहुत देर हो जाए, यह पुस्तक पूंजीवाद और उद्यम (एंटरप्राइज) के वर्तमान साम्राज्य को बहाल करने के लिए एक इच्छापत्र है।

https://www.rottentomatoes.com/m/the_gods_must_be_crazy

50 https://www.history.com/topics/cold-war/the-khmer-rouge

51 https://global-inst.com/

52 https://en.wikipedia.org/wiki/Snake_wine

53 https://www.cato.org/cato-journal/winter-2018/against-helicopter-money

54 https://www.investopedia.com/terms/g/gordon-gekko.asp

55 https://www.investopedia.com/terms/q/quantitative-easing.asp

56 https://youtu.be/8iXdsvgpwc8

57 "ट्रिपल तलाक", जैसा कि ज्ञात है, एक पति ईमेल सहित किसी भी रूप में "तलाक" शब्द को तीन बार दोहराकर अपनी पत्नी को तलाक देने की अनुमति देता है।
https://en.wikipedia.org/wiki/Divorce_in_Islam

58 https://en.wikipedia.org/wiki/List_of_countries_by_GDP_(PPP)

59 https://www.whitehouse.gov/presidential-actions/memorandum-order-defense-production-act-regarding-3m-company/

60 https://www.theatlantic.com/education/archive/2018/09/why-is-college-so-expensive-in-america/569884/

61 https://www.theregister.com/2021/08/20/china_5g_progress/

62 https://www.mckinsey.com/business-functions/organization/our-insights/getting-practical-about-the-future-of-work

63 https://www.swift.com/sites/default/files/documents/swift_bi_currency_evolution_infopaper_57128.pdf

64 https://data.worldbank.org/indicator/CM.MKT.LDOM.NO?end=2018&locations=US&start=1996

65 https://watson.brown.edu/costsofwar/papers/2021/ProfitsOfWar

66 https://www.wsj.com/articles/saudi-sovereign-wealth-fund-buys-stakes-in-facebook-boeing-cisco-systems-11589633300

67 https://www.whitehouse.gov/briefing-room/presidential-actions/2021/09/03/executive-order-on-declassification-review-of-certain-documents-concerning-the-terrorist-attacks-of-september-11-2001/

68 https://en.wikipedia.org/wiki/Charlie_Wilson%27s_War_(film),
    https://www.pbs.org/wgbh/frontline/film/bitter-rivals-iran-and-saudi-arabia/,
    https://en.wikipedia.org/wiki/Syriana, https://www.pbs.org/frontlineworld/stories/r4.html, https://www.pbs.org/independentlens/
    films/shadow-world/

69 https://www.wsj.com/articles/saudi-sovereign-wealth-fund-buys-stakes-in-facebook-boeing-cisco-systems-11589633300

70 https://en.wikipedia.org/wiki/Lobbying_in_the_United_States

    https://www.american.edu/spa/ccps/upload/thurber-testimony.pdf

71 https://www.brennancenter.org/our-work/analysis-opinion/how-campaign-spending-judicial-elections-subverts-justice

72 https://en.wikipedia.org/wiki/Snake_oil

73 https://www.rottentomatoes.com/tv/the_man_in_the_high_castle/s01

74 https://www.rottentomatoes.com/m/american_factory

75 https://www.britannica.com/place/Third-Reich

76 https://youtu.be/8iXdsvgpwc8

77 https://www.investopedia.com/terms/q/quantitative-easing.asp

78 http://www.petrochina.com.cn/ptr/index.shtml

79 https://www.total.com/

80 https://www.history.com/topics/cold-war/the-khmer-rouge

आभार

मैं उन सभी का आभार व्यक्त करना चाहता हूं जिन्होंने मेरी रचनात्मक आलोचना की और तीन दशकों की विकृत वास्तविकताओं के बीच असफलता में सफल होने में मेरी मदद की। फॉक्स न्यूज, पीबीएस, रियल विजन, एफटी, एचबीआर, ब्लूमबर्ग, रे डालियो, हर्नांडो डी सोटो, चमथ पालिहापतिया, चार्ली रोज, गिफ्ट (www.global-inst.com) सहित मुझे अलग-अलग दृष्टिकोण देने वाले सभी लोगों का विशेष धन्यवाद...

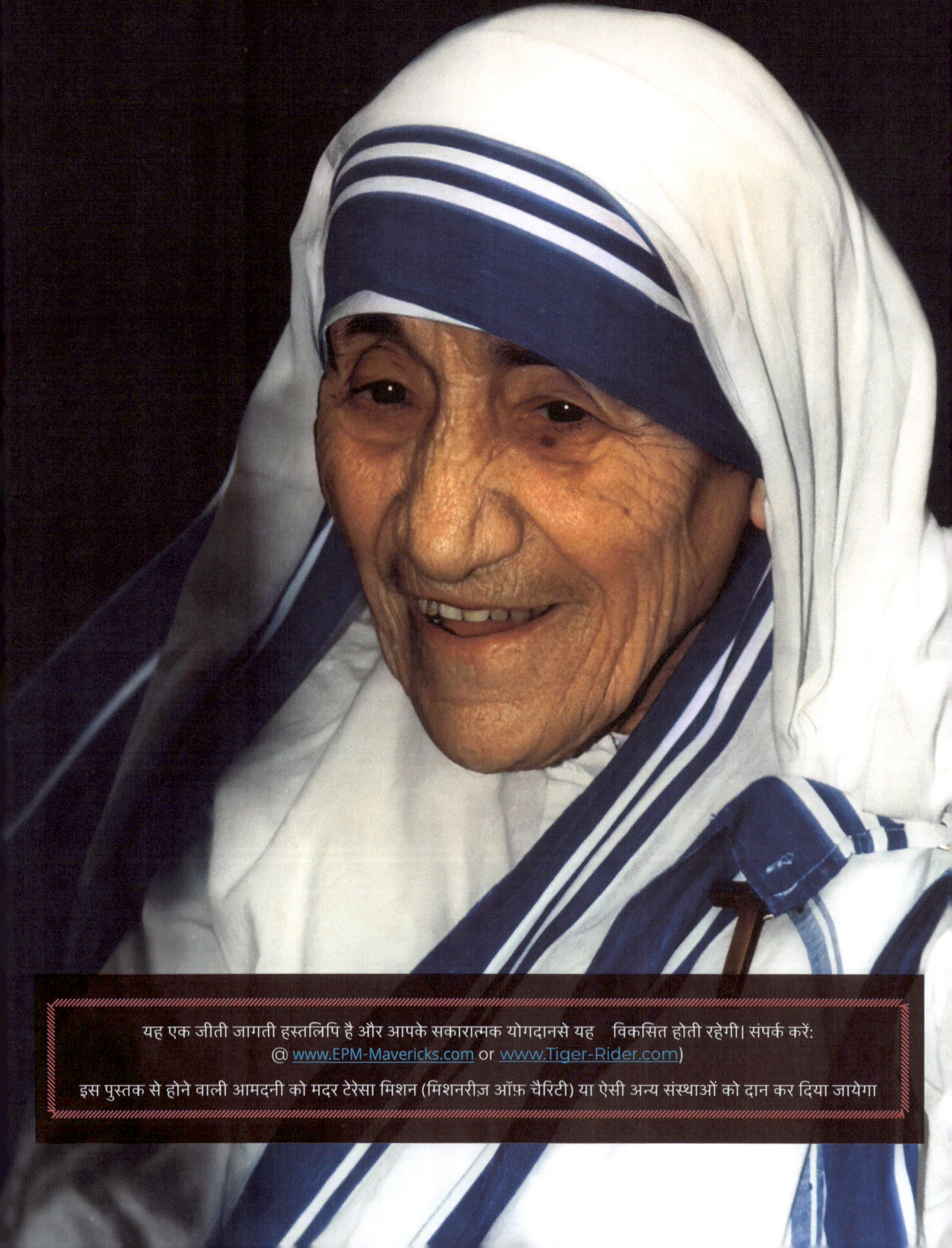

www.ingramcontent.com/pod-product-compliance
Lightning Source LLC
Chambersburg PA
CBHW050915210326
41597CB00002B/116
9781956687187